कबीर संगति साधु की
एक विमर्श

डॉ. दयाराम मौर्य 'रत्न'

Title : Kabeer sangati sadhu ki: Ek Vimarsh

Author : Dr. Daya Ram Morya 'Ratna'

Published By

Anjuman Prakashan

942, Mutthiganj, Prayagraj, 211003

www.anjumanpublication.com

anjumanprakashan@gmail.com

Printed and bound in Manipal Technologies Limited, Manipal, Karnataka

Paperback first published by Anjuman Prakashan in 2024

ISBN : 978-81-19562-61-9

Copyright © Dr. Daya Ram Morya 'Ratna'

Price in India: 250 /-

समर्पण

चाचा सन्त दुलारदास साहेब जो सन्त कबीर की भाँति निडर–सत्यवादी थे, आजीवन परिवार व समाज का संरक्षण करते रहे। मानवीयता के भाव का संसार में प्रसार करके अतार्किकता, अंधविश्वास व पाखंड का उन्मूलन जिनके जीवन का लक्ष्य था।

प्रेमदास मौर्य , डॉ.दयाराम मौर्य 'रत्न', आत्माराम मौर्य, वीरेन्द्रकुमार , शैलेन्द्रकुमार, जितेन्द्रकुमार, आनन्द, आकाश व समस्त परिवार।
ग्राम सरायदली, पत्रालय-कांपा,जनपद- प्रतापगढ़ (उ.प्र.)

अनुशंसा

जाति न पूछो साधु की पूछ लीजिए ज्ञान

डॉ. रेशमी पांडा मुखर्जी

कबीर साहित्य में निष्णात और कबीर पंथ के अनुयायी डॉ. दयाराम मौर्य 'रत्न' ने अपने इस ग्रंथ में कबीर पंथ के कई अनछुए पहलुओं को उभारा है। अंत्यजों के वकील कबीर का प्रभाव मध्ययुगीन भारत में जितना व्यापक रहा, उतना ही वर्तमान भारतीय समाज पर भी देखा जा सकता है। इस ग्रंथ के माध्यम से डॉ. मौर्य ने कबीर के समाज सुधार, उनकी क्रांति चेतना व साहित्यिक प्रतिभा के प्रत्येक पक्ष को निपुणतापूर्वक पाठकों के सुपुर्द किया है। प्रस्तुत ग्रंथ कबीर-साहित्य और कबीर की प्रभावान्विति के उन संदर्भों को उकेरता है जिन पर आलोचकों, विचारकों और दार्शनिकों का ध्यान कदाचित नहीं गया है । यह ग्रंथ संभवत: हिंदी पाठकों में कबीर के जन्म, वैवाहिक जीवन, शैक्षणिक योग्यता, मृत्यु आदि से संबंधित बसी-बसाई मान्यताओं को ध्वस्त कर दे । इन मान्यताओं पर आघात करने के लिए सत्यान्वेषी और खोजी मानस के धनी डॉ. मौर्य के अतुलनीय परिश्रम को नजरअंदाज नहीं किया जा सकता। कबीर संबंधी किम्वदंतियों, सच्ची -झूठी मान्यताओं के जड़ तक जाने का धैर्य व अध्यवसाय ने आपको इस ग्रंथ में कई नवीन मान्यताओं को प्रतिष्ठित करने का प्रामाणिक आधार और साहस प्रदान किया। आशा है यह ग्रंथ पाठकों को कबीर

को नए सिरे से जानने की प्रेरणा देने में सफल होगा।

कबीर की साखियों का निहित अर्थ अत्यंत सरल व बोधगम्य भाषा में समझने के लिए आपकी ज्ञान-गरिमा ने पाठकों का साथ निभाया है। कबीर के कालजयी व्यक्तित्व ने पिछले 500 वर्षों से अनेकानेक निर्भीक और स्पष्टवादी संतों की सेना निर्मित की है। देश के कोने-कोने में फैले ऐसे संतों के योगदान व समाज-निर्माण में उनकी महती भूमिका पर डॉ. मौर्य ने आलोकपात किया है। किसी सामाजिक क्रांति को जीवित रखने के लिए उसमें निरंतर ऊर्जा का संचार करना पड़ता है। डॉ. मौर्य ने दर्शाया है की कबीरानुरागी संतों की सामाजिक और साहित्यिक भूमिका व उनके अविस्मरणीय अवदान ने कबीर दर्शन और कबीर चेतना को आज तक भारतीय मानस में सजीव व सचेत बनाए रखा। साहित्यिक व सामाजिक गतिविधियों से सुदीर्घ जुड़ाव के कारण आपने इस ग्रंथ के माध्यम से भारत के प्रमुख कबीर तीर्थ स्थलों की तथ्यपरक जानकारी दी है जो निश्चित रूप से कबीर पर आधारित शोध परंपरा को नव-पथ और नूतन मेधा से समृद्ध करेगा ।

आपका यह ग्रंथ कबीर पर रचित ढेरों ग्रंथों की सूची से अपना अलग अस्तित्व तथा स्थान रखने का अधिकारी है क्योंकि यह ग्रंथ कबीर को आज तक जीवित रखने वाले मतों, पंथों, मूल्यों, विचारों, मान्यताओं की आलोकवर्षा में एक सुदृष्टि-संपन्न साहित्यिक पीढ़ी का निर्माण करने के दायित्वपूर्ण उद्देश्य की पूर्ति करता है।

डॉ.रेशमी पाण्डा मुखर्जी
एसोसिएट प्रोफेसर (हिन्दी विभाग)
गोखले मेमोरियल गर्ल्स कालेज,
कोलकाता (पश्चिम बंगाल)
निवास-2-ए,उत्तरपल्ली, सोदपुर
कोलकाता-700110,मो0- 9433675671

पूर्वोक्ति

कबीर संगति साधु की (एक विमर्श)ग्रंथ के प्रमुख अध्याय हैं–(1) ज्ञान चौंतीसा, (2) साखी, (3) कबीर दर्शन से प्रभावित अन्य संत या मत और (4) भारत के प्रमुख कबीर तीर्थ स्थल। ग्रंथ लिखने का मुख्य उद्देश्य कबीर साहेब से जुड़े उन तथ्यों पर प्रकाश डालना है, जिनसे लोग अभी भी कम परिचित हैं। ज्ञान-चौंतीसा कबीर साहेब की अद्भुत देन है। हिन्दी वर्णमाला के अक्षरों के माध्यम से उन्होंने ब्रह्माण्ड के गूढ़ ज्ञान को प्रकट किया है। प्रथम   अध्याय ज्ञान चौंतीसा पढ़कर अनुमान लगाया जा सकता है कि उनका चिन्तन कितना अगाध था।

द्वितीय अध्याय साखी है। साखियों में कबीर साहेब की अनुभूतियाँ हैं। साखियाँ उनके खरेपन को दर्शाती हैं। मानव के आचरण एवं व्यवहार में जो कुछ हितकारी नहीं है, उन्होंने उससे दूर रहने को कहा है। उन्होंने समस्त चराचर के हित के विषय में सोचा। उनका मानना था कि संसार में जो कुछ है,उसका संरक्षण किया जाना चाहिए। सभी प्राणियों को समान मानकर ही ध र्म का पालन किया जा सकता है। कोई बड़ा नहीं, कोई छोटा नहीं। सभी को जीने का बराबर का अधिकार है। पृथ्वी पर वनस्पति सहित जो भी तत्व हैं, उन सबकी रक्षा आवश्यक है। सभी एक-दूसरे पर निर्भर है। एक के विनाश से दूसरे का भी विनाश होगा। परिवेश और पर्यावरण में असंतुलन बढ़ेगा। इसीलिए उन्होंने अहिंसा पर जोर दिया।

सद्गुरु कबीर साहेब विरक्त संत थे। बाल्यकाल से ही उनके जीवन, चिंतन तथा क्रियाकलाप में विरक्ति का वास था। उनकी वाणियों में प्रयुक्त 'लोई' शब्द का अर्थ 'लोग'' अर्थात जनसामान्य है न कि पत्नी। आजीवन उन्होंने ब्रह्मचर्य का पालन किया। अनेक भ्रामक किंवदंतियाँ उनके साथ जोड़ी गई हैं। कबीर साहेब ने अपने पदों में रूपकों तथा प्रतीकों का प्रयोग किया है, उनका वास्तविक अर्थ समझना चाहिए। कबीर साहेब पाखंड, अंधविश्वास एवं मिथ्याचार के विरुद्ध थे। उन्होंने वेद-कितेब की अतार्किक बातों का खण्डन

किया है। उन्होंने आँख बन्द करके किसी व्यक्ति या बात का समर्थन नहीं किया। जो मानव हितकारी या वैज्ञानिक था उसी का समर्थन किया। 'मसि-कागद् छुयो नहिं कलम गही नहिं हाथ' का दृष्टांत देते हुए उनको अनपढ़ कहा जाता है। प्रस्तुत ग्रंथ का प्रथम अध्याय 'ज्ञान-चौंतीसा' पढ़कर यह भली प्रकार समझा जा सकता है कि वे अच्छे पढ़े-लिखे थे। यह बात अलग है कि बिना लिखे ही अपने विशाल ज्ञान को प्रकट किया। ऐसे कई महापुरुष संसार में हुए हैं जिन्होंने पढ़े-लिखे होकर भी कुछ लिखा नहीं, अपने विचारों को वाणी के माध्यम से प्रकट किया। भगवान बुद्ध भी उनमें से एक थे। उनके महापरिनिर्वाण के उपरान्त उनके उपदेशों को संगीतियों का आयोजन कर संग्रहीत किया गया। कोई अनपढ़ व्यक्ति बिना पढ़े वेद, पुराण व कुरान तथा अन्य धार्मिक ग्रंथों पर सटीक टिप्पणी नहीं कर सकता।

कबीर साहेब को विश्व सत्ता की समझ थी। उन्होंने संसार को समझने के लिए बुद्धि-विवेक का सहारा लिया। संसार को समझने के लिए संसार में झाँककर उसका सूक्ष्मता अन्वीक्षण किया। उन्होंने भावुकता, श्रद्धा और आस्था का आश्रय कभी नहीं लिया। वर्तमान समय में धर्म या आचरण में भावुकता, श्रद्धा और आस्था का प्राधान्य है, इसीलिए पूरे विश्व में विभिन्न पंथावलम्बी परस्पर लड़ते-झगड़ते तथा हिंसा करते रहते हैं।

कबीर साहेब को जन्म लेने के बाद वाराणसी में लहरतारा की सीढ़ियों पर कमल के पत्ते पर लिटा दिया गया था। नीरू-नीमा ने उन्हें उठाया और उनका पालन-पोषण किया। उनका ज्ञात जीवन यहीं से आरंभ होता है। किसने जन्म दिया, कहाँ जन्म हुआ, माता-पिता कौन थे इत्यादि सब कुछ अज्ञात है। इस सम्बन्ध में जो कुछ भी कहा जाता है, वह मिथ्या है। इसी प्रकार एक किम्वदंती यह भी है कि जब वे स्वरूपलीन हो गए तो हिन्दू-मुस्लिम अपनी-अपनी धार्मिक परम्परा के अनुसार अन्तिम संस्कार के लिए विवाद करने लगे। कफन उठाया गया तो कुछ फूल पड़े मिले। फूलों को बाँटकर दोनों ने अपने-अपने ढंग से अन्तिम संस्कार किया। कबीर साहेब वैज्ञानिक विचारधारा के पोषक थे। वे चमत्कारों का समर्थन नहीं करते थे। कुछ फूल कहाँ से आ गए। इस तरह का चमत्कार उनसे जोड़ना अनुचित है। उत्तर प्रदेश के विभिन्न भागों में मृत शरीर को जलाने के बाद जो अस्थि-राख अवशेष रह जाते हैं उनको फूला कहा जाता है। संभव है कि इसी फूला को

बाँटकर दोनों ने समाधियाँ बनाई हों।

ग्रंथ के तीसरे अध्याय 'कबीर दर्शन से प्रभावित अन्य सन्त एवं मत' में उन सन्तों का उल्लेख किया गया है, जो कबीर साहेब की विचारधारा से प्रभावित थे। उनके अनुयायियों की संख्या विशाल है। वे पूरे विश्व में फैले हुए हैं।

चतुर्थ अध्याय 'भारत के प्रमुख कबीर तीर्थ स्थल' में भारत के अनेक क्षेत्रों में स्थित कुछ प्रमुख कबीर मठों व आश्रमों की चर्चा की गयी है। जन-जन तक कबीर से जुड़ी कुछ कम प्रचलित जानकारियों को पहुँचाने के लिए इस ग्रंथ का प्रणयन किया गया है। पंचम अध्याय में समाज में कबीर साहेब की विचारधारा के प्रभाव को संक्षेप में बताया गया है। इसी अध्याय में लेखक ने अपने जन्म- जनपद प्रतापगढ़ के प्रमुख मठ- कुटी तथा संतों-गृहस्थों के विषय में लिखा है।

सद्गुरु कबीर का वैशिष्ट्य

एक विरक्त सन्त : सद्गुरु कबीर का जितना भी साहित्य है, उसमें उनका विरक्त-रूप स्पष्ट परिलक्षित होता है। कबीर साहब की वाणियाँ प्रायः रूपकों एवं प्रतीकों में कही गई हैं। वे श्लेषात्मक भी हैं। उनका वास्तविक और शाब्दिक अर्थ भिन्न-भिन्न है। वाणियों के शाब्दिक अर्थ का विश्लेषण कर कई लेखकों ने उन्हें गृहस्थ सिद्ध किया है। उनकी दो पत्नियाँ होने का भी तर्क दिया है। जो विद्वान उनकी बीवियों के आध्यात्मिक स्वरूप तथा कथन शैली को आत्मसात करते हैं, वे उन्हें विरक्त सन्त ही मानते हैं। कबीर-वाणी में प्रयुक्त 'लोई' शब्द 'जनसाधारण' या 'लोग' का वाचक है। 'लोई' शब्द को कबीर की पत्नी के रूप मानना असत्य तथा भ्रामक है। वे बाल-ब्रह्मचारी तथा विरक्त सन्त थे।

सन्त-परम्परा में कबीर का स्थान : हिन्दी भाषा के सन्त-कवि के रूप में ही नहीं वरन् भारतीय सन्त कवियों में कबीर साहब का अप्रतिम स्थान है। पूरे विश्व में सन्त-विचारकों में उन्हें शीर्ष स्थान पर रखा जाएगा। वे मध्यकाल में अवतरित हुए थे। उस समय स्वतंत्र चिंतन को महत्व नहीं मिलता था। परम्परावादी शास्त्रों से हटकर सोचना ही नहीं चाहते थे। धार्मिक संकीर्णता, अन्तर्जातीय संघर्ष, साम्प्रदायिक उन्माद, अस्पृश्यता तथा भेदभाव चरमोत्कर्ष पर थे। तत्कालीन शासकों द्वारा प्रजा का अत्यधिक शोषण

जाता था। पंडे-पुजारी तथा मुल्ले-मौलवी अपने विचारों को लोगों पर थोपते थे। रक्षक ही भक्षक बन गये थे। शासकों के साथ-साथ धार्मिक पुरोहितों का भय समाज में व्याप्त था।

ऐसे संक्रमण काल में सन्त कबीर का जन्म हुआ। उनमें निर्भीकता के साथ-साथ अभूतपूर्व साहस विद्यमान था। वे अद्भुत प्रतिभा-सम्पन्न थे। अपने अकाट्य तर्कों से उन्होंने पाखण्ड तथा अंधविश्वास के तिमिर को तिरोहित कर दिया। उन्होंने शाश्वत सत्य तथा मानवता का मार्ग प्रशस्त किया। अपने वैज्ञानिक विचारों से उन्होंने धार्मिक जड़ता, जाति व्यवस्था तथा वर्णाभिमान को खण्ड-खण्ड कर दिया। वे धार्मिक स्वतन्त्रता एवं मानव-समानता के प्रबल समर्थक थे। असत्य तथा आडम्बर से उन्होंने कभी समझौता नहीं किया। उन्होंने सत्य को ही सर्वोपरि माना। शास्त्रों द्वारा मान्य अंधविश्वासों तथा परम्पराओं को उन्होंने नकार दिया। मानवता के उद्धार के लिए समाज में फैली रूढ़ियों व कुरीतियों पर उन्होंने करारा प्रहार शुरू कर दिया।

कबीर के राम : कबीर वाणी में 'राम' शब्द बार-बार प्रयुक्त हुआ है। कबीर साहब की वाणियों का संग्रह 'बीजक' में 'राम' शब्द का प्रयोग लगभग 170 बार हुआ है। 'राम' शब्द का प्रयोग दो रूपों में है। एक घट-घट वासी चेतन तत्त्व, स्वसत्ता के रूप में तो दूसरा आत्मतत्त्व से अलग किसी लोकवाणी के रूप में। प्रथम रूप ही विधिपरक है और दूसरा रूप निषेधपरक। दशरथ के पुत्र 'राम' का कबीर साहब ने अनेक स्थानों पर उल्लेख किया है, पर अपने उपास्य या इष्ट के रूप में नहीं। उन्होंने इसके विपरीत दशरथ के पुत्र 'राम' को उपास्य मानने वालों की आलोचना की है। उदाहरणार्थ ''दशरथ सुत तिहुँ लोकहि जाना। राम नाम का मर्म है आना।'' सन्त कबीर ने अपने अनेक पदों में स्वामी रामानन्द का राम के सम्बन्ध में विरोध भी किया है। जबकि किम्वदंती के अनुसार स्वामी रामानन्द कबीर के गुरु माने जाते हैं। कबीर साहब के एक 'शब्द' की पंक्ति द्रष्टव्य है। वह है-''**रामानन्द रामरस माते, कहहि कबीर हम कहि-कहि थाके।**'' सम्भव है कि साधना के प्रारंभिक काल में उन्होंने स्वामी रामानन्द को अपना गुरु माना हो, किन्तु आगे चलकर सैद्धान्तिक भिन्नता के कारण उनकी आलोचना की हो। कबीर साहब किसी देहधारी को संसार का विधाता नहीं मानते थे।

उन्होंने बीजक के शब्द-20 में रामरस पीने की सलाह दी है।

यथा- **‘‘कोई राम रसिक रस पीयहुगे, पीयहुगे युग जीयहुगे।’’**

किन्तु यह दशरथ के राम का प्रेमरस नहीं है, अपितु यह स्वचेतन सत्ता के रूप में विराजमान ‘आत्माराम’ का प्रेम रस जो घट-घट में व्याप्त है।

कबीर का दृष्टिकोण मानवीय था : सन्त कबीर के समय में धार्मिक उन्माद और कट्टरता चरम सीमा पर थे। इस्लाम को राज्याश्रय प्राप्त था, इसलिए निरंकुशता हावी थी। हिन्दू जातिगत संकीर्णता और वर्णव्यवस्था के दलदल में पूरी तरह फँसे थे।

कृतज्ञता-ज्ञापन

मैं कोलकाता की सुप्रसिद्ध लेखिका डॉ. रेशमी पाण्डा मुखर्जी के प्रति हृदय की अतल गहराइयों से कृतज्ञता ज्ञापित करता हूँ, जिन्होंने मेरे कृतित्व पर ‘मानवीय बोध की कलम डॉ. दयाराम मौर्य ‘रत्न’ के साहित्य का मूल्यांकन’ नामक शोध-समीक्षा ग्रंथ लिखा है। समय-समय पर मेरे आग्रह पर मेरे साहित्य का मूल्यांकन करती रहती हैं। सहधर्मिणी निर्मला मौर्य तथा सन्तानों का आभारी हूँ, जो मेरे लिए लेखन-योग्य वातावरण बनाते हैं। पुस्तक की सुन्दर साज-सज्जा के लिए प्रिय राजेश श्रीवास्तव का सदा ऋणी रहूँगा। कामना है कि वे सदा स्वस्थ रहें। समाजसेवी रोशनलाल ऊमरवैश्य, ट्रस्टी आनन्द मोहन ओझा, विकास अधिकारी राजीव कुमार आर्य, शिष्य राकेश कनौजिया तथा सृजना साहित्यिक संस्था के साथियों के प्रति उनके स्नेह-संबल के लिए आभारी हूँ। मेरे जीवन के निर्माण में जिनका प्रमुख योगदान है- ज्येष्ठ भ्राताश्री प्रेमदास मौर्य, कनिष्ठ भ्राता आत्माराम मौर्य तथा परिजनों का कृतज्ञ हूँ। उन सभी सुहृदयों का आभारी हूँ जिनका जाने-अनजाने सहयोग मिलता रहता है।

डॉ. दयाराम मौर्य ‘रत्न’

पूर्व प्रधानाचार्य, सह जिलाविद्यालय निरीक्षक
सदस्य-न्यायपीठ बाल कल्याण समिति, प्रतापगढ़
वर्तमान पता- सृजनाकुटीर, अजीतनगर
प्रतापगढ़ पिन नं0-230001 (उ0प्र0)
मो0 नं0-9415928796, 8795355132

सन्त कबीर का जीवन-परिचय

जन्म– वाराणसी के निकट स्थित लहरतारा नामक स्थान को समस्त कबीर मतानुयायियों द्वारा निर्विवाद रूप से सन्त कबीर का प्राकट्य स्थल माना जाता है। संवत 1456 को इनका अवतरण हुआ। हिन्दी साहित्य के जाने-माने विद्वान डॉ0 श्याम सुन्दर दास ने सन्त कबीर की जन्मतिथि के सम्बन्ध में उनके शिष्य धर्मदास की काव्य-पंक्तियों को उद्धृत किया है –'

चौदह सौ पचपन साल गये, चन्द्रवार एक ठाट ठये।

जेठ सुदी बरसायत को पूरनमासी तिथि प्रकट भये।।

घन गरजे दामिनि दमके, बूँदे बरसें झर लाग गये।

लहर तालाब में कमल खिले तहँ कबीर भानु परकास भये।।

''**चौदह सौ पचपन साल गये**'' का अर्थान्वयन करते हुये डॉ0 श्याम सुन्दर दास ने संवत् 1456 को उनकी जन्मतिथि निर्धारित किया है।

तत्वज्ञानी सन्त कबीर के जीवन-कृतित्व से जुड़ी अनेक सूचनायें बहिर्साक्ष्य के आधार पर उपलब्ध हैं। उनमें प्रमुख नाभादास कृत 'भक्तमाल' (संवत 1642), अनन्तदास कृत 'कबीर साहिब जी की परिचयी' (संवत 1657), प्रियादास कृत 'भक्तमाल की रसबोधिनी टीका' (संवत 1702), मुकुन्द कवि कृत 'कबीर चरित' (संवत 1708) एवं राघोदास कृत 'भक्तमाल' (संवत 1717) हैं। जो साक्ष्य विभिन्न स्रोतों से उपलब्ध होते हैं, उन्हीं के आधार पर सन्त कबीर के व्यक्तित्व का निर्धारण किया जाता है।

परिनिर्वाण : उनके परिनिर्वाण (मृत्यु) के विषय में अनेक काव्य-पंक्तियाँ प्रचलित हैं। विद्वानों ने निम्नांकित पंक्तियों के आधार पर उनकी मृत्यु का निर्धारण किया है–

संवत पन्द्रह सौ पछत्तरा, किया मगहर को गवन।

माघ सुदी एकादशी, रलो पवन में पवन।।

उनकी मृत्यु-तिथि का संकेत करने वाली और भी काव्य-पंक्तियाँ प्रचलन में हैं। अधिकांश विद्वान संवत 1575 में ही इनका परिनिर्वाण मानते हैं।

व्यक्तित्व : सन्त कबीर को हिन्दी साहित्य के महिमामण्डित व्यक्तित्व के रूप में जाना जाता है। ज्ञानाश्रयी धारा तथा निर्गुण-काव्य के वे प्रतिनिधि कवि हैं। उनमें बहुमुखी प्रतिभा थी। कवि, चिन्तक, दार्शनिक, समाजसुधारक, प्रखर सन्त, स्पष्टवादी इत्यादि उनके अनेक रूप थे। निडरता उनके व्यक्तित्व का प्रमुख गुण था। सत्य बात को, वे पूरी निर्भयता से कहते थे। विभिन्न पंथों में व्याप्त ढोंग, आडम्बर तथा अंधविश्वासों पर उन्होंने करारा प्रहार किया है। कर्मकाण्ड तथा मिथ्या आचार-व्यवहार को अपनाकर समाज को दिग्भ्रमित करने वाले धर्मगुरुओं को उन्होंने हमेशा फटकारा। उन्होंने चाहे संत हो, चाहे गृहस्थ सभी के दायित्वों का निर्धारण किया। समाज के हर वर्ग को उन्होंने मानवता का मार्ग दिखाया। आपस में विपरीत विचारधारा वाले हिन्दू और मुस्लिम दोनों की उन्होंने अच्छी खबर ली है–

"हिन्दू अपनी करे बड़ाई, गागर छुअन न देई।

वैस्या के पाइन तर सोवें, ये देखो हिन्दुआई।।"

इसी प्रकार मुसलमानों का ढोंग उजागर करते हुए लिखा है–

"मुसलमान के पीर औलिया, मुर्गा मुर्गी खाई।

खाला केरी बेटी ब्याहैं, घर में करैं सगाई।।"

समाज के सच्चे मार्गदर्शक सन्त कबीर साहब का नाम युगों-युगों तक आदर से लिया जायेगा। उनके विचार सार्वजनीन, सार्वकालिक तथा सार्वभौमिक हैं। वे वास्तविक ज्ञान को जानने पर सदैव बल देते रहे। उन्होंने जात-पाँत, अमीर-गरीब तथा ऊँच-नीच के भेदभाव को कभी नहीं माना। आजीवन सभी को समान दृष्टि से देखने की शिक्षा दी।

निर्गुण विचारधारा– सन्त कबीर निर्गुण विचारधारा के उपासक थे। वे उस परमेश्वर को मानते थे, जो निराकार है, जिसका कोई रंग रूप नहीं है। जो जन्मा नहीं अर्थात् आदिकाल से विद्यमान है।

मूर्तिपूजा के विरोधी – सद्गुरु कबीर साहब परमेश्वर पूजा के लिये बीच में

किसी अन्य माध्यम को निरर्थक माने थे। उन्होंने मूर्तिपूजा का सदैव विरोध किया। उनका कहना था कि –

‘‘पाहन पूजे हरि मिलै, तो मैं पूजूँ पहार।
ताते तो चक्की भली, पीसि खाये संसार।।’’

गुरु को ऊँचा स्थान – कबीर साहब हरि की अपेक्षा गुरु को उच्चता प्रदान करते थे। वे कहते थे कि गुरु ही हरि की पहचान कराता है। अच्छे-बुरे की भी पहचान गुरु कराता है। सभी प्रकार के ज्ञान का प्रदाता भी गुरु ही है। अन्ततोगत्वा उससे प्राप्त सद्ज्ञान से मुक्ति भी होती है। गुरु की महत्ता बताते हुए उन्होंने कहा है–

‘‘गुरु गोविन्द दोऊ खड़े, काके लागौं पाय।
बलिहारी गुरु आपने, गोविन्द दियो बताय।’’

कबीर साहब यह भी परामर्श देते हैं कि गुरु का चुनाव अच्छी तरह देख-समझकर करना चाहिए। गुणवान गुरु को ही अपनाना चाहिए। अवगुणों से युक्त-अज्ञानी, लोभी तथा अभिमानी गुरु अपने शिष्य का भला न करके अहित करता है। उन्होंने सच्चे गुरु की विशेषताओं को अग्रांकित पंक्तियों में बताया है–

‘‘सतगुरु ऐसा कीजिये, लोभ मोह भ्रम नाहिं।
दरिया सो न्यारा रहे, दीखै दरिया माॅहि।।’’

संगति का महत्व : सन्त कबीर साहब ने मानव जीवन में संगति को बहुत महत्व दिया है। उनका कहना है कि अच्छे सन्तों और व्यक्तियों की ही संगति में रहना चाहिए। सज्जनों के साथ रहने से सद्गुणों का विकास होगा। असज्जन या दुर्गुणी के संग रहने से व्यक्ति में दुर्गुण उत्पन्न होते हैं। सामान्य जीवन में भी देखा जाता है कि दुष्ट अपने अन्दर निहित दुष्टता को फैलाते हैं।

कृतित्व : जिस प्रकार सद्गुरु कबीर साहब का कृतित्व अप्रतिम है, उसी प्रकार उनका व्यक्तित्व भी अद्भुत है। उनके चिन्तन तथा काव्य का क्षेत्र निर्गुण परब्रह्म परमेश्वर से लेकर समाज में व्याप्त कुरीतियों–रूढ़ियों–कुप्रथाओं तक विस्तृत है। उनका व्यक्तित्व सन्तुलित है तो कृतित्व प्रखर है।

सुप्रसिद्ध समीक्षक डॉ0 क्षितिमोहन सेन ने उनके विषय में लिखा है–''**कबीर की आध्यात्मिक क्षुधा एवं आकांक्षा विश्वग्राही है। वह कुछ भी नहीं छोड़ना चाहती, वह ग्रहणशील है, वर्जनशील नहीं। इसीलिए उन्होंने हिन्दू-मुसलमान, सूफी, वैष्णव, योगी प्रभृत्ति इत्यादि सब साधनाओं को जोर से जकड़ रखा है।''** सन्त कबीर ने ब्रह्म-माया, आत्मा-परमात्मा, जीव-जगत, गुरु-ज्ञान तथा मोक्ष-मुक्ति जैसे गूढ़ तथा रहस्यपूर्ण दार्शनिक विषयों पर चिन्तन-मनन किया है। लौकिक विषय जैसे जाति-पाँति, ऊँच-नीच, कर्मकाण्ड, धर्म-सम्प्रदाय और बाह्याडम्बर पर तीक्ष्ण-तार्किक विचार प्रकट किये हैं।

कृतियाँ : कबीर साहब की कृतियों के प्रामाणिक-सम्पादित ग्रन्थ प्रस्तुत करने के अनेक प्रयास हुये हैं, प्रमुख प्रयास अग्रांकित हैं–

1-कबीर वचनावली (सन् 1916), सम्पादक-अयोध्या सिंह उपाध्याय 'हरिऔध'

2-कबीर ग्रन्थावली (सन् 1928), सम्पादक-बाबू श्याम सुन्दर दास

3-सन्त कबीर (सन् 1943), सम्पादक-डॉ0 राम कुमार वर्मा

4-कबीर ग्रन्थावली (सन् 1961), सम्पादक-डॉ0 पारसनाथ तिवारी

5-कबीर ग्रन्थावली (सन् 1969), सम्पादक-माता प्रसाद गुप्त

6-कबीर बीजक (सन् 1971), सम्पादक-डॉ0 शुकदेव सिंह

7-रमैनी (सन् 1974), सम्पादक-जयदेव सिंह, वासुदेव सिंह

मिश्र बन्धुओं ने स्व-लिखित इतिहास की पुस्तक 'नवरत्न' और 'विनोद' में कबीरसाहब की कृतियों की संख्या चौरासी बताई है। विल्सन ने सन् 1846 में प्रकाशित अपने ग्रन्थ 'रेलिजस सेक्ट्स आफ दि हिन्दूज' में कबीर की केवल आठ रचनाओं-आनन्द सागर, बलख की रमैनी, चाँचरा, हिंडोला, झूलना, कबीर पंजी, कहरा तथा शब्दावली का ही वर्णन किया है। आचार्य शुक्ल ने कहा है कि 'कबीर की वाणी का संग्रह 'बीजक' है तथा उसके तीन भाग-साखी, सबद एवं रमैनी हैं। बीजक में संसार की अनित्यता, हिन्दू-मुसलमानों को फटकार, वेदान्त तत्त्व, प्रेम-साधना की कठिनता, हृदय की शुद्धि, माया की प्रबलता, तीर्थाटन इत्यादि की असारता, मूर्तिपूजा की निरर्थकता, हज, नमाज, व्रत और आराधना की गौणता इत्यादि प्रसंग उल्लिखित

हैं। साम्प्रदायिक एकता की शिक्षा तथा सिद्धान्त के उपदेश प्रमुख रूप से 'साखी' के अन्तर्गत हैं, जो 'दोहा' छंद में हैं। भाषा सधुक्कड़ी अर्थात् राजस्थानी और पंजाबी मिश्रित खड़ी बोली है। 'रमैनी' तथा 'सबद' में गाने के पद हैं। इसमें काव्य की भाषा ब्रजभाषा है। कहीं-कहीं पूरबी बोली का भी प्रयोग है।

कबीर साहब द्वारा काव्य-सृजन में प्रयुक्त छंद-विधा :

कबीर साहब का रचना संसार प्रत्येक दृष्टि से बहुत व्यापक है। सांसारिक विषयों के साथ-साथ आध्यात्मिक गूढ़ तत्वों पर खूब सृजन किया है। रचनायें तीन वर्गों में विभाजित की जा सकती हैं–

1-साखी

2-सबद

3- रमैनी

1- साखी- 'साखी' शब्द संस्कृत भाषा के 'साक्षी' का तद्भव रूप है। साक्षी का सामान्य अर्थ 'गवाह' है। संस्कृत भाषा में 'गवाही' के लिए 'साक्ष्य' का प्रयोग होता है। किसी घटना या तथ्य के प्रत्यक्षदर्शी को 'साखी' (साक्षी) कहा जाता है। कबीर साहब ने स्वयं जिन विषयों का प्रत्यक्ष-दर्शन कर लिया था, 'साखी' में उन्हीं पर आधारित दोहे हैं। इसमें उन्होंने सुनी-सुनाई बातों का वर्णन नहीं किया है, न ही अन्य ग्रन्थों की बातों का उल्लेख किया है। साखी में उन्होंने स्व-परीक्षित व स्व-अनुभूत तथ्यों का ही वर्णन किया है। बाबू गुलाबराय के मतानुसार-''**तत्व का साक्ष्य प्राप्त कर लेने के कारण गुरु को साक्षी कहा गया है और उसके उपदेश 'साखी' या 'साक्ष्य' कहलाये। साखियाँ किसी भी छंद में रची जा सकती थीं। प्रारंभ से ही दोहा-छन्द में रची जाने लगीं।''** साखी के अन्तर्गत एकमात्र छन्द 'दोहे' प्रयुक्त हैं। दोहों में कबीर साहब द्वारा-गुरु-महिमा, नाम-स्मरण, विरह, ज्ञान, माया, चेतावनी, कुसंगति, सत्संग, प्रेम, दया तथा क्षमा इत्यादि विषयों पर विचार प्रकट किये गये हैं।

2- सबद- 'सबद' का तत्सम 'शब्द' है। 'सबद' शीर्षक के अन्तर्गत सन्त कबीर के पदों को संग्रहीत किया गया है। इनमें जिन विषयों की चर्चा है, उनमें-आत्मा-परमात्मा, जीव-जगत तथा ब्रह्म-माया प्रमुख हैं। कहीं-कहीं पदों पर उनके रागों का भी उल्लेख मिलता है। नाम-सुमिरन, गुरु-महिमा तथा भजन- संध्या इत्यादि में गाने के लिये पदों का प्रयोग किया जाता रहा होगा-ऐसा माना जाता है।

3- रमैनी- 'रमैनी' के 'रामणी' या 'रामायण' तत्सम रूप हैं। ऐसा समझा जाता है कि रमैनी 'राम' नाम से सम्बन्धित है, इसलिये इसे रमैनी नाम दिया गया। रमैनी का सृजन प्राय: दोहा एवं चौपाई में किया गया है।

रमैनी लेखन की परमपरा कबीर साहब के परवर्ती कवियों में भी देखने को मिलती है।

सन्त-काव्यधारा

सन्त-काव्यधारा को 'ज्ञानमार्गी शाखा' व 'ज्ञानाश्रयी शाखा' भी कहा जाता है। सन्त कबीर, दादूदयाल, नामदेव, मलूकदास, सुन्दरदास, रैदास, धर्मदास, गुरुनानक, चरणदास, प्राणनाथ इत्यादि ज्ञानमार्गी शाखा के उल्लेखनीय सन्त-कवि हैं। इन सन्त-कवियों में अधिकांश गुरु स्वामी रामानन्द के शिष्य थे। निर्गुण- निराकार, ब्रह्म के वर्णन हेतु सन्त-कवियों ने 'ज्ञानमार्ग' का आश्रय ग्रहण किया। सन्त-काव्यधारा के सन्त-सृजेताओं का मानना है कि 'ज्ञान' के बिना आत्मज्ञान व ईश्वर का साक्षात्कार असम्भव है। ज्ञानाश्रयी शाखा के सन्त बड़े उदार थे। उन्होंने कथित निम्न जाति-वर्ण के लोगों तथा मुसलमानों के लिये भक्ति का द्वार खोल दिया। उदाहरणस्वरूप सन्त कबीर जुलाहा, नामदेव दरजी, दादू धुनियाँ तथा रैदास चमार इत्यादि तत्कालीन समाज के कथित निम्न जाति के थे। सभी ने अपने व्यक्तित्व-कृतित्व-तपचर्या से उच्च स्थान प्राप्त किया। सबने अहंकार, ढोंग, आडम्बर तथा अंधविश्वास पर अपने प्रवचन-वाणी से करारा प्रहार किया। आज उनका नाम बड़े सम्मान के साथ लिया जाता है। वर्तमान काल में उनके विचार अधिक प्रभावशाली और प्रासंगिक हो गए हैं। ज्ञानमार्गी शाखा के सन्त-कवि यथार्थ

में मानवतावादी हैं।

ज्ञानाश्रयी शाखा के सन्त-कवियों के विषय में समालोचक डॉ0 त्रिलोकीनारायण दीक्षित लिखते हैं-‘‘**सन्तों का व्यक्तित्व सच्चे अर्थों में संवेदनशील था। उनका मानस स्वच्छ और उदार था। इसीलिये उनका साहित्य जन-भावनाओं की सहज प्रवृत्तियों, परिस्थितियों, विकृतियों और विडम्बनाओं का एक विशाल शब्द-चित्र है।**’’ सन्त-काव्यधारा के कवियों ने तत्कालीन समाज की विसंगतियों का सच्चा चित्र प्रस्तुत किया है। शोषित, पीड़ित तथा उपेक्षित वर्ग के लिये यह जीवन-शक्ति का अजस्र स्रोत है। उनका साहित्य आस्था, आशावादिता तथा आत्मविश्वास की भावना को पुनर्स्थापित करने में सहायक है। सदियों से अपवंचित, अस्पृश्य तथा पददलित समाज को आत्मबोध तथा स्वाभिमान का संज्ञान कराना सन्त-कवियों का प्रमुख उद्देश्य रहा है। सम्पूर्ण मानव समाज को उन्होंने आचरण की पवित्रता का सन्देश दिया। मध्ययुगीन समाज, धर्म, पंथ, सम्प्रदाय तथा सांस्कृतिक विकृतियों का सन्त-काव्य में यथार्थ एवं स्वाभाविक शब्द-चित्रांकन हुआ है। युग-चेतना और युग-बोध का व्यापक स्वरूप भी उसमें समाहित है। सन्त-गुरुओं ने अपनी स्पष्ट वाणी से मदान्ध एवं तथाकथित उच्च वर्ग को सच्चाई का आईना दिखाने की कठिन चेष्टा की है। वे सत्यनिष्ठा से भटके मानव समाज को दोषमुक्त एवं परिष्कृत करना चाहते थे। सन्तों की विचारधारा तथा दर्शन को आगे बढ़ाने वाले आज भी उसी सामाजिक, धार्मिक तथा सांस्कृतिक परिष्करण में संलग्न हैं।

ज्ञानमार्गी शाखा के साहित्य का परिशीलन करने के उपरान्त जो बिन्दु उभर कर सामने आते हैं, वे अग्रांकित हैं-

1-निर्गुण-निराकार ब्रह्म की उपासना।

2- गुरु की महिमा- महत्ता की संस्थापना-वर्णन।

3- जाति-पाँति के भेदभाव का सशक्त विरोध।

4-अंधविश्वास, रूढ़ि एवं मिथ्यांडबर का विरोध-खण्डन।

5- रहस्यवादी प्रवृत्ति-ज्ञानात्मक रहस्यवाद की अभिव्यक्ति।

6- भजन-नामस्मरण को महत्त्व।

7- विरह की मार्मिक उक्तियाँ

8-नारी के प्रति सकारात्मक दृष्टिकोण।

9- युगचेतना तथा युगबोध का समाहार।

10- भाषा की सरलता-पंचमेल खिचड़ी (मिश्रित) भाषा का प्रयोग।

11- पारिभाषिक शब्दावली की प्रयोग-बहुलता।

12- मुक्तक शैली में काव्य सृजन-दोहा तथा पद-रूप का विशेष प्रयोग।

●

अनुक्रमणिका

1

ज्ञान चौंतीसा

ॐ पर विचार

ॐकार आदि जो जानै। लिख कै मेटै ताहि सो मानै।।

ॐकार कहैं सब कोई। जिन्ह यह लखा सो बिरला होई।।

शब्दार्थ– आदि=मूल, आरम्भक।

भावार्थ – जो यह जानता है कि ॐकार का मूल मनुष्य है, वह यह मानता है कि मनुष्य ही कागज या पाटी पर ॐ लिखकर पुन: उसे काट देने में समर्थ है। ॐ ॐ तो प्राय: सभी कहते हैं, परन्तु जिसने इसकी वास्तविकता की परीक्षा की, वह विरला है।

व्याख्या– ॐ इत्यादि शब्द एवं क से ह तक जितने वर्ण है सब मनुष्य के कंठ, तालु, दंत, ओष्ठ आदिक से उच्चरित होते हैं।

कौन से वर्ण तथा स्वर किस स्थान से उच्चरित होते हैं, इसका वर्णन इस प्रकार किया जा सकता है–

कंठ से– अ, आ, क, ख, ग, घ, ङ, ह।

तालु से– इ, ई, च, छ, ज, झ, ञ, श।

मूर्द्धा से– ऋ, ट, ठ, ड, ढ, ण, र, ष।

दंत से – त, थ, द, ध, न, ल, स।

ओष्ठ से – उ, ऊ, प, फ, ब, भ, म।

कंठ तालु से – ए, ऐ।

कंठ-ओष्ठ से– ओ, औ।

दंत ओष्ठ से – व।(वृहत् हिन्दी कोश, ज्ञानमंडल लिमिटेड, वाराणसी)

वर्णों के आकार, मात्रा, संधि आदिक के स्वरूप का निर्धारण करने वाला मनुष्य जीव ही है। उपर्युक्त ककारादि स्वतन्त्र वर्णों के द्वारा जितनी भाषाएं

बनायी गयी हैं, सब काल्पनिक रूढ़ियां हैं और जितनी लिपियां हैं, सांकेतिक चिन्ह हैं। इनका निर्धारण करने वाला मनुष्य जीव ही है।

वैदिक आर्यों में पूजा–(''आज घर-घर में हवन नहीं, पूजा का प्रचार है, जिसमें धूप, दीप, अक्षत और नैवेद्य के साथ लोग अपने देवता की आराधना करते हैं। एक समय यह समझा जाता था कि पूजा संस्कृत शब्द है, जो 'पूज्!' धातु से निकला होगा। किन्तु यह मान्यता अब नहीं चलती। अब लोग समझते हैं कि यह शब्द प्राचीन तमिल की दो धातुओं 'पू' और 'जै' (शइ) के योग से बना है। तमिल में 'पू' का अर्थ पुष्प होता है और 'जै' का अर्थ कर्म। अतएव 'पू' और 'जै' के योग का अर्थ पुष्प-कर्म होगा। यहां फिर अहिंसा की परम्परा, मूल में, द्राविड़ दिखाई देती है, क्योंकि हवन पशु-कर्म था। पीछे आर्यों के यहां भी पशु-कर्म के बदले पुष्प-कर्म का रिवाज चल पड़ा। पूजा के प्रेमी कभी-कभी हवन भी करते हैं, किन्तु अहिंसक ढंग से। इसी प्रकार भारतीय संस्कृति नूतन अवदानों को ग्रहण करने के बाद भी अपना मौलिक रूप हमेशा कायम रखती है।''

(रामधारी सिंह दिनकर : संस्कृति के चार अध्याय, पृ0 72–73) की पद्धति नहीं थी। वे पूजा शब्द भी नहीं जानते थे। अतएव मूर्तिपूजा का कोई प्रश्न ही नहीं उठता। हां, वे आगे चलकर उपासना करने लगे थे, जो मन को एकाग्र करने का प्रयास है। आरम्भिक साधक को कोई अवलम्ब चाहिए। अत: उन्होंने 'ॐ' की कल्पना की। मनुष्य खा-पीकर जब खाट पर लेटने जाता है तब प्राय: कहता है 'ओम'। गाय-बैल भी अपनी इच्छा व्यक्त करने के लिए जब बोलते हैं तब उनके मुख से आवाज निकलती है 'ओं-ओं'। मनुष्य ने इन शब्दों का विकास करके 'ॐ' शब्द की कल्पना की। वह 'ॐ' को प्रतीक मानकर इसमें मन रोकने लगा। जब कोई वस्तु श्रद्धास्पद होती है, तब उसकी व्याख्या बढ़ने लगती है। अतएव उत्तरोत्तर 'ॐ' की व्याख्या बढ़ने लगी।

'ॐ' की व्याख्या अनेक ग्रन्थों में अनेक मतों द्वारा अनेक प्रकार से की गयी है। थोड़ी बानगी लें–

''प्रणव का बोध कराने के लिए उसका विश्लेषण आवश्यक है।

कबीर संगति साधु की : एक विमर्श

यहां प्रसिद्ध आगमों की प्रक्रिया के अनुसार विश्लेषण-क्रिया का कुछ दिग्दर्शन कराया जाता है। ओंकार के अवयवों के नाम हैं– अ, उ, म, बिन्दु, अर्धचन्द्र, रोधिनी, नाद, नादांत, शक्ति, व्यापिनी या महाशून्य समना तथा उन्मना। इनमें से आकार, उकार और मकार ये तीन सृष्टि, स्थिति और संहार के संपादक ब्रह्मा, विष्णु तथा रुद्र के वाचक हैं। प्रकारांतर से ये जागते, स्वप्न और सुषुप्ति तथा स्थूल, सूक्ष्म और कारण अवस्थाओं के भी वाचक हैं। बिन्दु तुरीय दशा का द्योतक है। प्लुत तथा दीर्घ मात्राओं का स्थितिकाल क्रमश: संक्षिप्त होकर अन्त में एक मात्रा में पर्यवसित हो जाता है। यह ह्रस्व स्वर का उच्चारण काल माना जाता है। इसी एक मात्रा पर समग्र विश्व प्रतिष्ठित है। विक्षिप्त भूमि से एकाग्र भूमि में पहुँचने पर प्रणव की इसी एक मात्रा में स्थिति होती है। एकाग्र से निरोध अवस्था में जाने के लिए इस एक मात्रा का भी भेद कर अर्ध मात्रा में प्रविष्ट हुआ जाता है। तदुपरान्त क्रमश: सूक्ष्म और सूक्ष्मतर मात्राओं का भेद करना पड़ता है। बिन्दु अर्ध मात्रा है। उसके अनंतर प्रत्येक स्तर में मात्राओं का विभाग है। समना भूमि में जाने के बाद मात्राएं इतनी सूक्ष्म हो जाती हैं कि किसी योगी अथवा योगीश्वरों के लिए उसके आगे बढ़ना संभव नहीं होता, अर्थात वहां की मात्रा वास्तव में अविभाज्य हो जाती है। आचार्यों का उपदेश है कि इसी स्थान में मात्राओं को समर्पित कर अमात्र भूमि में प्रवेश करना चाहिए। इसका थोड़ा–सा आभास मांडूक्य उपनिषद् में मिलता है।

“बिन्दु मन का भी रूप है। मात्रा विभाग के साथ-साथ मन अधिकाधिक सूक्ष्म हो जाता है। अमात्र भूमि में मन, काल, कलना, देवता और प्रपंच, ये कुछ भी नहीं रहते। इसी को उन्मनी स्थिति कहते हैं। वहां स्वयं प्रकाश ब्रह्म निरन्तर प्रकाशमान रहता है।”

(हिन्दी विश्वकोश, नागरी प्रचारिणी काशी)

“सृष्टि रचने के पहले सृष्टि-उत्पत्ति के निमित्त जब ईश्वर में इच्छ उठती है तो एक बड़ा घोर शब्द अर्थरहित गूंज के साथ निकलता है, जैसे इंजन में होता है और वह बड़ी देर तक रहता है। उस शब्द को सुनकर जो जीवोन्मुक्त ऋषि होते हैं, वे ॐ अथवा ‘अ, उ, म’ में उसका आरोप कर लेते हैं और जब वह शब्द फट जाता है, तब उसमें से आकाश, वायु, अग्नि और

जल और पृथ्वी तत्त्व सूक्ष्मरूप से निकल आते हैं। फिर वह शब्द शान्त होकर लुप्त हो जाता है। इन आकाशादि पंच तत्त्वों द्वारा सम्पूर्ण सृष्टि की उत्पत्ति होती है। इसीलिए जो कुछ सृष्टि है, सब 'ओंकार' रूप ही है। इस कारण ओंकार की उपासना अति श्रेष्ठ है।''

''जब ईश्वर ने जीवों के कर्मफल भोगार्थ सृष्टि रचने की इच्छा की, तो प्रथम शब्द ध्वन्यात्मक ॐ-ऐसा निकला। उसी से उसके पश्चात वर्णात्मक शब्द 'एकोऽहं बहु स्याम्' उत्पन्न हुआ। अर्थात एक अद्वितीय ओंकाररूप ब्रह्म में मैं बहुत प्रकार से होऊं, यह इच्छा होते ही चराचर सृष्टि हो गयी। इसलिए जितनी सृष्टि है चाहे प्रकट भाव से हो या अप्रकट भाव से हो वह सब ब्रह्म ही है अथवा ॐकार रूप है। वेदों में जो ऋचा के पहले या पीछे ॐ का प्रयोग किया जाता है वह यह बताता है कि जो कुछ ॐ शब्द के पश्चात कहा जायेगा या पीछे कहा गया है, वह सब ओंकार रूप ही है, उसमें पृथक कोई वस्तु नहीं है। ॐकार में तीन अक्षर है-'अ+उ+म'। 'अ' का अर्थ है-जाग्रत का अभिमानी देवता विश्व, 'उ' का वाच्य है अभिमानी देवता प्राज्ञ। तात्पर्य यह है कि तीनों अवस्थाओं के जो पृथक-पृथक अभिमानी देवता हैं, वे ॐकार रूप ही हैं, मायाविशिष्ट ब्रह्म, ईश्वर, हिरण्यगर्भ और विराट ये भी ॐकार रूप ही है। भाव यह है कि ईश्वर से लेकर तृण पर्यन्त सब ॐकार रूप ही हैं।'

(कल्याण, उपासना-अंक, वर्ष 42, पृ0 182)

'ओमित्येतदक्षरमिदं सर्वम् इति।

(मांडूक्य उपनिषद, मंत्र 1)

'ओम' यह अक्षर ही यह सारा जगत है।

अब हम उक्त बातों पर थोड़ी समीक्षा करें- सृष्टि के आदि में जो शब्द हुआ, उसमें जीवन्मुक्तों ने ॐ का आरोप किया। सृष्टि के प्रथम जीवन्मुक्त कहां रहते थे? उपर्युक्त वर्णन से यह स्पष्ट होता है कि यह स्थावर-जंगम समस्त विश्व ॐ ही है। अब यदि मुमुक्ष को संसार का अध्यास छोड़ना है तो ॐको छोड़ना पड़ेगा, क्योंकि ॐ और जगत दो वस्तु नहीं हैं।

ॐ, ब्रह्म, जगत-एकार्थ बोधक हैं, अर्थात् उक्त तीनों शब्दों का तात्पर्य एक है। जो ॐ और ब्रह्म दुखपूर्ण जगत ही हैं, विवेकियों के लिए वह कदापि ग्राह्य नहीं हो सकता। वास्तव में ॐ को कागज और पाटी पर लिखने तथा काट देने वाला यह मनुष्य जीव ही स्वतन्त्र है। सारी कल्पनाएं

कबीर संगति साधु की : एक विमर्श

इसी की हैं, अत: मनुष्य जीव ही सर्वोपरि है, ॐ नहीं।

कबीर साहेब भावना में बहने वाले व्यक्ति नहीं हैं, किन्तु वे तथ्यपरक विचार के पक्षधर हैं। अतएव वे भावना के कुहासे को छांटकर वास्तविकता का दिग्दर्शन कराते हैं। वे कहते हैं 'ॐ' शब्द की कल्पना मनुष्य ने की। वही पाटी और कागज पर उसे लिखता तथा वही उसे काटकर मिटाता है। इसलिए मनुष्य ही 'ॐ' का मूल है, सिरजक है। इतनी-सी बात जो नहीं समझ सकता, वह अध्यात्म को क्या समझ सकता है। मनुष्य की आत्मा सर्वोच्च है। ॐ तो मनुष्य का कल्पित शब्द मात्र है। कबीर देव ने अन्यत्र भी कहा है–''मैं तोहि पूछौं पंडिता, शब्द बडा की जीव।''(बीजक, साखी 22)

आरंभ में साधक अपने मन को एकाग्र करने के लिए अपने मतानुसार नाद, बिन्दु, ॐ, किसी महापुरुष का चित्र आदि कुछ भी ले, उसके लिए यहां कोई खंडन नहीं किया जा रहा है। अनर्थ है इन सब कल्पित अवध ारणाओं को सर्वोच्च मान लेना और अपने स्वरूपभाव को भूल जाना। यह कभी नहीं भूलना चाहिए कि मनुष्य की अपनी आत्मा सर्वोपरि है और मानवतावादी कबीर देव का यही निर्देश है।

सद्गुरु ने इस ज्ञान चौंतीसा प्रकरण में प्राय: परमत-खंडन से हटकर स्वरूपज्ञान, वैराग्य, मनोनिग्रह एवं साधनात्मक बातें कही हैं, जो बड़ी मार्मिक है। क से क्ष तक के चौंतीस अक्षरों को माध्यम बनाकर ग्रन्थकार ने जो ज्ञानगंगा बहायी है उसमें साधक को निमज्जन करना चाहिए।

स्वरूप ज्ञान और स्वरूपस्थिति :
'क'

कका कैंवल किर्ण में पावै। शशि ब्रिगसित सम्पुट नहिं आवै।
तहाँ कुसुम रंग जो पावै। आँगह गहि के गगन रहावै।। 1।।

भावार्थ : 'क' अक्षर कहता है, अर्थात सद्गुरु कबीर क अक्षर को माध्यम बनाकर उपदेश करते हैं कि हे साधक! हृदय-कमल के ज्ञान-प्रकाश में ही तुम स्वरूप का बोध पाओगे, किन्तु शर्त यह है कि तुम्हारा मन विकसित एवं प्रबुद्ध हो। वह विषय-वासनाओं में सुप्त न हो जाये। ज्ञान से प्रकाशित हृदय

में जब स्वर्णिम स्वरूपबोध प्राप्त करो, तब उस अग्राह्य ध्येय-वस्तु को ग्रहणकर हृदय में स्थित रहो।।1।।

व्याख्या- क अक्षर से सद्गुरु ने कमल लिया है, जो तात्पर्य में हृदय है। मनुष्य का हृदय-कमल ज्ञान-प्रकाश का पुंज है। परन्तु यह विषय-वासनाओं के परदे से ढका है। जब वह परदा हटता है, तब मनुष्य का हृदय ज्ञान से प्रकाशित हो जाता है। ऐसे आलोकित हृदय में ही स्वरूपबोध, आत्मबोध एवं तत्त्वबोध होता है। विकारों से भरे हुए मन में स्वरूपबोध नहीं हो सकता। सत्संग, गुरु-उपासना, सेवा, विनम्रता, भक्ति आदिक से हृदय शुद्ध होता है। शुद्ध हृदय में विवेक जाग्रत होता है। जिसका विवेक सदैव जगा रहता है। उसका हृदय सदैव प्रकाशित रहता है। जिसका हृदय सदैव ज्ञान से प्रकाशित रहता है, वही 'स्व' और 'पर' के भेद को समझकर 'पर' से 'स्व' को छुड़ा लेता है। 'पर' जड़ है, भास है, पांच विषय है, दृश्य हे; और 'स्व' चेतन है, भास्कर है, द्रष्टा एवं ज्ञानरूप है। पर से मुक्त होकर 'स्व' में स्थित होना ही मानव की आत्मा की सहज मांग है। अतएव सद्गुरु कहते हैं कि तुम्हें आत्मबोध एवं आत्मसंतोष की प्राप्ति अपने ज्ञानालोकित हृदय में ही होगी।

स्वरूपज्ञान एवं स्वरूपस्थिति की निरंतरता बनी रहे, इसके लिए शर्त है कि ''शशि बिग्रसित सम्पुट नहिं आवै'' अर्थात् मन सदैव जाग्रत रहे। वह विषयों में मूढ़ एवं सुप्त न बने। शशि कहते हैं चन्द्रमा को। चन्द्रमा मन का देवत्व माना गया है। इसलिए यहां चन्द्रमा से अर्थ मन है। तेरहवीं रमैनी में भी जहां कहा गया है। ''ओछी मति चन्द्रमा गौ अथई'' वहां भी चन्द्रमा का अर्थ मन ही है। सद्गुरु कहते हैं कि साधक का मन सदैव विकसित, चिन्तनशील, विवेकशील एवं जाग्रत रहना चाहिए। साधक सदैव अपने मन पर सावधान रहे। उसे विषयों के स्मरणों में न डूबने दे। अन्यथा वह इसी में प्रसुप्त हो जायेगा। विषयों में डूबा मन स्वरूपज्ञान तथा स्वरूपस्थिति के योग्य नहीं रह जाता। अतएव साधक को चाहिए कि वह एकरस स्वरूपस्थिति को बनाये रनखने के लिए अपने मन को जाग्रत रखे।

''तहाँ कुसुम रंग जो पावै'' यहां कुसुम रंग का शाब्दिक अर्थ न लगाकर लाक्षणिक अर्थ समझना चाहिए। कुसुम रंग का अर्थ यहां पीला रंग नहीं है, किन्तु शुद्ध स्वरूपज्ञान है। साखी प्रकरण में सद्गुरु ने कहा है ''हंसा

तू सुवर्ण वर्ण' (बीजक साखी 14) यह सुवर्ण वर्ण या स्वर्णिम रंग पीला रंग नहीं है, किन्तु ज्ञानस्वरूप है। अतएव सद्गुरु कहते हैं कि जब तुम्हें अपने शुद्ध स्वरूप का ज्ञान हो, तब उसे धारणकर शांत हो जाओ।

''औगह गहि के गगन रहावै'' अपना स्वरूप अपने आपको अग्राह्य है, परन्तु उसे ही ग्रहण करके शांत होना है। प्रश्न होता है कि अग्राह्य ग्राह्य कैसे हो सकता है? उत्तर साफ है। हम अपने दाहिने हाथ को दाहिने हाथ से नहीं पकड़ सकते, परन्तु हाथ तो हमारा ही है, ऐसा समझ लें तो हाथ पकड़ा हुआ ही है। हम अपनी आँखों से अपनी आँखे नहीं देख सकते; किन्तु अन्य को देखने से यह स्वत: सिद्ध है कि हमारी आँखें हैं। अपने चेतनस्वरूप को अलग से पकड़ने की बात ही असंभव है, किन्तु 'मैं ही चेतनस्वरूप हूँ इसको तत्त्व से समझ लेने पर वह पकड़ा हुआ हो गया। इसलिए 'औगह' को ही 'गहना' है। जो पकड़ने में नहीं आता। उस स्व-स्वरूप को ही पकड़ना है। अर्थ है समझकर शांत होना।

''गगन रहावै'' का अर्थ है हृदय में शान्त रहे। 'हृदय' को 'हृदय' कहते भी इसलिए हैं, क्योंकि 'हृदि+अयम्' वह हृदय में है। जो इस रहस्य को दिन प्रतिदिन जानता है, वह उसे बाहर ढूंढने के स्थान में हृदय के भीतर ढूँढ़ता है और वहीं मानो स्वर्ग को पा लेता है।''(स वा एष आत्मा हृदि तस्यैतदेव निरुक्तं हृययमिति तस्माद्हृदयहरहवां एवंवित्स्वर्ग लोकमेति।। (छांदोग्य उप0 8/3/3 सत्यव्रत सिद्धांतालंकार की टीका)

तुम्हारे शत्रु तुम्हारे दोष हैं, उन्हें जीतो।

'ख'

खखा चाहै खोरि मनावैं। खसमहिं छॉड़ि दहूँ दिशि धावै।।

खसमहिं छाड़ि छिमा हो रहिये। होय न खीन अक्षयपद लहिये।। 2।।

भावार्थ : ख अक्षर के माध्यम से सद्गुरु उपदेश करते हैं कि यदि तुम अपना कल्याण चाहते हो तो मन तथा इंद्रियों को अपने वश में करो तथा उनमें पड़े हुए दोषों का सुधार करो। क्योंकि यह मनोवृत्ति चेतनस्वरूप-पति को छोड़कर दसों दिशाओं में भटकती है। तुम्हारी बुराइयां ही तुम्हारे शत्रु हैं। इन्हें छोड़ दो और दूसरों द्वारा अपने ऊपर किये गये आघात के अपराध को क्षमा करो। फिर तुम

पतित नहीं होओगे, प्रत्युत अविनाशी-पद को प्राप्त करोगे।।2।।

व्याख्या – जो मनुष्य अपने जीवन में खैर, शांति, मंगल चाहे, उसका पहला काम है कि वह अपने मन तथा इन्द्रियों को अपने वश में करे। दोषों का सुधार एवं बुराइयों का त्याग किये बिना और मन तथा इन्द्रियों को अपने वश में किये बिना किसी को भी जीवन में शांति नहीं मिल सकती। जो तथाकथित धार्मिक गुरु मोक्ष के सस्ते नुस्खें बांटते घूमते हैं और सारी बुराइयों में डूबे रहने पर भी केवल छूमंतर से मोक्ष देते हैं, वे साधकों को भ्रम में डालते हैं। कबीर साहेब मंहगे गुरु हैं। वे किसी को धोखा देना नहीं जानते, अपितु खरी–खरी बातें कहते हैं। वे कहते हैं, दोषों का त्याग तथा मन-इन्द्रियों को अपने वश में बिना किये कल्याण है ही नहीं।

'खसम' (संस्कृत भाषा में 'ख' का मुख्य अर्थ शून्य एवं आकाश किया गया है। उसमें 'सम' मिलाकर आकाश के समान अर्थ होगा। किन्तु कबीर साहेब ने अपनी वाणियों में प्राय: अरबी भाषा के खसम का ही प्रयोग किया है।) अरबी भाषा का शब्द है जिसका अर्थ है 'पति' एवं मालिक है और 'शत्रु' भी है। ये दोनों इसके परिनिष्ठित अर्थ हैं। जबर्दस्ती भाषाशिल्पी कबीर साहेब ने यहां पहली पंक्ति में खसम का अर्थ 'पति' और दूसरी पंक्ति में खसम का अर्थ 'शत्रु' मानकर उसका यथायोग्य प्रयोग किया है। वे कहते हैं ''खसमहिं छोंड़ि दहूँ दिशि धावै'' अर्थात् यह मनोवृत्ति पति-चेतन देव का स्मरण छोड़कर दसों दिशाओं में भटकती है। यह चेतन जीव हो तो सारे ज्ञान-विज्ञान का पति है। परन्तु विषयी मन स्व-स्वरूपचेतन का स्मरण छोड़कर विषयों में भटकता है। इसलिए इन्द्रिय-विषयों एवं बुराइयों का त्याग अत्यन्त आवश्यक है। विषय-त्याग से मन निर्मल होगा और वह आत्मचिंतन का अनुरागी होगा।

संसारी लोगों के जीवन में नाना प्रकार की विघ्न-बाधाएं हैं ही, किन्तु साधक एवं विवेकवान को ही अपने जीवन में ऐसे लोग मिलते हैं जो अपने अज्ञान एवं ईर्ष्यावश उनके साथ शत्रुता का बरताव करते हैं। सद्गुरु कहते हैं कि ऐसे भटके लोग तुम्हारे साथ भले ही शत्रुता का बरताव करें, परन्तु वे तुम्हारे शत्रु नहीं है। क्योंकि वे तुम्हारी आध्यात्मिक हानि नहीं कर

सकते, अतएव उन पर दया करो और उन्हें हृदय से क्षमा कर दो। शत्रु तो तुम्हारे दोष हैं, तुम्हारे मन- इन्द्रियों की बुराइयां है। तुम उन्हें छोड़ो। 'खसमहि' छाड़ि छिमा हो रहिये।'' अर्थात अपने दोषरूपी शत्रुओं को छोड़ो और अपने भूलवश जो लोग तुम्हारी आलोचना में लगे हैं; उन्हें क्षमा करो। वे तुम्हारे शत्रु नहीं हैं। वे तुम्हारा कोई नुकसान नहीं कर सकते। तुम्हारा पतन तो तुम्हारी बुराइयां करती हैं। तुम्हारी मन-इन्द्रियों की लंपटता तुम्हारे पतन का कारण है।

तुम अपनी कमजोरियों, बुराइयों, इन्द्रियलंपटताओं, मन की चंचलताओं को छोड़ दो, तो अन्य कोई तुम्हारा पतन नहीं कर सकता। ''होय न खीन अक्षय पद लहिये'' जिसने अपने में रहे हुए दोषों का त्याग कर दिया, उसको पतित करने का सामर्थ्य किसी में नहीं है। वह अक्षयपद का अधिकारी होता है। प्रत्यक्ष है, संसार में जिसने दोषों को जीतकर आत्मविजय प्राप्त की वह अक्षय एवं अमृतपद का अधिकारी हुआ। अपने विरोधियों के लड़-लड़कर किसी को आत्मसंतोष नहीं मिल सकता है, किन्तु अपनी बुराइयों को छोड़कर तथा विरोधियों को दिल से क्षमा कर ही आत्मसंतोष मिल सकता है। यही अक्षयपद, अमृतपद, मोक्षपद, निर्वाणपद का रास्ता है। श्रुति भी कहती है कि मोक्ष को वही देखता है, जो पाता है, जो क्षीण-दोष है। (यं पश्यंति यतय: क्षीणदोषा:। मुंडकोपनिषद् 3/1/5)

गुरुवचनों के आचरण से ही शांति

'ग'

गगा गुरु के वचनहिं मान। दूसर शब्द करो नहिं कान।।
तहाँ विहंगम कबहुँ न जाई। औगह गहि के गगन रहाई।।

भावार्थ : ग अक्षर के माध्यम से सद्गुरु उपदेश करते हैं कि गुरु के वचनों को मानो और दूसरे शब्दों पर का न दो। गुरु-उपदेश के आचरण करने का फल स्वरूपस्थिति है जिसमें मन-पक्षी का प्रवेश कभी नहीं होता, और साधक अपने निराधार एवं असंग स्वरूप का भाव ग्रहण कर हृदय में शांत हो जाता है।

व्याख्या : ''गंगा गुरु के वचनहि माना दूसर शब्द करो नहिं कान।।'' इस वाक्य में गुरु के वचनों को मानने पर जोर दिया गया है और दूसरे वचनों पर ध्यान न देने का सुझाव दिया गया है। यहां कोई स्थूल अर्थ न मान ले कि किसी भी गुरु नामधारी के वचनों को मान लेने की बात यहां कही गयी है। यह सच है कि सच्चे गुरु भी होते हैं जिनके ज्ञान और आचरण दोनों पवित्र होते हैं और उनकी बातों को बेधड़क मान लेने में साधक का कल्याण ही है। परन्तु ऐसे भी गुरु होते हैं जो आंशिक या सर्वाधिक कमजोर होते हैं। अतएव सुरक्षित मार्ग यही है कि निर्णय वचनों को ही गुरुवचन माना जाये। परम पारखी श्री रामरहस साहेब ने कहा भी है''निर्णय बानी गुरुमुख होई''अर्थात् निर्णय वचन ही गुरुमुख वचन है। दो-दो चार गुरुमुख वाणी एवं गुरुवचन है। अतएव सद्गुरु कहते हैं कि सदैव निर्णय वचनों पर ध्यान दो। रोचक, भयानक एवं महिमापरक वचनों पर ध्यान न दो। गुरुनिर्णय एवं गुरुवचन स्वरूपज्ञान का परिचय कराने वाले है। गुरुवचनों का पूर्ण पालन करने पर जीव अपने स्वरूपस्थितिधाम में विश्राम पा जाता है। अतएव गुरुवचनों का फल है स्वरूपस्थिति और स्वरूपस्थिति में मन-पक्षी का कभी प्रवेश नहीं होता। इसका तात्पर्य है कि साधक जब तक स्मरणों का सर्वथा परित्याग कर स्वरूपस्थ रहता है, तब तक वहां मन की गति नहीं रहती; परन्तु जब वह समाधि से उठकर व्यवहार में लगता है, तब मन का व्यापार तो चलता है, किन्तु उस जीवन्मुक्त पुरुष के हृदय में मन की मलिनता न रहने से मानो मन का उपशमन ही रहता है। अर्थात उसके हृदय से अशुद्ध मन सर्वथा मिट जाता है। अभ्यासकाल में संकल्पहीनता तथा व्यवहारकाल में आसक्तिहीनता-यही स्वरूपस्थिति एवं जीवन्मुक्ति है। समाधिकाल में किसी प्रकार का मन नहीं रहता और व्यवहारकाल में अशुद्ध मन नहीं रहता। ऐसे स्वरूपस्थ पुरुष मानो मनसे सदैव मुक्त ही हैं। अतएव ''तहाँ बिहंगम कबहुँ न जाई'' यह गुरुवचन प्रामाणिक और व्यावहारिक भी है।

''दूसर शब्द करो नहिं कान'' यह वाक्यांश भी ध्यान देने योग्य है। यदि साधक रोचक, भयानक, महिमापरक, विषय-वासना-उत्तेजना, प्रपंचवर्द्धक साहित्य एवं वचनों को पढ़ता, सुनता एवं उसकी ज्यादा चर्चा करता है तो उसका हृदय सांसारिक वासनाओं से भर जायेगा और वह स्वरूपस्थिति का काम नहीं कर पायेगा। अतएव शांतिइच्छुक साधकों को प्रापंचिक वाणियों को छोड़कर

कबीर संगति साधु की : एक विमर्श

गुरुवचनों एवं स्वरूपज्ञानपरक वाणियों का ही मनन-चिन्तन करना चाहिए।

''औगह गहि के गगन रहाई'' इस वाक्यांश का स्पष्ट विवेक 'क' अक्षर के प्रसंग के अन्त में हो चुका है। वही अभिप्राय यहां समझ लेना चाहिए।

शरीराध्यास का त्याग मोक्ष में हेतु -
'घ'

घघा घट बिनसै घट होई। घटही में घट राखु समोई।।

जो घट घटै घटहि फिरि आवै। घट ही में फिर घटहिं समावै।। 4।।

भावार्थ - घ अक्षर के माध्यम से सदगुरु उपदेश करते हैं कि एक शरीर के नष्ट होने पर पुन: दूसरा शरीर बनता है। अत: इस शरीर का अध्यास इसी शरीर में रहते-रहते नष्ट कर दो। परन्तु यदि विषयों की आसक्ति में पड़कर मन में शरीरासक्ति की रचना करोगे, तो शरीर में पुन: आना पड़ेगा, और सूक्ष्म शरीर सहित माता के गर्भाशय रूपी घट में प्रविष्ट होकर पुन: शरीर बनेगा।।4।।

व्याख्या- एक शरीर जब छूट जाता है, तब कर्मों के जोर से पुन: दूसरा शरीर बनता है। इस प्रकार कर्माध्यासवश यह जीव एक के बाद दूसरा शरीर धारण करता चला जाता है, और इस भवसागर में भटकता रहता है। इसलिए मोक्ष की प्राप्ति के लिए केवल शरीर का नष्ट होना जरूरी नहीं है, किन्तु वासना का नाश जरूरी है। अत: सदगुरु कहते हैं 'घटही में घट राखु समोई'' अर्थात इस शरीर में रहते हुए शरीर को आसक्ति का ध्वंस कर दो।

यदि जीव घट में रहकर घटेगा, अर्थात शरीर में रहते हुए शरीराध्यास एवं विषयवासनाओं में क्षीण होगा, और विषयासक्ति की ही रचना करेगा, तो उसे पुन: घट में आना पड़ेगा, उसे पुन: शरीर धारण करना पड़ेगा।

उक्त पद में मुख्य तीन बातें बतायी गयी हैं। पहली बात है कि एक शरीर का नाश जीवनक्रम का अन्त नहीं है, अपितु जीव एक के बाद दूसरा शरीर धारण करता रहता है। दूसरी बात है कि कहीं भी लौटने का कारण अवशेष वासना ही है। अंतिम तीसरी बात सदगुरु की आज्ञा है कि शरीर में रहते-रहते शरीर की वासना का त्याग कर दो-''घट ही में घट राखु समोई''।

जन्मान्तरवाद एक वैज्ञानिक दृष्टिकोण है, जिसके बिना संसार का समाधान असंभव है। सद्गुरु कबीर जन्मांतरवाद के प्रबल पक्षधर है।

कहीं लौटने का कारण अवशेष वासना, इच्छादि हैं। हम बाजार जाते हैं, यदि सौदा पूरा लिये बिना ही किसी कारणवश घर लौट आते हैं, तो दूसरे दिन हमें पुन: बाजार जाना पड़ता है। जब तक हमारे खाने, भोगने, देखने, करने, पाने, शरीर में रहने आदि की वासना नहीं मिटती, तब तक हमें शरीर में आना ही पड़ेगा।

इसलिए सद्गुरु आज्ञा देते हैं कि हे मुमुक्षु! इस शरीर में रहते-रहते सारी वासनाओं को नष्ट कर दो। यद्यपि ज्ञानी को भी जीवनपर्यन्त खाना-पीना, पहनना, ओढ़ना, लेना-देना तथा शरीर की सारी क्रियाएं करना पड़ता है; परन्तु वह केवल शरीर की रक्षा एवं निज-पर के कल्याण के लिए ही सारी क्रियाएं करता है। उसे कहीं भी आसक्ति नहीं होती।

देहाभिमानरहित वासना से एकदम छूटा हुआ जीवन ही अमृत जीवन है। यही परमानन्द है। यही जीवन्मुक्ति है। यही जीवन का सर्वोच्च शिखर है। मनुष्य को इस अवस्था में पहुंचकर कृतार्थ होना चाहिए। सद्गुरु ने अन्यत्र भी कहा है--

''अबकी बार जो होय चुकाव, कहहिं कबीर बाकी पूरी दाव।''

(बसन्त 7)।

धैर्य सफलता की कुंजी

'ङ'

ङङा निरखत निशिदिन जाई। निरखत नैन रहै रतनाई।

निमिष एक जो निरखै पावै। ताहि निमिष में नैन छिपावै।।

शब्दार्थ- निरखत-देखते हुए। निमिष-पलक मारने भर का समय, पल, क्षण।

भावार्थ- ङ अक्षर के माध्यम से सद्गुरु उपदेश करते हैं कि हे साधक! अपना लक्ष्य देखते हुए तुम्हारे रात-दिन बीतते जा रहे हैं; और देखते-देखते तुम्हारे नेत्र रक्तवर्ण हो जाते हैं। किन्तु जिस एक क्षण में तुम्हें लक्ष्य की प्राप्ति होना संभव होता है, उसी में तुम अपने नेत्र बंद कर लेते हो।।5।।

व्याख्या- यहां नेत्र से देखने का अभिधा (शाब्दिक) अर्थ न कर लक्षणा अर्थ करना चाहिए। अर्पित यहां कोई निरे चर्म-नेत्रों से देखने का अभिप्राय नहीं है।

कबीर संगति साधु की : एक विमर्श

किन्तु अर्थ है कि साधक साधना में निरन्तर विलम्ब तक अथक श्रम करता है; परन्तु जब उसे सफलता मिलने का अवसर आता है, तब वह धैर्य छोड़ बैठता है।

कोई किसान खेत जोतता है, गोड़ता है, उसमें खाद-पानी डालता है, बीज डालता है, उसके बाद भी वह तीन-चार महीनों तक उसकी कमाई, रक्षादि करता है, किन्तु यदि वह अंत में परिश्रम से घबरा कर फसल को अंतिम पानी नहीं देता या उसकी बनैले पशु-पक्षियों एवं चोरों से रक्षा नहीं करता, तो उसे सफलता नहीं मिल सकती। बहुत काल तक अटूट परिश्रम करने पर भी लक्ष्य-प्राप्ति के पहले धैर्य छोड़ देने पर कार्य में सफलता नहीं हो सकती।

बहुत से साधक इसी ढंग के होते हैं। वे थोड़े-थोड़े से घबराते हैं। वे कोई भी साधना शुरू करते हैं। तत्काल वांछित सफलता न मिलने के कारण उसे छोड़ बैठते हैं। यह उनके रजोगुणी स्वभाव एवं चंचलता का ही फल होता है।

ध्यान में बैठे, मन दो चार बार भाग खड़ा हुआ, तो साधना छोड़ बैठे। अरे भाई। यदि मन बीस बार भागता है तो उसे इक्कीसवीं बार शांत करो। यदि वह सौ बार भागता है, तो एक सौ एकवीं बार उसे पकड़ो। धैर्य क्यों छोड़ते हो।

खेती, व्यापार, नौकरी, विद्याध्ययन, किसी कला का ज्ञान, स्वाध्याय, सेवा, साधना-किसी भी दशा में सफलता तभी मिल सकती है जब न उकताए हुए मन से धैर्यपूर्वक तब तक श्रम करता रहे जब तक सफलता न मिले।

भौतिक क्षेत्र की उपलब्धि के क्रम में तो वह यह भी है कि कभी-कभी पूर्ण परिश्रम करते रहने पर भी वांछित सफलता नहीं मिलती; किन्तु मानसिक शांति एवं स्वरूप स्थिति की सफलता में तो दो राय है ही नहीं। धैर्यपूर्वक सच्चाई से सेवा, स्वाध्याय एवं साधना में लगने पर सफलता होगी ही।

ग्रहण में जब परवश हैं तथा त्याग में सब स्वतन्त्र है। हमें अमुक वस्तु चाहिए, इसमें हम परतन्त्र हैं; क्योंकि संसार की वस्तुएं नाना प्राणी, पदार्थों एवं परिस्थितियों के अधीन हैं। किन्तु हमें कुछ नहीं चाहिए, इसमें क्या परतन्त्रता है। त्याग में शांति है, और त्याग करने में सभी व्यक्ति सब समय स्वतन्त्र हैं। अत:

त्याग-मार्ग की साधना में घबराना अज्ञान ही है।

सद्गुरु विशाल साहेब ने ठीक ही कहा है- जिसके स्मरण में, ध्यान में, आचरण में, निश्चय में सुख ही -सुख है, उस स्वरूपस्थिति में क्या घाटा पड़ रहा है जो साधक अन्य प्रपंच में अपना मन लगावे। यथा-

जाहि मनन में सुख नितै, ध्यान क्रिया सुखध्येय।
घाटा तेहि में कौन है, जो औरहि चित देय।।

(मुक्तिद्वार, निवृत्ति साहस शतक, साखी 112)

चेतन भौतिक चित्रों से भिन्न है
'च'

चचा चित्र रचो बड़ भारी। चित्र छोड़ि तै चेतु चित्रकारी।
जिन्ह यह चित्र विचित्र है खेला। चित्र छोड़ि तैं चेतु चितेला।। 6।।

शब्दार्थ- चित्र= कल्पनाएं, वस्तु-प्राणियों की मान्यताएं। चित्रकारी =चेतन जीव। विचित्र =भौतिक एवं मानसिक चित्रों से भिन्न चितेरा।
चितेला =चितेरा, चित्र रचने वाला चेतन जीव।

भावार्थ- जीव की कल्पना ने खानी-वाणी के बड़े भारी चित्र रचकर खड़ा किये हैं। चित्र-रचयिता हे चेतन। दृश्य-चित्रों को छोड़कर तू सावधान हो जा। जिस विचित्र चेतन ने खिलाड़ी बनकर इन चित्रों का खेल खेला है, वह तू ही है। हे चेतने वाले चेतन मनुष्य! चित्रों की आसक्ति त्यागकर तू जग जा।।6।।

व्याख्या- पति, पत्नी, बच्चे, घर, जमीन, धन, जाति, पांति, नाम, रूप, परोक्ष ईश्वर, देवी-देवता, भूत, प्रेत, शकुन, अपशकुन आदिक की मान्यताओं के नाना चित्र बनाकर जीव उन्हीं में उलझ गया है। ''चित्र रचो बड़ भारी'' बड़ा मार्मिक वचन है। हम मान्यताओं के बड़े-बड़े चित्र बना लेते हैं और उन्हीं चित्रों में अपनी वास्तविकता को भूल जाते हैं। हमारे असली चेहरे पर इतने नकली चेहरे चिपक गये हैं कि हमें अपने असली चेहरे का भान ही नहीं है।

एक ही आदमी किसी का साला है तो किसी का जीजा, किसी का

     कबीर संगति साधु की : एक विमर्श

पुत्र है तो किसी का पिता-पितामह, किसी का मित्र है तो किसी का शत्रु। नाना नाम, रूप, वर्ण, आश्रम के चेहरे इस पर चिपक गये है।

मेरा चेहरा, मेरा रूप केवल ज्ञान है। शेष सब काल्पनिक हैं। मैं ब्राह्मण हूँ, मैं शूद्र हूँ, मैं साधु हूँ, मैं गृहस्थ हूँ, मैं जीजा हूँ, मैं साला हूँ-आदिक में 'मैं' और 'हूं' के बीच में जो कुछ आता है ब्राह्मण, शूद्र, साधु, गृहस्थ, जीजा, साला आदि सब नकली तथा झूठे हैं। 'मैं हूं' इतना सच है।

अहम और इदम-दो तत्त्व हैं। अहम चेतन है। अहम 'मैं' चेतन है तथा इदम 'यह' जड़ है। अहम चितेरा है तथा इदम चित्र है। चितेरा चेतन इदम के नाना चित्र बनाकर उन्हीं में शोक-मोह का अनुभव करता और भटकता है।

सद्गुरु कहते हैं ''चित्र छोड़ि तैं चेतु चित्रकारी' हे चित्र रचने वाला चेतन ! तू चित्रों को छोड़ दे और अपने आप में सावधान हो जा।

मन चित्रपट है। उसी में सारे चित्र अंकित रहते हैं। मैं चेतन हूँ। मैं ही चित्रों की कल्पना करता हूँ। उनके रूप मैं ही गढ़ता हूं। मैं ही उनमें नाना भावनाओं के रंग भरता हूँ। मैं ही उन चित्रों का सामने ला-लाकर उनमें रीझता-खीझता हूँ। मैं चित्रों से विचित्र, विलक्षण एवं सर्वथा भिन्न हूं। मुझे चाहिए कि मैं अपने चैतन्य-तख्त पर आसीन होकर शांत रहूं। जब चित्र सामने आवें तो उन्हें केवल देखकर उनसे उदास रहूं। उनमें मिलूं नहीं। चित्रों में उलझूं नहीं।

मन एक नदी है। उसके संकल्प-विकल्प उसकी तरंगे हैं। उसमें न बहना, किन्तु उससे बाहर बैठकर केवल उसको देखते रहना विवेकवान का काम है।

सद्गुरु कहते हैं, हे चित्रों के रचने वाले चितेरा चेतन ! तू चित्रों को छोड़कर चेत जा। सारे चित्रों से अपना स्वरूप भिन्न समझ। खानी-वाणी के सारे चित्र तेरे कल्पित हैं। उनमें तू तदाकार मत हो। उनसे अपने आपको अलग समझकर असंग हो जा। किसी ने कैसा अच्छा कहा है-

सम्हल कर बैठना जलवा मोहब्बत देखने वालों।
तमाशा खुद न बन जाना तमाशा देखने वालों।।

जीव ही सम्राट है
'छ'

छछा आहि छत्रपति पासा। छकि किन रहहु मेटि सब आसा।
मैं तोहीं छिन-छिन समुझावा। खसम छाड़ि कस आपु बँधावा।।7।।

शब्दार्थ–छत्रपति=सम्राट, महाराजा, जीव। छकि =तृप्त। खसम= पति, मालिक, स्व-स्वरूप।

भावार्थ– छ अक्षर के माध्यम से सद्गुरु उपदेश करते हैं कि हे साधक! सम्राट तो तेरे पास ही है। 'पास' भी कहना एक तरीका है। वस्तुत: तू ही सम्राट है। अतएव अन्य सारी आशाएं छोड़कर क्यों नहीं अपने स्वरूपभाव में तृप्त हो रहे हो! मैं तुम्हें क्षण-क्षण समझा रहा हूँ। तुम अपने पतित्व एवं श्रेष्ठत्व को छोड़कर, अपने आपको क्यों बंधनों में डाल रहे हो।

व्याख्या– मेरी कोई मनोवांछित वस्तु हो और वह मेरे पास ही पड़ी हो, परन्तु उसे न समझकर मैं उसके लिए दरबदर की खाक छानता फिरूं, तो यह मेरा केवल अज्ञान है। आदमी परमात्मा को, राम को, खुदा को, मोक्ष एवं परमानन्द को दरबदर खोजाता फिरता है। वह नदियों, पर्वतों, तीर्थों, पोथियों, मत-मतांतरों की खाक छानता है। तो भी उसे निराशा ही हाथ लगती है। सद्गुरु कबीर कहते हैं, **'वह तो मेरे पास है'**। 'पास' का अर्थ कोई यह न समझ ले कि अपने से अलग है। यहां शाब्दिक नहीं, लाक्षणिक अर्थ करना चाहिए। सद्गुरु कहते हैं कि समझ ले तो पास में है और न समझे तो दूर है।

पास एवं निकट का मतलब है वह तू ही है। तेरे से पृथक कोई परमात्मा, राम, खुदा, गॉड नहीं है। इसीलिए इसके भावार्थ में वे कहते हैं ''छकि किन रहहु मेटि सब आसा'' अर्थात् सभी आशाएं छोड़कर क्यों नहीं तृप्त हो जाते हो! सारी आशाओं-वासनाओं के छूट जाने पर ही वह दशा आती है जो कृतार्थरूप है। ईश्वर, परमात्मा एवं मोक्ष की आशा भी आशा ही है! और सभी आशाओं को मिटाने के क्रम में ऐसी आशाएं भी कैसे रह सकती हैं। आशाएं उन्हीं की की जाती है जो अपने से दूर के हों और जो अपने से दूर

कबीर संगति साधु की : एक विमर्श

की वस्तुएं हैं, उनसे परम तृप्ति नहीं मिल सकती। इसलिए अपने से भिन्न वस्तुओं की आशा छोड़ देने की बात कही गयी है। सद्गुरु श्री पूरण साहेब ने ठीक ही कहा है ''केवल मुक्ति आशा रहे, तेऊ है बंधमान। सुखिया सदा निराश पद, सुन वैराग्य निधान।।'' संस्कृत के पंडितों ने कहा ''आशा हि परमं दु:खं नैराश्यं परमं सुखम्''। सारी आशाओं के छूट जाने पर ही साधक को परम तृप्ति मिल सकती है।

जीव अपना खसम अपने से अलग खोजता है। यही उसका अज्ञान है। सबका खसम तो जीव है, परन्तु वह अपनी महत्ता को नहीं समझ पाता है, इसलिए भटकता है। सद्गुरु कहते हैं ''मैं तोही छिन-छिन समुझावा। खसम छाड़ि कस आपु बँधावा।।'' मैं तुम्हें बारम्बार समझा रहा हूँ कि तुम स्वयं सम्राट हो, तुम स्वयं सारे ज्ञान-विज्ञान रूपी चित्रों के स्वामी हो। फिर तुम अपने स्वरूपभाव, स्वामीभाव को छोड़कर कैसे मन की मान्यताओं में अपने आपको बंधा रहे हो!

वासना-त्याग मोक्ष के कारण

'ज'

जजा ई तन जियत न जारो। जोबन जारि युक्ति तन पारो।

जो कछु युक्ति जानि जन जरै। ई घट ज्योति उजियारी करै।। 8।।

शब्दार्थ-जोबन=यौवन, जवानी। युक्ति=उपाय। पारो- करने में समर्थ होओ।

भावार्थ- ज अक्षर के माध्यम से सद्गुरु उपदेश करते हैं कि हे साधक! जीते जी इस शरीर को घोर तपस्या में मत जलाओ। किन्तु जवानी का प्रमाद तथा कामादि वासनाओं को जलाकर शरीर से साधना करो। यदि वासनाओं को निवृत्ति जानकर शरीर की आसक्ति जला दे, तो साधक इसी जीवन में ज्ञान-ज्योति से आलोकित हो जाये।।8।।

व्याख्या- सद्गुरु यहां तीन बातें बताते हैं। पहली बात है शरीर को घोर तपस्या में मत जलाओ। दूसरी बात है शरीर और जवानी का अहंभाव जलाकर साधना करो। तीसरी बात है कि यदि मनुष्य साधना करते हुए वासनाओं का त्याग

करता है तो उसे इसी जीवन में ज्ञान का आलोक मिल जाता है।

तपस्या और साधना में काफी अन्तर है। गरमी में अग्नि, तापना, ठंडीं में जलशयन करना, वर्षा में खुले आकाश में खड़ा रहना, लंबा उपवास करना, नंगा रहना आदिक कायाकष्ट उठाना तपस्या है। यह या तो प्रतिष्ठा पाने के लिए किया जाता है या अज्ञान में। इसका फल संसारियों से सम्मान पाना है और तपस्वी में अहंकार तथा दंभ का भरना है। महान दार्शनिक धर्मकीर्ति कहते हैं–‘‘**वेदादि किसी पुस्तक को स्वतः प्रमाण मानना, जगत बनाने वाला कोई कर्ता होगा–यह मानना, किसी नदी में स्नान करने मात्र से धर्म की पूर्ति मानना, मानव में ऊँच–नीच जाति मानना और शरीर को संताप देकर पाप का नाश मानना–जिनकी बुद्धि मारी गयी है उनकी मूर्खता की ये पांच निशानियां हैं।’’**

**वेदप्रामाण्यं कस्यचित् कर्तृवादः स्नाने धर्मेच्छा जातिवादावलेपः।
संतापारम्भःपापहानाय चेति ध्वस्तप्रज्ञानां पंच लिङ्गानि जाड्ये।।**

(प्रमाणवार्तिक–स्ववृत्ति 1/342)

साधना है इन्द्रिय और मन पर विजय पाने का प्रयास। इसमें मैथुन, मोहादि भागों का त्याग तो होता है, किन्तु शुद्ध सात्त्विक एवं संतुलित आहार, विहार, व्यवहार लेते हुए सेवा, स्वाध्याय, ध्यान, चिंतन आदिक द्वारा वासनाओं पर विजय प्राप्त करने का प्रयास चलता है। संसारी विषय–भोगी होता है। तपस्वी शरीर को संताप देने वाला होता है। किन्तु साधक बीच का रास्ता पकड़ता है। वह न भोगी होता है और न काया–पीड़क। वह भोगों से विरत होकर, मध्यवर्तीय भोजन–वस्त्र लेते हुए आराम से रहता है और स्वाध्याय,चिंतन तथा ध्यान से वासनाओं पर विजय प्राप्त करता है।

सद्गुरु कबीर मध्यममार्गी हैं। संसार के सभी साधक इसी पथ से कल्याण पाते हैं। महात्मा बुद्ध ने अनजान में घोर तप किया, परन्तु जब उन्हें अपनी भूल का परिचय हुआ तब वे भी इसी मध्यममार्ग पर आ निकले।

अतएव सद्गुरु कहते हैं कि साधक इस शरीर को पीड़ा न दे। किन्तु इसके अहंकार का त्याग करें। जवानी एवं शरीर की उष्मा को, हृदय में रही हुई एषणा, चाह एवं लिबिडो को न तो जला दे और न इन्द्रियों के मलिन भोगों में खर्च करे, किन्तु उनका मार्गांतरीकरण कर दे। उनके रास्ते को बदल दे। उन्हें

कबीर संगति साधु की : एक विमर्श

वासना-निवृत्त, स्वरूपस्थिति की प्राप्ति में एवं अपने और दूसरे के कल्याण-कार्य में लगा दे। यदि साधक घोर तप द्वारा शक्ति को न जलाकर, केवल विषय-वासनाओं को जलाता है और अपने तन तथा मन की शक्ति से साधना करके सत्पथ में चलता है तो उसे इसी जीवन में ज्ञान का प्रकाश मिलता है। शारीरिक तथा मानसिक शक्ति को एक ही उद्देश्य आध्यात्मिक-उन्नति में लगा देने से साधक का हृदय शीघ्र ही ज्ञान-ज्योति से प्रकाशित हो जाता है।

कूचर-कायर साधक ही असफलता का रोना रोते हैं। अपने लक्ष्य में पूर्ण समर्पित साधक शीघ्र ही अपने उद्देश्य को प्राप्त कर लेते हैं।

बाहर ढूंढना छोड़ो

झ

झझा अरुझि-सरुझि कित जान। अरुझनि हींड़त जाय परान।
कोटि सुमेरु ढूँढ़ि फिरि आवै। जो गढ़ गढ़ै गढ़ैया सो पावै।।

शब्दार्थ - हींड़त=खोजते हुए। सुमेरु=पर्वत। गढ़=किला; वासना, अध्यास। गढ़ैया=जीव।

भावार्थ- झ अक्षर के माध्यम से सद्गुरु उपदेश करते हैं कि हे मानव! तुम उलझते-सुलझते हुए कहां जा रहे हो! अपना लक्ष्य खोजते हुए उलझन में ही तुम्हारे प्राण पखेरू उड़ जायेंगे। तुम सुमेरू पर्वत-जैसे करोड़ों बीहड़ स्थानों में अपना लक्ष्य खोजकर लौट आओ, तो भी उसे न पाओगे। हां, यह जीव वासनाओं का जो किला गढ़ लेता है, उसी में स्वयं बन्द हो जाता है।।9।।

व्याख्या- अरुझना फंसने को कहते हैं और सरुझना छूटने को। स्त्री, पुत्र, परिवार, धन, घर, काम, क्रोध आदिक मोटी माया में यदि कोई उलझा हुआ है तो इसे सभी लोग मानते हैं कि यह आदमी फंसा है। परन्तु यदि कोई देवी-देवताओं तथा परोक्ष ईश्वरादि की उपासना में लगा है, तो इसे लोग सुलझना मानते हैं। सद्गुरु कबीर इसको भी अंततः उलझना ही मानते हैं। अपने ही स्वरूपभाव को छोड़कर जीव जहां कहीं भी लगता है, सब उलझन ही है। इसीलिए वे कहते हैं-''अरुझि-सरुझि कित जान'' अर्थात् उलझ-सुलझकर कहां जा रहे हो, तुम स्वरूपभाव एवं आत्मभाव को खोकर चाहे जितना भी धर्म-कर्म एवं

को बाहर खोजते हो। यह निश्चित समझ लो कि खोजते-खोजते तुम्हारे प्राण समाप्त हो जायेंगे, परन्तु तुम छूंछे ही रह जाओगे। जीव का परम लक्ष्य तो उसका अपना स्वरूप ही है। वह बाहर खोजने का विषय ही नहीं हैं उसे तो सत्संग एवं विवेक द्वारा समझना है।

अतएव कोई परमात्मा, ईश्वर, ब्रह्म, राम, रहीम आदिक नाम लेकर चाहे उसे करोड़ों बीहड़ स्थानों में खोजते, तीर्थों और मंदिरों में खोजे, वह कहीं नहीं मिलेगा। क्योंकि वह कोई बाह्य वस्तु नहीं है। हां, इन भटकावों का फल यही होगा कि नाना भ्रांतिपूर्ण मान्यताओं एवं वासनाओं का मन में एक किला बन जायेगा और जीव उसी में बन्द हो जायेगा।

परमात्मा को बाहर खोजने वाले इतने जड़ीभूत हो जाते हैं कि वे हर समय अपने मन से बनाये हुए परमात्मा के चित्र के सपने देखते रहते हैं। इस अलीक धारणा से उन्हें आरम्भ में सात्विकता अवश्य प्राप्त होती है; किन्तु आगे चलकर यह भ्रम उनके स्वरूपज्ञान-पथ का रोड़ा हो जाता है।

चाहे अशुभ हो या शुभ जहां तक मन: कल्पनाओं का जाल है, सब बंधन ही हैं। मन का साक्षी चेतन ही अपना स्वरूप है।

इस सन्दर्भ में सद्गुरु मुख्य दो बातें बताते हैं। पहली बात है अपना लक्ष्य बाहर ढूँढ़ने की वस्तु नहीं है। उसे तुम जितना ही बाहर ढूँढ़ते हो उतना ही उलझते हो। दूसरी बात है कि तुम अंत में वही पाओगे जिसकी वासना बना लिये हो। तुम अपने ही कर्मजाल में बंधते रहते हो।

अतएव सद्गुरु का निर्देश है कि बाहर ढूँढ़ना छोड़कर अपने स्वरूप को समझो तथा सांसारिक वासनाएं त्यागकर स्वरूपस्थिति प्राप्त करो।

शून्य की ओर मत दौड़ो, अपने आपको पहचानो

'अ'

अअ निग्रह सनेहू। करु निरुवार सन्देहू।।

नहिं देखे नहिं भाजिया। परम सयानप येहू।।

जहाँ न देखि तहाँ आपु भजाऊ। जहाँ नहीं तहाँ तन मन लाऊ।।

जहाँ नहीं तहाँ सब कुछ जानी। जहाँ है तहाँ ले पहिचानी।।

                                    कबीर संगति साधु की : एक विमर्श

शब्दार्थ– निग्रह= निवारण, त्याग। सनेहू = स्नेह, मोह। सयानप=बुद्धिमान, श्रेष्ठता। आपु भजाऊ= स्वयं भागा जाना।

भावार्थ– ञ अक्षर के माध्यम से सद्गुरु उपदेश करते हैं कि हे मानव ! संसार के मोह का त्याग कर और मन में रहे हुए सन्देहों का निवारण कर। विवेक से देखने पर, जो कुछ नहीं ठहरता, उसके पीछे न दौड़ना, यही परम बुद्धिमानी एवं श्रेष्ठता है। परन्तु यह विमोहित मानव जहां कुछ नहीं देखने में आता है, वहां स्वयं दौड़ा जाता है। जहाँ कुछ सार नहीं है, वहाँ अपने शरीर तथा मन को अर्पित कर रहा है। जहाँ कुछ नहीं है, वहाँ इसने सब कुछ समझ लिया है। परंतु सद्गुरु कहते हैं कि जहां है, वहाँ परख ले।।

व्याख्या– ञ अक्षर के माध्यम से सद्गुरु ने कैसा मार्मिक उपदेश दिया है, यह सोचते ही बनता है। उनकी इसमें पहली बात है कि मोह का त्याग करो। मोह एक ऐसा विकार है जो मनुष्य को सत्य से सदैव दूर रखता है। मोही आदमी मूढ़ होता है। व्यक्ति, वस्तु, मान्यता, मत, मजहब, ग्रन्थ, गुरु आदिक में जहां कहीं भी मनुष्य को मोह हो जाता है, फिर वह उनके तथ्य को नहीं समझना चाहता। मोह ही वहरस्सी है जिसमें बंधकर जीव जगत-नगर का टट्टू बनकर लादी लादता है। अतएव सद्गुरु कहते हैं कि अपने मन को मोह से मुक्त कर लो, तब तुम सत्य और असत्य समझने में समर्थ हो सकोगे।

दूसरी बात है, अपने मन से सारे संदेहों का त्याग करो। ''करु निरुवार सन्देहू।'' संदेह मन का वह विकार है जो मनुष्य को स्थिर नहीं होने देता। समझ की कमी सारे मानसिक विकारों का कारण है, किन्तु सन्देह के मूल में एक मुख्य कारण है, निर्णय की क्षमता का अभाव। जिसमें निर्णय की क्षमता होती है वह शीघ्र ही सन्देहों से मुक्त हो जाता है। पक्षपात और मोह के कारण मनुष्य निर्भयतापूर्वक न सोच पाता है और न निर्णय ले पाता है। संदेह में पड़ा हुआ आदमी कहीं नहीं पहुंचता। आरम्भ में संदेह ठीक है। संदेह से ही उसे निवारण करने के लिए प्रयास आरंभ होता है। परन्तु यदि वह जीवन ही संदेहों में बिता रहा है तो उसको मंजिल कब मिलेगी। इसलिए सद्गुरु कहते हैं कि निर्मोह होकर संदेहों का त्याग करो।

सद्गुरु तीसरी बात कहते हैं ''नहिं देखे नहिं भाजिया। परम सयानप श्रेहू।।'' अर्थात जो विवेक से कुछ नहीं ठहरता उसके पीछे न भागे, यही परम

बुद्धिमानी है। ये बातें कितनी मार्मिक, कितनी तथ्यपूर्ण हैं, सोचते ही बनता है।

खानी और वाणी दोनों के पसारा देखो, तो इनमें से तुम्हारे हाथों में अंत में क्या लगता है। परिवार, सम्बन्धी, धन, मकान, प्रतिष्ठा तथा अन्तत: शरीर तक, क्या साथ में चलता है, क्या रह जाता है जीव के साथ? फिर उनके पीछे पागल होकर दौड़ने का फल बुरा नहीं तो क्या है। यह तो खानी जाल की बातें हुई। अब जरा वाणी के पसारा को देखो। नाना देव-गौसैंया, स्वर्ग-नरक की कल्पना कर जीव उनके पीछे पागल बने भटकते हैं। परन्तु न वे चर्म-नेत्रों से कुछ दिखते हैं और न विवेक से कहीं ठहरते हैं। संसार के अधिकतम लोग इस उलझन में पड़े हुए भटक रहे हैं।

कबीर साहेब यथार्थवादी चिन्तक हैं। वे कहते हैं कि जहां कुछ दिखाई न दे, वहां न जाये। यही मनुष्य की परम बुद्धिमानी है। लोगों की देखा-देखी में दौड़ना मूढ़ता है। स्वयं विवेक-नेत्रों से सारी चीजों को देखने का प्रयत्न करना चाहिए। विवेकवान परखकर ही कदम उठाते हैं, किन्तु मूढ़ आदमी केवल विश्वासी होता है। वह विमोहित होकर जहां-तहां दौड़ता रहता है।

सद्गुरु चौथी बात कहते हैं-''जहाँ न देखि तहाँ आपु भजाऊ। जहाँ नहीं तहाँ तन मन लाऊ।। जहाँ नहीं तहाँ सब कुछ जानी।'' यहां मिथ्या अवध ारणाओं में भटकने वालों को सद्गुरु तीन वाक्यों में झकझोरते हैं-'जहां कुछ नहीं देखने में आता है, वहां दौड़ा जा रहा है। जहां कुछ नहीं है, वहां अपने तन-मन अर्पित कर रहा है। जहां कुछ नहीं है, वहां तूने सब कुछ समझ लिया है।' यहां कबीर साहेब मिथ्या मान्यताओं एवं क्षणभंगुर पदार्थों के पीछे भटकने वाले मनुष्यों को बारम्बार टोकते हैं।

सचमुच मनुष्य जीवनपर्यन्त शून्य में दौड़ता रहता है। जैसे कोई पागल आदमी आकाश में हाथ-पैर मारते-मारते स्वयं थककर गिर पड़े, वैसे विमोहित मानव जीवनपर्यन्त मिथ्या अवधारणाओं एवं क्षणभंगुर माया-मरीचिका के पीछे दौड़ते-दौड़ते अपना अन्त करता है और संसार से निराश होकर चल देता है। जहां जीव का कुछ नहीं है, उसने वहीं अपना सर्वस्व मान बैठा है। इससे अधिक विमोह क्या होगा इसलिए सद्गुरु अंतिम पाँचवी बात

बताते हैं ''जहाँ है तहाँ ले पहिचानी।।'' जहां 'है' वहां पहचान ले। 'है', 'होना', 'अस्तित्व' बड़े महत्त्वपूर्ण निर्देश हैं। तुम्हारा 'होना', तुम्हारा 'अस्तित्व' कहां है? साफ है 'मैं' में ही तुम्हारा 'अस्तित्व' है। 'मैं' को छोड़कर 'मेरा' अस्तित्व कहां हो सकता है!

मनुष्य की सबसे बड़ी गलती यही है कि वह ईश्वर-ब्रह्म को खोजता है, स्वर्ग-नरक के विषय में माथा मारता है, विषयों में सुख ढूँढ़ता है, परिवार, धन, मकान-मान-बड़ाई सारी बाह्य वस्तुओं में 'स्वत्व' और 'सुख' ढूँढ़ता है, किन्तु 'मैं कौन हूँ' इसकी परख कभी नहीं करता। परन्तु मैं को जाने तथा पाये बिना बाहर का सब जानना तथा पाना निरर्थक है। महात्मा ईसा ने कहा है, जिसने सब कुछ पाया, परन्तु अपने आपको खो दिया, वह क्या पाया!

सद्गुरु कहते हैं ''जहाँ है तहाँ ले पहिचानी'' जहां तेरा स्वत्व एवं अस्तित्व है वहां पहचान ले, परख ले। तेरा स्वत्व, तेरा अस्तित्व तेरे 'मैं' में है। अतः तू अपने 'मैं' को समझ!

मैं के दो रूप हैं, एक भौतिक तथा दूसरा आत्मिक। शरीर तथा उसके नाम-रूप में जहां तक मैं-भाव है, वह मायिक है। अतएव वह मैं एक मिथ्या अहंकार है, बंधन है। दूसरा मैं अपने शुद्ध चेतन स्वरूप के लिए है। यह तथ्य है, सत्य है। इस चेतन 'मैं' में ही मेरा अपना 'स्वत्व' है, 'सत्ता' है। 'मैं' से 'मैं' कभी पृथक नहीं हो सकता, और 'मैं' से पृथक वस्तुएं कभी मेरी नहीं हो सकतीं। इसलिए सद्गुरु कहते हैं कि जहां तेरा कुछ नहीं है, वहां से तू हट जा, और जहां तेरा है, वहां परख ले। 'नहीं' से हटकर 'है' में स्थित हो जा। 'नहीं' कभी 'है' नहीं होगा, और 'है' कभी 'नहीं', नहीं होगा। यहां नीति का वचन भी स्मरण में आता है कि जो व्यक्ति निश्चित वस्तु को छोड़कर अनिश्चित वस्तु को पकड़ता है, उसने तो निश्चित को स्वयं छोड़ दिया और अनिश्चित छूट ही जायेगी।

सार यह है कि मोह का त्याग करो, संदेह को दूर करो और अपनी आत्मा के अलावा सब झूठा है, उसके राग से हटकर, अपनी आत्मा में, अपने चेतनस्वरूप में स्थित होओ। तुम्हारी आत्मा ही तुम्हारा स्वत्व है, परम निधान है, सुख का केन्द्र है। जहां से सबकी परख होती है, वह चेतनसत्ता ही मैं के रूप में विद्यमान है।

उसी को विवेकी संत पारखरूप एवं ज्ञानरूप कहते हैं। वही तुम्हारा अपना है। शेष सब झूठा है।

<h3 style="text-align:center">अज्ञान के कपाट खोलो</h3>
'ट'

टटा बिकट बाट मन माहीं। खोलि कपाट महल मों जाहीं।।
रही लटापटि जुटि तेहि माहीं। होहि अटल तब कतहुँन जाहीं।।

शब्दार्थ- कपाट=किवाड़, फाटक, अज्ञान। महल=स्वरूपस्थिति। लटापटि= जिस किसी प्रकार।

भावार्थ- ट अक्षर के माध्यम से सद्गुरु उपदेश करते हैं कि मन के बड़े टेढ़े रास्ते हैं। कोई अज्ञान के फाटक को खोलकर स्वरूपस्थिति-महल में जा सकता है। साधक को चाहिए कि जिस किसी प्रकार स्वरूपस्थिति-धाम तक पहुँचे। जब यह जीव स्वरूपस्थिति-धाम में अटल हो जाता है, तब उसके पतित होने का अवसर नहीं रहता।।

व्याख्या- उक्त पंक्तियों में चार बातें बतायी गयी हैं। इन पर हम मनन करें। पहली बात है-''बिकट बाट मन माहीं'' अर्थात मन के रास्ते टेढ़े हैं। मन ऐसा भुलावन वन है कि उससे सतत् सावधान रहने लायक है। अच्छी बातों को तो स्मरण करते-करते मन बुरे स्मरणों में पहुंचा देता है। जैसे रेलवे जंक्शन में विभिन्न दिशाओं की पटरियां एक से जुड़ी रहती हैं; थोड़ा प्वाइंट बदलते ही गाड़ी इधर से उधर चली जाती है, वैसे मन में शुभ और अशुभ राग और वैराग्य आदि के संस्कार एक साथ जुड़े हैं। जरा-सा असावधान होते ही मन जीव को स्वर्ग से हटाकर नरक में पहुँचा देता है। सारे भवबंधन स्मरण मात्र हैं। साधक को चाहिए कि वह सदैव सावधानी से स्मरणों को देखे और गंदे स्मरण न होने दे। यदि मन में गंदे स्मरण आ गये हों, तो उन्हें तुरन्त शत्रुवत समझकर त्याग दें। अतएव साधक इस बात पर सदैव सावधान रहे कि मन के बड़े टेढ़े-मेढ़े पथ हैं। उनसे अपने आपको सदैव बचाना है।

दूसरी बात है ''खोलि कपाट महल मों जाहीं'' अर्थात् अज्ञान का फाटक खोलकर ही स्वरूपस्थिति-धाम में पहुँच सकते हैं। लोग स्वरूपस्थिति-

कबीर संगति साधु की : एक विमर्श

धाम, मोक्ष, आत्यंतिक सुख, परमानन्द एवं कृतार्थ अवस्था में पहुंचना तो चाहते हैं, किन्तु अपने हृदय के अज्ञान-कपाट को तोड़ने में असमर्थ होते हैं। उन्हें अज्ञान में ही मोह होता है। बंधनों से मोह करके कोई कैसे मोक्षपद पा सकता है! अतएव सद्गुरु कहते हैं कि बंधनों से मोह न करो। अपने हृदय के अज्ञान-कपाट को तोड़ो। अज्ञान से मोह करते-करते युगों बीत गये। अब इनसे ऊपर उठ जाओ। रास्ता केवल एक है। यदि जीवन में दुखनिवृत्ति एवं परम शांति चाहते हो, तो हृदय की विषय-वासनात्मक कमजोरियों को दूर करो। विषयासक्ति हृदय का कपाट है जिसे तोड़कर स्वरूपस्थिति-धाम में पहुंचा जाता है।

तीसरी बात है ''रही लटापटि जुटि तेहि माहीं'' लटापटि का अर्थ है गिरता-पड़ता, ढीला-ढाला, सरकता हुआ इत्यादि। साधक पहले गिरता-पड़ता ही चलता है। कोई तुरन्त पहलवान नहीं हो जाता। अखाड़ा में गिरते-पड़ते ही किसी दिन पहलवान हुआ जा सकता है। साधक पहली साधना में यदि समय-समय से असफल हो जाये तो उसे घबराना नहीं चाहिएं यदि वह अपने उद्देश्य में दृढ़ है तो आज नहीं, कल; अपने लक्ष्य पर पहुँचेगा ही। सद्गुरु ने साखीग्रन्थ में कहा है-''मारग चलते जो गिरे, ताको नाहीं दोस। कहहिं कबीर बैठा रहे, ता सिर करड़े कोस।।'' जो मार्ग चलते-चलते गिर पड़ता है उसको दोष नहीं दिया जा सकता। जो चलता है वही गिर भी सकता है। यदि गिरता है तो उठकर फिर चलेगा। दोष तो उसे है जो बैठा रहता है। उसका तो सारा रास्ता अभी पड़ा है।

शास्त्र कहता है ''यद्वा तद्वा तदुच्छित्तिः पुरुषार्थ।'' (सांख्य दर्शन 6/70)। अर्थात जिस किसी भी प्रकार जड़-चेतन की ग्रंथि को काअ देना ही मनुष्य का मुख्य पुरुषार्थ एवं प्रयोजन है। अतएव असफलता के भय से काम ही न शुरू करना केवल कायरता है। किसी ने कितना अच्छा कहा है-

गिरते हैं शहसवार ही मैदाने जंग में।
वे तिफ़्ल क्या गिरेंगे जो घुटनों के बल चलें।।

अर्थात युद्ध क्षेत्र में कुशल घुड़सवार ही कभी गिरते हैं। वे बालक क्या गिरेंगे जो घुटनों के बल चलते हैं।

चौथी बात है- ''होहिं अटल तब कतहूँ न जाहीं'' अर्थात् जब

साधक संसार से पूर्ण अनासक्त होकर स्वरूपस्थिति-धाम का स्थायी बासिंदा हो जाता है, तब उससे उसे गिरने का कोई चांस नहीं रहता।

''पक्का बोध और स्थिति'' यह कोई कच्ची गोटी का खेल नहीं है। इसको उपलब्ध साधक अजर-अमर हो जाता है। शरीर कूड़ा-कचरा है, विजाति है और अंतत: शून्य में बदल जाने वाला है; इसके शून्य होते ही, इसके सम्बन्धी प्राणी-पदार्थों का पता नहीं रहेगा। इसके विपरीत अपना शुद्ध चेतनस्वरूप निर्विकार, निर्मल, एकरस, अमृतरूप है। उसका मुझसे कभी वियोग नहीं हो सकता। इस बोध के साथ जिसकी अपने स्वरूप में स्थिति हो गयी और वह स्थिति एकरस हो गयी, ऐसा साधक किस वस्तु के लिए लालचकर पतित होगा! यह जीवन की सर्वोच्च स्थिति है। यह स्वरूपस्थिति जीवन का अमृत-रस-भोग है, जो कभी घटने तथा बिछुड़ने वाली नहीं है। सम्राट बनकर कौन घूर पर दाने बीनेगा। स्वरूपस्थिति का अमृत-रस चखकर कौन मलिन, दुखप्रद, क्षणभंगुर विषयों के पीछे दौड़ेगा! अतएव सद्गुरु का यह वाक्य अत्यन्त तलस्पर्शी है कि अपने स्वरूप में अटल स्थित हुआ पुरुष अन्यत्र कहीं नहीं भटकता।

मन की ठगाई से सावधान

'ठ'

ठठा ठौर दूर ठग नियरे नित के निठुर कीन्ह मन घेरे।।
जे ठग ठगे सब लोग सयाना। सो ठग चीन्ह ठौर पहिचाना।। 2।।

शब्दार्थ - ठौर =स्वरूपस्थिति, पारखस्थिति। ठग=मन। निठुर=कठोर।

भावार्थ - ठ अक्षर के माध्यम से सद्गुरु उपदेश करते हैं कि जीव की अपनी स्वरूपस्थिति दूर हो गयी है, क्योंकि उसके निकट मन-ठग निरन्तर बसा हुआ है और उसने जीव को चारों ओर से घेरकर विषयों में कठोर कर दिया है। अतएव सद्गुरु कहते हैं कि हे साधक! जिस मन ठग ने बड़े-बड़े बुद्धिमानों, विद्वानों एवं ज्ञानियों को भी ठग लिया है, उसे परखकर, उससे बच और अपनी स्वरूपस्थिति रूपी ठौर पहचान।।

व्याख्या- मन बड़े काम की चीज है। जहां मन की निंदा की जाती है कि वह ठग है, वहां अशुद्ध मन का अर्थ होता है। मन के दो प्रकार हैं। एक अशुद्ध और दूसरा

कबीर संगति साधु की : एक विमर्श

शुद्ध। अशुद्ध मन जीव के लिए बंधन उपस्थित करता है तथा शुद्ध मन उसके मोक्ष में सहायक होता है। उक्त पंक्तियों में मन को ठग कहा गया है। यहां अशुद्ध मन का अभिप्राय है।

सद्‌गुरु कहते हैं कि तुम्हारी मंजिल तुम्हें इसलिए दूर लगती है क्योंकि अशुद्ध मन ने तुम्हें चारों ओर से घेर लिया है। जो मलिन मन का निरंतर सेवन करता है, उसका हृदय विषयों में पड़ा-पड़ा कठोर हो जाता है। जिसके मन में निरंतर मलिन विषयों की वासनाएं भरी हैं, उसके मन में अपना ठौर, अपनी मंजिल, अपनी स्थिति का आभास कहां हो सकता है।

सद्‌गुरु कबीर की दृष्टि सदैव स्वरूपज्ञानपरक है। वे कहते हैं कि जीव का ठौर जीव से बाहर किसी लोक-लोकांतर में नहीं है। ब्रह्मलोक, साकेतलोक, सतलोक, विष्णुलोक, शिवलोक कहीं बाहर नहीं है। ये यदि कुछ हैं तो केवल जीव की स्वरूपस्थिति ही। यदि किसी को लगता है कि अपना ठौर, अपना मोक्ष-धाम कहीं दूर है, तो इसका मतलब यही है कि उसे मन-ठग ने ठग लिया है। मन के भुलावे में पड़कर ही हम अपनी स्वरूपस्थिति से पृथक अपना ठौर, अपना परम निधान खोजते हैं।

सद्‌गुरु बड़ी मार्मिक बात कहते हैं ''जे ठग ठगे सब लोग सयाना। सो ठग चीन्ह ठौर पहिचाना।।'' अर्थात जिस मन-ठग ने बड़े-बड़े सयानों को ठग लिया है उस मन के बन्धनों को पहचानो और अपना स्थान समझो कि कहां है!

पुराकाल से लेकर आज पर्यन्त बड़े-बड़े विद्वान एवं ज्ञानी-ध्यानी मन के चक्कर में पड़े हुए भटक रहे हैं। वे अपनी स्थिति किसी परोक्ष शक्ति तथा परोक्ष लोक में मान रहे हैं। नित्य अनुभूत, स्वयं प्रत्यक्ष अपने दिव्य चेतनस्वरूप तथा उसकी स्थिति को न समझना और अपने से बाहर किसी कल्पित ईश्वर-ब्रह्म की भावना में डूबे रहना, मन-ठग द्वारा ठगा जाना ही है।

आश्चर्य है कि संसार के बहुत से तथाकथित ज्ञानियों ने जीव को तुच्छ प्रतिबिम्ब, आभास, अंश आदि कहकर उसका निरादर किया है, जबकि वह परम सत्य है, स्व है, अपने आप 'मैं' के रूप में विद्यमान स्वयं प्रत्यक्ष है। लोगों ने उससे पृथक ईश्वर-ब्रह्म मानकर उसकी बड़ाई की है जो केवल जीव की कल्पना है।

अतएव सद्‌गुरु कहते हैं कि बड़े-बड़े सयाने, विद्वान एवं ज्ञानी-कहलाने

वाले लोग मन-ठग से ठगा गये हैं। हे सत्य-इच्छुक! ऐसे मन के जाल को परखकर उसका त्याग कर और अपने ठौर को पहचान। तुम्हारा ठौर, तुम्हारा परम धाम, ब्रह्म-धाम, राम-लोक, खुदा-तख्त तुम्हारा अपना चेतनस्वरूप, पारखस्वरूप एवं ज्ञानस्वरूप है। स्वरूपस्थिति ही तुम्हारा परम निधान है।

डर एक मानसिक कल्पना है, उसे त्यागो

'ड'

डडडा डर उपजे डर होई। डर ही में डर राखु समोई।।
जो डर डरै डरहि फिर आवै। डरही में फिर डरहिं समावै।। 13।।

शब्दार्थ- समोई = नाश।

भावार्थ - ड अक्षर के माध्यम से सद्गुरु उपदेश करते हैं कि मन में भय उत्पन्न होने से भय का अस्तित्व होता है। अर्थात भय एक भावना मात्र, कल्पना मात्र है। अतएव भय को भय में ही समाप्त कर दो। अर्थात भय को कल्पना मात्र समझकर वहीं उसे छोड़ दो। जो व्यक्ति भय से भीत होकर आक्रांत होता है, वह बारम्बार भय का शिकार होता है। वह भय में जीवन बिताता है; और अन्त में भय के स्थान-मूल शरीर को पुन: धारण करता है।

व्याख्या- शकुन-अपशकुन का डर, ग्रह-लगन का डर, भूत-प्रेत का डर, जादू-मंत्र का डर, स्वजन एवं मित्रों के विमुख हो जाने एवं बिछुड़ने का डर, अपमान-अप्रतिष्ठा होने का डर, नौकरी छूट जाने एवं व्यापार में घाटा हो जाने या बंद हो जाने का डर, रोग लगने का डर, मृत्यु होने का डर-कहां तक गिनाया जाये, जीव के मन में डर का एक विशाल जाल बिछा रहता है।

कितने दम्पत्ती को बच्चे नहीं होते। उन्हें डर रहता है कि बुढ़ापा में हमारी सेवा कौन करेगा। अत: वे किसी दूसरे के बच्चे को गोद लेते हैं। वे न हुआ दुख खरीदते हैं। अपने पैदा किए हुए बच्चे तो प्राय: सेवा नहीं करते, दूसरे के बच्चों से लोग सेवा की आशा करते है। यह एक मूढ़ता नहीं तो क्या है। लोग सबेरे विस्तर पर जागने के साथ ही भय लेकर उठते हैं और अपने जाग्रत के सारे व्यवहार में भय से ग्रस्त रहते हैं। इसके फल में लोग सपने में भी भयभीत रहते हैं। लोग कहीं चलेंगे, तुरन्त एक्सीडेंट हो जाने का भय सवार हो जायेगा। बच्चे को स्कूल से आने में थोड़ी देरी हुई कि मन भयाक्रांत हो गया कि कोई एक्सीडेंट तो नहीं हो गया। लोगों के मन में अपनों से डर रहता है,

कबीर संगति साधु की : एक विमर्श

दूसरों से डर रहता है। यहां तक कि स्वयं द्वारा की गयी गलतियों की यादों का डर सताता रहता है।

सारे भय भावना मात्र है। इन्हें त्याग देने से अपनी कोई हानि नहीं होती है, किन्तु त्यागने में ही सच्चा लाभ है। प्राय: सभी लोग एक्सीडेंट के भय से जीवनपर्यन्त भयभीत रहते हैं और जीवन बीत जाता है। निन्यानवे प्रतिशत से अधिक लोगों का कोई एक्सीडेंट नहीं होता। सबका जीवन चलता है। सबके लड़की-लड़कों की शादी होती है। सब खाते-पीते गुजर करते हैं। हाय-तौबा करते रहना तो मूर्खता ही है।

एक बार मैंने एक सज्जन से पूछा 'भक्त जी! आपको किसी प्रकार की चिंता तो नहीं है? उन्होंने कहा, ''मुझे एक प्रकार का भय कभी-कभी सताता है कि किसी रात को घर पर डाकू न आ जायें। यद्यपि मेरे घर में कोई खास रुपये-पैसे नहीं रहते; परन्तु लोगों में शोहरत तो है ही।'' मैंने उनसे कहा-'यह भय कब से सताता है?' उन्होंने कहा 'करीब बीस-पच्चीस वर्षों से।' मैंने कहा-'इतने दिनों से भय का दुख आप भोग रहे हैं, किन्तु डाकू तो कभी नहीं आये।' उन्होंने कहा-'हां, आये तो नहीं।' मैंने कहा-आप भय छोड़ दीजिए। हो सकता है पूरा जीवन बीत जाये और आपके घर कभी डाकू न आये। और जब डाकू आयेंगे, तब वे मिनटों में अपना काम करके चले जायेंगे। उसी समय जितना दुख होगा, आप सह लीजिऐगा। पहले से, रोज-रोज न हुआ दुख क्यों सहते हैं।' वे इस बात को समझ गये। उन्होंने भविष्य में कभी भी ऐसा भय नहीं किया। इसके बाद वे बीस वर्ष तक जीकर मृत्यु को प्राप्त हुए; परन्तु उनके जीवन में उनके घर कभी डाकू नहीं आये।

मनुष्य को चाहिए कि संभावित कल्पित अप्रिय घटनाओं का भय छोड़ दें, फिर वह सदैव सुखी रहेगा। जब कोई अप्रिय घटना घटेगी, तभी उसे झेल लिया जायेगा। उसके लिए पहले से ही पचना अज्ञान है। जब कोई समस्या आती है, तब उसमें से ही समाधान का सूत्र निकल आता है। व्यापार या नौकरी छूटने पर तथा खेत डूब जाने पर जीवन-निर्वाह का नया धंधा मिल जाता है, और कभी-कभी तो पहले से भी बेहतर।

छोटी-सी जिंदगी, इस मिट्टी के पिंड को निभाने के लिए इतना भय क्यों ! वस्तुत: स्वरूप का ज्ञान न होने से शरीर को सत्य मान लिया जाता है और उसके नाम-रूप में आसक्ति हो जाती है। यही सारे भय का मूल है। अतएव अज्ञान के निवृत्त होने पर भय के लिए कोई स्थान नहीं रह जाता। सबसे ज्यादा डर मरने का है जो होना ही है। यदि अमर जीव या आत्मा नाम की कोई चीज नहीं है तो मरने पर सब समाप्त हो जायेगा, फिर डर किसका ! और यदि जीव अमर है तो मरने का डर व्यर्थ है। हम रोज सोते हैं। एक दिन ऐसा सोयेंगे कि पुन: नहीं उठेंगे। जब छोटी नींद हमें प्यारी है, तब बड़ी नींद तो अधिक प्यारी होनी चाहिए।

सद्गुरु कहते हैं कि सारे भय दूर कर दो। यदि देहाभिमान बनाये रखोगे तो सदैव डरते रहोगे, और इसका फल होगा पुन: शरीर में आना। अतएव देहासक्ति त्यागो। अपने अविनाशी स्वरूप के ज्ञान में रमो। निर्भय विचरो।

पहली बात, जब हम जीने से नहीं डरते जो उलझनों से भरा होता है, तब मरने से क्यों डरना चाहिए। जिसमें केवल शांति है।

अपने लक्ष्य को बाहर मत ढूंढो
'ढ'

ढढ़ा हींड़त ही कित जान। हींड़त ढूँढ़त जाय परान।
कोटि सुमेरु ढूँढ़ि फिरि आवै। जेहि ढूँढ़ै सो कतहूँन पावै।।

शब्दार्थ– हींड़त=खोजते। सुमेरु =सुमेरु पर्वत, जिसकी पुराणों में बड़ी चर्चा है। इसे इलावृत्तवर्ष में अवस्थित माना है। यहां तात्पर्य है बड़े-बड़े पर्वत या बीहड़ स्थल।

भावार्थ– ढ अक्षर के माध्यम से सद्गुरु उपदेश करते हैं कि हे मानव ! तुम अपने लक्ष्य को खोजते हुए कहां जा रहे हो ? खोजते-भटकते तुम्हारे प्राण-पखेरू उड़ जायेंगे। सुमेरु पर्वत-जैसे करोड़ों बीहड़ स्थानों में भी तुम खोजकर लौट आओगे, परन्तु जिसकी तुम्हें खोज है, उसे बाहर कहीं नहीं पाओगे।

व्याख्या– जो लोग भगवान को, राम को, ब्रह्म को, मोक्ष को अपने से बाहर खोजते हैं, उन्हें कबीर साहब बार-बार चेतावनी देते हैं कि तुम्हारा उसे बाहर खोजना महाभ्रम है। बाहर हींड़ते-ढूँढ़ते मर जाओगे, परन्तु उसे कहीं नहीं

पाओगे। मनुष्य का यह मिथ्या भ्रम है कि वह जहां पर उपस्थित रहता है, वहां अपने लक्ष्य को पाने से निराश रहता है। उसे लगता है यहां क्या मिलेगा, परन्तु दूर देश के लिए उसके मन में आशा बंधती है कि वहां जरूर परमात्मा या मोक्ष मिल जायेगा। किन्तु वह मनुष्य का लक्ष्य नहीं हो सकता, जिससे देश और काल की दूरी हो। यदि परमात्मा या मोक्ष दूसरे देश या दूसरे काल में मिलेगा ऐसी धारणा हो, तो यह केवल भ्रम है। मनुष्य जहां खड़ा है, वहीं उसका लक्ष्य प्राप्त होगा। प्राप्त होना नहीं है, किन्तु केवल स्मृति में आना है।

अतएव सद्गुरु कहते हैं कि तुम करोड़ों पर्वतों, बीहड़ों, स्थानों, तीर्थों, धामों एवं दूसरे लोकों में भटक आओ, परन्तु तुम्हें जिसकी तलाश है, उसे बाहर कहीं नहीं पाओगे। वह तो तुम स्वयं हो। परमात्मा ही परमात्मा को खोज रहा है। राम ही राम को खोज रहा है। परम पारखी संत विशाल देव कहते हैं–'जेहि को खोजत सो हैं खुद ही, यह नहिं जानि पहै।''

चलकर, खोजकर मन और इन्द्रियों द्वारा जो प्राप्त होते हैं, वे मायावी वस्तुएं होती हैं। मन एक दूरबीन है। उसके पीछे जीव है तथा आगे जगत है। जब जीव इस दूरबीन से आगे देखता है, तब जगत दिखाई देता है, और जब दूरबीन से देखना छोड़ देता है, तब स्वयं को देखता है। अर्थात् तब उसे स्व–सत्ता का भान होता है। अतएव हम मन द्वारा जो कुछ ग्रहण करते हैं, वह सब दृश्य, जड़ जगत है। हमें अपने को पाने के लिए मन का दृश्य छोड़ना होगा। इस विवेक से देखा जाये तो अपने लक्ष्य को बाहर खोजने वाले मन के दृश्यों में ही दौड़ रहे हैं।

जो लोग सुख, मोक्ष तथा परमात्मा बाहर खोजते हैं वे मन के पीछे दौड़ने वाले भूले लोग हैं; और संसार के अधिकतम लोगों की यही दशा है। संसार के बड़े-बड़े विद्वानों और महात्माओं की भ्रांत धारणा को देखते हुए कहना पड़ता है कि शुद्ध विवेक बड़ा दुर्लभ हो गया है। मनुष्य के दिमाग पर दैववाद एवं ईश्वरवाद इतना छा गया है कि वह उससे लौटकर अपनी ओर देखना ही नहीं चाहता। किन्तु आज या कल या दस जन्मों के बाद अथवा लाखों जन्मों के बाद जब कभी मनुष्य बाहर से घूमकर अपनी ओर लौटेगा, तभी अपने लक्ष्य को प्राप्त कर सकेगा। जीवन का लक्ष्य परम तृप्ति है, वह अपनी ओर लौटने में ही है।

'ण'

णणा दूई बसाये गाऊँ। रेणा ढूँढ़ै तेरी नाऊँ।।

मूये एक जाय तजि धना। मरे इत्यादिक केते को गना।।15।।

शब्दार्थ- रेणा=रेरा, झगड़ा।

भावार्थ- ण अक्षर के माध्यम से सद्गुरु उपदेश करते हैं कि मनुष्यों ने अपने रहने के लिए दो गांव बसाये हैं, लोक और परलोक अथवा पिंड और ब्रह्मांड। हे मनुष्य! तेरे समान पहले के लोग भी ब्रह्म एवं मोक्ष को खोजने के झगड़े में पड़कर उसे ढूँढ़ते रहे। एक तो मरकर तथा उस धन को त्यागकर (बिना पाये) चले गये और दूसरे लोग उसी मृग तृष्णा की आशा करते हैं। अपने लक्ष्य को बाहर खोजने के भ्रम में बहुत से लोग मर गये। उनकी गणना कैसे की जा सकती है।

व्याख्या- मनुष्यों ने कल्पना की कि पिंड में जीव है और ब्रह्माण्ड में ईश्वर है अथवा लोक में जीव है तथा परलोक में ईश्वर है। इस प्रकार लोगों ने जीव तथा ईश्वर के लिए दो गांव बसाये और जीवों से कहा कि तुम ब्रह्मांड एवं परलोक में ईश्वर खोजो। अत: जीव ईश्वर को खोजने के झगड़े में पड़े। सद्गुरु कहते हैं, यह ईश्वर-ब्रह्म खोजने की बात एक रेणा (रेरा) है, झगड़ा है। 112वें शब्द में इस झगड़े का विस्तृत वर्णन करके ब्रह्म, ईश्वर, राम, वेद, तीर्थ इत्यादि सबके संस्थापक एवं कल्पक जीव की सर्वोच्चता पर सद्गुरु ने प्रकाश डाला है।

सद्गुरु कहते हैं कि जैसे तुम ईश्वर, ब्रह्म एवं मोक्ष को खोजने के झगड़े में पड़े हो, वैसे पहले के लोग भी पड़े थे। वे उसे बिना पाये मरकर चले गये हैं, ऐसे लोगों की संख्या बताना असंभव है। यहां सद्गुरु यह बताना चाहते हैं कि सारे संसार में तो यही भ्रम है कि परमात्मा एवं मोक्ष बाहर से मिलता है। यह तो विरले विवेकी होते आये हैं, जिन्होंने बाहरी दौड़ छोड़कर अपने आपकी तरफ देखा है और उसे अपने आप में पाया है। सब कुछ त्याग देने के बाद जो अपना शुद्ध चेतनपद अवशेष रह जाता है वही तो अपना परम स्वरूप, परम प्राप्तव्य एवं परम निधान है। सांख्य दर्शन के प्रणेता का सार मंतव्य बताते हुए ईश्वर कृष्ण (ईसा पूर्व 200) कहते हैं-''इस प्रकार तत्त्व-अभ्यास से 'न मैं क्रियावान हूँ, न मेरा भोक्तृत्व है और न मैं कर्ता हूँ यह

      कबीर संगति साधु की : एक विमर्श

भाव दृढ़ हो जाने पर कुछ बाकी नहीं रहता। इस प्रकार भ्रम दूर हो जाने से विशुद्ध केवल ज्ञान उत्पन्न होता है।''

(एवं तत्त्वाभ्यासान्नास्मि न मे नाहमित्यपरिशेषम्।

अविपर्ययाद्विशुद्धं केवलमुत्पद्यते ज्ञानम्।। (सांख्य कारिका, 64)।

एवं=इस प्रकार। तत्त्वाभ्यासात्=तत्त्व अभ्यास से। नास्मि-न मैं क्रियावान हूँ। न मे=न मेरा भोक्तृत्व है। नाहम्=न मैं कर्त्ता हूँ। अपरिशेषम्=कुछ बाकी नहीं रहता। अविपर्ययात्=भ्रम के दूर हो जाने से विशुद्धं=विशुद्ध। केवलमुत्पद्यते ज्ञानम्=केवल ज्ञान उत्पन्न होता है।

लक्ष्य पाना नहीं है, किन्तु आज तक जो कुछ बाह्य वस्तुओं एवं नाम-रूपों को अपना माना गया है, उन्हें छोड़ देना है। दृश्यों को छोड़ देने के बाद द्रष्टा स्वयं चेतन मात्र रह जाता है, जो अपना स्वरूप है। यह बाहर खोजने का विषय नहीं, किन्तु सत्संग एवं पारख-विवेक से समझने का विषय है।

निर्वाह थोड़ी वस्तुओं में लो

'त'

तता अति त्रियो नहिं जाई। तन त्रिभुवन में राखु छिपाई।

जो तन त्रिभुवन माहिं छिपावै। तत्त्वहि मिलि तत्त्व सो पावै।।6।।

शब्दार्थ - त्रियो=तीन गुण-सत्, रज, तम। त्रिभुवन=तीन गुण। राखु छिपाई=रक्षा करो। तत्त्व-यथार्थता, सार, चेतन।

भावार्थ- त अक्षर के माध्यम से सद्गुरु उपदेश करते हैं कि त्रिगुण मायिक पदार्थों के उपभोग में अति मत करो, किन्तु उनसे केवल शरीर-रक्षा करो। जो साधक संसार के त्रिगुणात्मक मायिक पदार्थों से केवल अनासक्ति पूर्वक शरीर-रक्षा करता है, वह संसार से पार होकर और जीवन की यथार्थता में पहुँचकर स्व-स्वरूप चेतन तत्त्व में स्थित होता है।।6।।

व्याख्या- सारा जड़ दृश्य त्रिगुणात्मक है। इन्हीं पदार्थों में से कुछ लेकर इनके द्वारा शरीर में अतिक्रमण करते हैं। परिणाम में वे इंद्रिय-लंपट बने वासना के शिकार होते हैं। ऐसे लोगों का कल्याण दूर हो जाता है।

जब हमारा भाव शरीर-रक्षा का न रहकर इन्द्रिय-स्वाद का हो जाता है, तब हम खाने-पीने, पहनने-ओढ़ने, संग्रह-परिग्रह सब में असंयत हो जाते हैं।

यहां साधुत्व छूट जाता है और जीवन का सच्चा सुख लुट जाता है। सद्गुरु कहते हैं कि यदि तुम कल्याण चाहते हो, जीवन में सच्चा सुख चाहते हो और सदा के लिए विश्रांति चाहते हो तो संयम से रहो। जीवन-निर्वाह के पदार्थों के उपभोग में अतिक्रमण मत करो। संसार से केवल उतने ही पदार्थ लो जितने में तुम्हारा जीवन-निर्वाह हो जाये। इससे तुम्हारी साधना तो बनेगी ही, दूसरों को भी सुविधा होगी। जब तुम कम पदार्थों का उपभोग करोगे, तो बचे हुए पदार्थ दूसरे के निर्वाह में काम आयेंगे।

जिसने ममता, मैथुन-राग-रंग तो पहले ही छोड़ दिये हैं, और अब खाने-पीने, पहनने-ओढ़ने, संग्रह-परिग्रह में भी बहुत संयम कर लिया है; वह संसार से अनासक्त हो जाता है। उसका कल्याण-पथ प्रशस्त हो जाता है।

सद्गुरु कहते हैं कि तुम संसार से उतना ही पदार्थ लो जिससे सरल ढंग से तुम्हारा शरीर निर्वाह चल जाये। रजोगुणीवृत्ति वस्तुओं का जखीरा बटोरना चाहती है। सतोगुणीवृत्ति थोड़े से गुजर लेना पसन्द करती है। एक अफसर एक बार मिलने आये। उन्होंने बताया कि मैं दो दिन के दौरे में गया था। उसमें अठारह जोड़े मोजे ले गया था। एक सज्जन ने बताया था कि मेरे पहनने के पैंसठ (65) शर्ट हैं। यह सब दिमाग खराब करने की बातें है। कुछ लोग भोजन में कई प्रकार की सब्जियाँ, चटनी, अचार, मुरब्बे, मिठाइयां तथा खाने की बहुत प्रकार की चीजें रोज पसन्द करते हैं। यह सब दूसरे के अधिकार को छीनना तो है ही, अपने मन तथा पेट को भी खराब करना है। स्वादासक्त आदमी साधना में सफल नहीं हो सकता। एक सब्जी तथा सादी रोटी काफी है। बहुत हुआ दाल-भात भी ठीक है। कुछ साधक कहलाने वाले लोग भी मिर्च-मसालेदार तरकारी के लिए कुर्बान रहते हैं। ऐसे लोग मन पर कैसे विजय कर सकते हैं। भोजन तो भूख-रोग की एक दवाई है। उसे दवाई की तरह ही खाओ।

भोगों का त्यागी तथा सादा एवं स्वल्प वस्तुएं जीवन-निर्वाह में लेने वाला चारों तरफ से अनासक्त साधक साधन और बोधभाव में शीघ्र ही स्थित हो जाता है।

सद्गुरु कहते हैं ''तत्त्वहि मिलि तत्त्व सो पावे।'' तत्त्व का अर्थ होता है यथार्थता, मूल, सार। तत्त्व का अर्थ जड़ तत्त्व ही नहीं, किन्तु चेतन तत्त्व भी है। साखी प्रकरण में सद्गुरु ने कहा है –''जो चाहो निज तत्त्व को, तो शब्दहि

   कबीर संगति साधु की : एक विमर्श

लेहु परख।'' (साखी-2) यह निज तत्त्व अपना चेतनस्वरूप है। संसार से अनासक्त साधक अपने चेतनस्वरूप के बोध को पाकर उसमें स्थित हो जाता है। यही जीवन की सबसे बड़ी ऊंचाई है। यही जीवन का लक्ष्य है। ''तत्त्वहिं मिलि तत्त्व सो पावै।'' बड़ा महत्त्वपूर्ण वचन है।

धैर्य द्वारा अथाह वासनाओं से पार होना होता है
'थ'

थथा अति अथाह थाहो नहिं जाई। 'ई' थिर 'ऊ' थिर नाहिं रहाई।
थोरे-थोरे थिर होउ भाई। बिन थम्भे जस मन्दिर थॅभाई।। 7।।

शब्दार्थ– ई= लोक या खानी जाल। ऊ=परलोक या वाणी जाल।

भावार्थ– थ अक्षर के माध्यम से सद्गुरु उपदेश करते हैं कि वासनाओं का सागर अत्यन्त अथाह है। उसकी थाह लगा पाना असम्भव है। लोक और परलोक तथा खानी और वाणी जाल की वासनाओं में पड़े हुए जीव कभी स्थिर नहीं होते। परन्तु हे भाई! विवेक-साधना द्वारा धीरे-धीरे उसी प्रकार तुम्हें शांति मिल जायेगी, जैसे बिना स्तंभ दिये डाटों से धीरे-धीरे मंदिर की छत खड़ी हो जाती है।। 7।।

व्याख्या– मनुष्य के मन में वासनाओं तथा इच्छाओं का विशाल और अथाह सागर है। मनुष्य की जिंदगी बीत जाती है, परन्तु वह अपनी इच्छाओं की थाह नहीं पाता। इच्छाओं में पड़कर उनकी थाह है भी नहीं।

''ई थिर ऊ थिर नाहिं रहाई''''ई' और 'ऊ' लोक-परलोक अथवा खानी-वाणी का पसारा है। संस्कृत के पंडित लोक-परलोक को 'इहामुत्र' (इह अमुत्र) कहते हैं। कबीर साहेब हिन्दी में अपना वक्तव्य देते हैं, इसलिए वे 'इह-अमुत्र' को 'ई-ऊ कहते हैं, तो क्या आश्चर्य। इहा-यहां, लोक तथा अमुत्र= वहां, परलोक। इसी प्रकार ई-यहां, लोक तथा ऊ=वहां परलोक। इस भाव को व्यक्त करने वाले बीजक के पारिभाषिक शब्द हैं। क्रमश: खानी और वाणी। खानी मोटी माया है धन, परिवार, शरीरादि एवं वाणी झीनी माया है, दैव-गौसैयां आदि वाणी का पसारा।

सद्गुरु कहते हैं कि लोक-परलोक और खानी-वाणी की वासना में पड़ा हुआ आदमी स्थिर नहीं रह सकता। सद्गुरु ने हिण्डोला प्रकरण के प्रथम हिण्डोला में

कहा है ''खानी बानी खोजि देखहु, अस्थिर कोइ न रहाय।'' अर्थात तलाश करके देखो कि खानी-वाणी की वासना में पड़े हुए जीवों में से कोई भी स्थिर नहीं है। किसी के जीवन में शांति नहीं है।

प्रश्न होता है कि फिर क्या आदमी यह मान लें कि जीवन में शांति मिल ही नहीं सकती। सद्गुरु कहते हैं कि ऐसी बात नहीं है। सत्संग, भक्ति, स्वाध्याय, साधना आदिक में लगने पर साधक धीरे-धीरे वासनाओं एवं इच्छाओं को जीतता जाता है।

आप किसी भी शिवालय को देखिए। उसके बीच में कोई स्तंभ नहीं होता। उसमें चारों तरफ से डाट देते हुए धीरे-धीरे पूर्ण मंदिर बना देते हैं। आज-कल नीचे से सहारा देकर छत ढाल दी जाती है और भवनों में बड़े-बड़े कक्ष बन जाते हैं। यह सब काम धैर्यपूर्वक धीरे-धीरे होता है।

अनादि अभ्यस्त विषय-वासनात्मक कूड़ा-कचरा एक दिन में नहीं साफ होता। साधक को चाहिए कि वह पवित्र संतों एवं सच्चे सद्गुरु की शरण में जाये। विनम्रतापूर्वक उनकी सेवा करे। सत्संग में सारासार समझने का प्रयत्न करे। सद्ग्रन्थों का स्वाध्याय करे। चिंतन, विवेक, ध्यान आदिक साधनाओं में चलकर सांसारिक इच्छाओं का त्याग करे।

अज्ञानदशा में जो वासनाएं अथाह लगती हैं, पूर्णज्ञान उदय हो जाने पर वे एकदम सूख जाती हैं। साधना में चलते-चलते विवेक द्वारा जब साधक विषयों से सर्वथा अनासक्त होकर स्वरूपज्ञान में स्थित हो जाता है तब उसकी सांसारिक वासनाएं समाप्त हो जाती हैं। अज्ञानदशा में जिन वासनाओं की थाह नहीं मिलती पूर्ण ज्ञानदशा में उनका चिन्ह भी नहीं मिलता। पूर्ण स्वरूपज्ञान का प्रकाश ऐसा है जिसके सामने अन्धकारमय वासनाओं का टिकना असम्भव है। परन्तु साधक की यह अवस्था तभी आती है जब वह न –उकताए हुए मन से धैर्यपूर्वक दीर्घकाल तक एकबद्ध साधना करता चलता है।

समय को पहचानो

'द'

दादा देखहु बिनशनहारा। जस देखहु तस करहुं विचारा।

दशहूँ द्वारे तारी लावै। तब दयाल के दर्शन पावै।। ८।।

कबीर संगति साधु की : एक विमर्श

शब्दार्थ- दशहूँ द्वारे=पांच कर्मेन्द्रियां तथा पांच ज्ञानेन्द्रियां। तारी= ध्यान, समाधि।

भावार्थ - द अक्षर के माध्यम से सद्गुरु उपदेश करते हैं कि विचार करके देखो, सब कुछ परिवर्तनशील है। अतएव जब जैसा उचित समझो, जिसमें जिस समय अपना अथवा दूसरे का कल्याण देखो, वैसा विचार करो। जब साधक दसों इंद्रियों को अपने वश में करके ध्यान एवं समाधि में लीन होता है, तब दयालु सद्गुरु के उपदेशरूप स्वरूपस्थिति के दर्शन एवं साक्षात्कार होता है।।8।।

व्याख्या- ''ददा देखहु बिनशनहारा। जस देखहु तस करहु विचारा। यह पंक्ति बड़ी महत्त्वपूर्ण है। सद्गुरु कहते हैं कि संसार में देखो, सब कुछ विनशता है। परिवर्तन होना संसार का स्वभाव है। अतएव किसी बात में रूढ़िवादी बनकर तथा पुरानेपन की पूंछ पकड़कर जड़तापूर्वक बैठे न रहो। जो समय की नब्ज नहीं पहचानता और उसके साथ चलना नहीं जानता, वह पीछे छूट जाता है। अपने समय के पारखियों ने ही अपनी उन्नति की है और संसार को कुछ दिया है। जो अपने साथियों को नहीं समझ पाते, समाज को नहीं समझ पाते, समय के रुख को नहीं पहचान पाते, वे अपने व्यक्तिगत जीवन तथा लोकसंग्रह-दोनों में असफल होते हैं।

बहुत-सी रूढ़ियां और प्रथाएं बड़े काम की होती हैं। तार्किक से तार्किक के जीवन और सिद्धान्त में भी उपयोगी रूढ़ियां एवं प्रथाएं होती हैं। रूढ़ि एवं प्रथा के बिना संसार में कोई जीवन-दर्शन नहीं होता। सभी समाज एवं संप्रदाय के शिष्टाचार एवं अभिवादन की अपनी रूढ़ि एवं प्रथा होती हैं, उनके बहुत-सारे नियम रूढ़ होते हैं। भौतिकवादी राजनैतिक पार्टियों तक में झंडे तथा कई बातों में रूढ़ियां होती हैं। अतएव संसार में सब रूढ़िवादी होते हैं। परन्तु विवेकवान व्यक्ति, समाज एवं संप्रदाय यह देखते हैं कि किसी ऐसी रूढ़ि का पालन न होता रहे, जिससे मानव के किसी पक्ष के अधिकार का हनन हो। वे ही रूढ़ियां एवं प्रथाएं कल्याणकारी हैं, जिनसे किसी का अहित नहीं होता हो और कुछ या सर्वाधिक लोगों का हित होता हो।

सद्गुरु कहते हैं कि देश-काल के प्रवाह में जो रूढ़ियां एवं प्रथाएं अहितकर एवं अनुपयोगी हो गयी हों, उनका निर्भयता एवं निर्ममतापूर्वक त्याग होना चाहिए। जो अपने समय को न पहचानकर केवल रूढ़िवादी बना रहता है, वह सड़ जाता है। लोग उसका साथ छोड़ देते है। और जो अपने समय को पहचानता है, उसके विचार सदेव ताजे रहते हैं। वह समय के साथ चलता है। इसलिए परिवार, समाज, देश और लोक उसके साथ चलते हैं। अतएव वर्तमान में अपना तथा अन्य का जिस प्रकार कल्याण देखो, उस प्रकार विचार करो।

''दशहूँ द्वारे तारी लावै। तब दयाल के दर्शन पावै।। यहां न तो दसों दरवाजों को बन्द कर वज्र आसन लगाना है और न भीतर या बाहर कहीं अलग से दयालु भगवान बैठा है जिसके दर्शन होंगे। वस्तुत: साधक को चाहिए कि वह अपने दसों इन्द्रियों को अपने वश में करे और ध्यान तथा समाधि के अभ्यास में लीन हो। जब धन तथा समाधि की परिपक्वता हो जाती है तब दयालु के दर्शन होते हैं। दयालु सद्गुरु हैं, जो स्वरूपज्ञान देते हैं और रहनी की शिक्षा देते हैं। स्वरूपज्ञान की प्राप्ति एवं स्वरूपस्थिति ही सद्गुरु के सच्चे दर्शन हैं। सद्गुरु ने स्वयं कहा है-

(1) जो तू चाहै मुझको, छाँह सकल की आस।
(2) मुझ ही ऐसा होय रहो, सब सुख तेरे पास।। (साखी-298)

ऊर्ध्वरेता बनो

'ध'

धधा अर्ध माहिं अँधियारी। अर्ध छोड़ि ऊर्ध मन तारी।
अर्ध छोड़ि ऊर्ध मन लावै। आपा मेटि के प्रेम बढ़ावै।। 9।।

शब्दार्थ- अर्ध=आधा, निचला, अधोमुख। ऊर्ध=ऊर्ध्व, ऊपर, ऊंचा, ऊर्ध्वमुख। तारी=ध्यान। आपा=अहंकार।

भावार्थ- ध अक्षर के माध्यम से सद्गुरु उपदेश करते हैं कि मन की अधोमुख वृत्ति में विषय-वासनाओं की अंधियारी है। अतएव साधक को चाहिए कि वह मन की अधोमुखी गति छोड़ उसे ऊर्ध्वगामी बनाये और ध्यान में

कबीर संगति साधु की : एक विमर्श

लीन करे। सद्गुरु पुन: दोहराते हैं कि मन को नीची गति से हटाकर ऊंचे ले जावे और देहादिक अहंकार मिटाकर स्वरूपज्ञान और समाधि में प्रेम बढ़ावे।

व्याख्या– मन की दो गतियां होती हैं, निम्नगामी और ऊर्ध्वगामी। मन का इन्द्रियों के विषयों की तरफ बहना निम्नगामी गति है; और विषयों से हटकर स्वरूपज्ञान, स्वरूपचिंतन, ध्यान, समाधि में पहुंचना ऊर्ध्वगामी गति है। सद्गुरु कहते हैं कि अर्ध में अंधियारी है। अर्थात विषय-वासना अंधकारपूर्ण है। इसलिए मन को विषय-चिन्तन से हटाकर आत्म-चिन्तन में लगाना चाहिए।

हम यदि शारीरिक दृष्टि से भी देखें, तो शरीर में कमर से लेकर नीचे   अर्धभाग है, और उसके ऊपर ऊर्ध्वभाग है। कमर से नीचे अंधकारपूर्ण विषयस्थल है और ऊपर ज्ञान की इन्द्रियां हैं। नाभि, हृदय कंठ, ब्रह्मांड उत्तरोत्तर ज्ञानमार्गी-गामी दिशा है। ब्रह्माण्ड में ही सभी मुख्य ज्ञान इन्द्रियां हैं-आंख, नाक, कान, जीभ तथा ज्ञान-भंडार मस्तिष्क। जब मन अध भाग में उतरता है तब अंधकारपूर्ण विषयों में डूबता है और जब ऊर्ध्वगामी होता है, तब ज्ञान प्रकाश से आलोकित हो जाता है। विषय-सेवन अधरिता होना है तथा ब्रह्मचर्य-पालन ऊर्ध्वरिता होना है।

सद्गुरु कबीर यहां मुख्य दो बातें कहते हैं। वे पहली बात यह बताते हैं कि मन की निचली गति में, विषयों की तरफ जाने में व्यक्ति का अंधकार में प्रवेश होता है; और ऊपर उठने में, आत्म चिंतन एवं ध्यान में लगने में प्रकाशपुंज में पहुंचना है। इसलिए वे दूसरी बात यह कहते हैं कि तुम मन को नीची गति से हटाकर उसे आत्मचिंतन, ध्यान, समाधि आदि की तरफ ले जाओ; और देहाभिमान को नष्ट कर स्वरूपस्थिति में प्रेम बढ़ाओ।

साधक की सबसे बड़ी कमजोरी है विषय-चिंतन। विषय-चिंतन साधक की आत्महत्या है, उसका घोर अन्धकार में प्रवेश करना है। जो साधक निरंतर विषय-चिंतन करने लगता है, वह गिर जाता है। जो स्थूल विषय में नहीं गिरता है, वह अधकचरा बना भीतर-भीतर सड़ता रहता है। इसलिए विषय-चिंतन का त्याग अत्यन्त आवश्यक है।

साधक को चाहिए कि वह अपने मन को किसी न किसी शुभ काम में लगाये रखे, तो स्वाभाविक उसे विषय-चिंतन नहीं होगा। कहावत है-'खाली

दिमाग शैतान का घर'। अतएव सेवा, सद्ग्रन्थों का स्वाध्याय, सत्संग-निर्णय, ध्यान, समाधि-अभ्यास आदिक में साधक को लगे रहना चाहिए।

''आपा मेटि के प्रेम बढ़ावै'' बड़ा महत्त्वपूर्ण वाक्यांश है। आपा कहते हैं अपने स्वरूप को, सत्ता को; किन्तु इसका दूसरा अर्थ है अहंकार। यहां वह दूसरा अर्थ ही प्रयुक्त है। देहाभिमान नष्ट हुए बिना स्वरूपज्ञान, स्वरूपस्थिति, ध्यान, समाधि में प्रेम नहीं बढ़ सकता। अत: सद्गुरु कहते हैं कि देह तथा देह सम्बन्धी समस्त नाम-रूपों का अहंकार छोड़कर अपने शुद्ध चेतनस्वरूप में एवं ध्यान-समाधि द्वारा उसकी स्थिति प्राप्त करने में प्रेम बढ़ाओ।

देव के पशु मत बनो
'न'

चौथे वो ना महँ जाई। राम का गद्धा होय खर खाई।। 20।।

शब्दार्थ-ना =न अक्षर, अहंकार। राम का गद्धा=ईश्वर का पशु, राम की गलत व्याख्या करने वाला।

भावार्थ- न अक्षर के माध्यम से सद्गुरु उपदेश करते हैं कि जब मनुष्य सकारात्मक अपने चेतनस्वरूप एवं आत्मदेव को भूलकर, नकारात्मक मन की अवधारणाओं को ही ईश्वर मानकर उसका अहंकार करता है, तब वह ईश्वर का पशु बनकर घास चरता है। अर्थात अपनी मूढ़ता का प्रदर्शन करता है।

व्याख्या- ''चौथे वो ना महँ जाई'' के दो ढंग से अर्थ किये जा सकते हैं। एक ढंग है कि त-वर्ग का चौथा वर्ण 'ध' है, और इस चौथे के बाद जब मनुष्य 'न' में जाता है, तब मानो वह निषेध में एवं शून्य हो जाता है। जिस संसार में अपना एक तृण तथा एक कण भी नहीं है, वहां का अहंकार करना अज्ञान के सिवा कुछ नहीं है। इसी प्रकार अपने स्वरूप के अलावा जहां तक जो कुछ देव-गौसैयां मान रखा है, सब मन की कल्पना के अलावा कुछ नहीं है। अतएव इन कल्पित अवधारणाओं में अहंकार करना अल्पज्ञता एवं भ्रम है। अतएव अपने स्वरूप से भिन्न कुछ भी अपना लक्ष्य मानना ईश्वर का गधा

बनकर घास चरना है।

दूसरा तरीका है, चतुष्ट्य अंतःकरण में मन, चित्त, बुद्धि के बाद चौथा अहंकार है। हम अपने चेतनस्वरूप के अलावा जहां भी अहंता-ममता करते हैं वह सब कुछ नकारात्मक हैं, उसमें कुछ भी मेरा नहीं है। अर्थ करने के ये दो तरीके हैं, किन्तु मूलअर्थ में कोई अन्तर नहीं है। दोनों तरीकों में 'न' का अर्थ नकारात्मक, निषेधात्मक एवं निगेटिव है।

सद्गुरु कहना चाहते हैं कि आदमी अज्ञानवश नकारात्मक स्थिति में पहुंचता है। व्यक्ति का अपना चेतनस्वरूप एवं अपनी आत्मा तो सकारात्मक है, परन्तु अपने नाम से पृथक देवी-देवता, ईश्वर-ब्रह्म जो कुछ माना जाता है, वह सब केवल मन की अवधारणा, मन की कल्पना होने से नकारात्मक ही है। ऐसी कल्पित तथा नकारात्मक वस्तुओं का अहंकार करना ईश्वर का गधा होकर घास चरना ही तो है।

''राम का गद्धा होय खर खाई।'' बड़ा मार्मिक वचन है। यह जीव, यह चेतन, यह आत्मा ही परम देव है, राम है, ईश्वर है, ब्रह्म है, खुदा है, गॉड है। इस प्रकार जो चेतन देव, आत्म देव को न समझकर अपने से पृथक देव, राम, ईश्वर या ब्रह्म मानता है और उसके अहंकार में मतवाला रहता है, वह ईश्वर का पशु है। वह ईश्वर-ज्ञान के नाम पर लादी लादे एवं बोझा उठाये तो घूमता है, परन्तु ईश्वर-ज्ञान के नाम पर घास चर रहा है। 'घास चरना' मार्मिक मुहावरा है। इसका अर्थ ज्ञान का थोथापन है। कोई विद्यार्थी जब बहुत मेहनत के बाद भी अपना पाठ या विषय शुद्ध रूप से अपने अध्यापक को नहीं सुना पाता, तब अध्यापक कहता है 'क्या तुम घास चरते थे ?' बड़े-बड़े तप तथा शास्त्र- अध्ययन के बाद भी जब धार्मिक लोग ईश्वर को अपने से बाहर खोजते हैं, तब यथार्थवादी कबीर साहेब कह बैठते हैं कि ये ईश्वर के गधे हैं। ये ईश्वर-ज्ञान के नाम पर आज तक घास चर रहे हैं। क्योंकि ये सकारात्मक स्व-स्वरूप आत्मदेव को छोड़कर उसे नकारात्मक कल्पनाओं में खोज रहे हैं। श्रुति के ऋषि भी कहते हैं ''जो समझता है कि मैं अलग हूँ और देव अलग है वह देवों का पशु है।'' योऽन्यां देवतामुपास्तेऽन्योऽसावन्योऽहमस्मीति न स वेद यथा पशुरेवं स देवानाम्। (बृह०उ०1/4/10) जो यह मानकर कि देवता अन्य है और मैं अन्य हूँ, अन्य देवता की उपासना करता है, वह देवताओं का पशु है। तुलसीदास जी भी कहते

हैं-

ज्यों बरदा बनिजार के, फिरे घनेरे देश।
खांड भरे भुस खाइहैं, बिन गुरु के उपदेश।।
कहत सकल घट राममय, तो खोजत केहि काज।
तुलसी कह यह कुमति सुनि, उर आवत अति लाज।।

-तुलसी सतसई

''राम का गद्धा होय खर खाई'' का अर्थ बहुत व्यापक है। यह केवल हिन्दुओं के राम का अभिप्राय नहीं है। अभिप्राय है सत्य। जो सत्य को अपनी आत्मा से अलग खोजता है, वह सत्य के ज्ञान के सम्बन्ध में केवल बोझा ढोता है और घास चरता है।

हर मत वाले धर्म-धर्म बहुत चिल्लाते हैं; किन्तु यदि वे धर्म के नाम पर भेदभाव, सांप्रदायिकता, हिंसा, घृणा आदिक का व्यवहार करते हैं, तो वे धर्म को क्या खाक समझते हैं। वे तो धर्म के गधे हैं। वे धर्म के नाम का बोझा लादकर घूमते हैं। वे धर्म के नाम पर आज तक केवल घास चरते आये हैं। धर्म है सबके साथ करुणा और प्रेम का व्यवहार। इसे न करके जो उलटे हिंसा का व्यवहार करता है, वह धर्म का दुरूपयोग करता है।

धर्म के नाम पर हिंसा मत करो

'प'

पपा पाप करें सब कोई। पाप के करे धर्म नहिं होई।।
पपा कहैं सुनहु रे भाई। हमरे से इन किछुवो न पाई।। 21।।

शब्दार्थ- हमरे से=अहंकार से।

भावार्थ- प अक्षर के माध्यम से सद्गुरु उपदेश करते हैं कि धर्म के नाम पर लोग जीववध करके पाप ही करते हैं; और जीव हिंसारूपी पाप करने से धर्म नहीं होता। प अक्षर कहता है कि हे भाई! सुनो, संप्रदायों के अहंकारी एवं मताग्रही होने से ये लोग कुछ भी नहीं पा सकते।

व्याख्या- देवी-देवता के नाम पर बलि कहकर तथा अल्लाह के नाम पर कुर्बानी कहकर आज भी हिन्दू और मुसलमान जीवहत्या करते हैं। आये दिन धर्म के नाम पर सांप्रदायिकतावश मनुष्यों की हत्या भी करते हैं। आज से पांच सौ

 कबीर संगति साधु की : एक विमर्श

वर्ष पूर्व तो इन सब बातों का बोलबाला ही था। सद्गुरु कहते हैं कि जहां जीवहत्या है वहां धर्म कहां है। अल्लाह तब खुश होता है जब उसके नाम पर बकरे, मुर्गे, भेड़े, ऊँट, गाय, बैल काटे जायें। इधर हिन्दू के देवता तब खुश होते हैं जब घोड़े, बकरे एवं भैंसे काटे जायें। यह ईश्वर और देवता के सम्बन्ध में कैसी जंगली समझ है! क्या आज का पढ़ा-लिखा आदमी जंगलीपन को छोड़ पाया है! क्या ईश्वर एवं देवी-देवताओं के नाम पर निरीह, मूक पशु-पक्षियों का वधकर इंसान अपनी शैतानियत का परिचय नहीं दे रहा है। निरपराध प्राणियों की हत्या कर अपना कल्याण सोचना क्या पागलपन नहीं है!

सद्गुरु कहते हैं कि जीवहत्या महा पाप है, और ऐसा पाप कर धर्म की बात सोचना अनुचित है।

सभी मतवादियों एवं मजहब वालों को अपने-अपने मत एवं मजहब का अहंकार है कि हमारे यहां जो माना और किया जाता है वह ईश्वर की आज्ञा है। सद्गुरु कहते हैं कि यह तुम्हारा मिथ्या अहंकार है। कोई ऐसा ईश्वर नहीं है जो जीवहत्या धर्म बताता हो और नाना मतवालों को परस्पर विरुद्ध आज्ञा देकर उन्हें आपस में लड़ाता हो। ईश्वर के विषय में मनुष्य केवल कल्पना करता है, न कि कोई ईश्वर नाना मतवालों के यहां अपनी विरोधी किताबें, आज्ञाएं एवं मतवाद भेजता है।

सद्गुरु कहते हैं कि ये नाना मतवादी जो ईश्वर की आड़ लेकर अपनी अनर्गल बातों को प्रामाणिकता का जामा पहनाकर सबके गले उतरवाना चाहते हैं, इस अंहकार में ये न अपना कल्याण कर पाते हैं और न समाज का। वस्तुत: सारे मत, मजहब, विचार, ग्रन्थ मनुष्यों के मन की उपज हैं। इसलिए इनमें त्रुटियां, भ्रम, अज्ञान होना भी संभव है। अत: अपनी बातों पर पुन: विचार करना तथा सदैव उन्हें शोधते रहना मानव का विवेक है।

हम हर बात पर जैसे कल सोचते थे, उनमें से कई बातों पर आज दूसरे ढंग से सोचते हैं और आज का सोचना सच लगता है; फिर सैकड़ों-हजारों वर्ष के पूर्व हमारे पूर्वज जिस ढंग से सोचते थे, उन सारी बातों में उसी तरह आज भी कैसे सोचा जा सकता है। इसलिए हर मत एवं मजहब वालों को तथा हर इंसान को विनम्र होना चाहिए और अपनी मानी हुई बातों पर ताजे ढंग से सोचना चाहिए। जो विवेक से सच लगे, जिसमें किसी को पीड़ा न हो, किन्तु अधिक से

अधिक लोगों का हित हो, वही काम करना चाहिए। यही धर्म है। अहिंसा और प्रेम ही धर्म है। केवल मानव के प्रति ही नहीं, प्राणिमात्र के प्रति हमदर्द होना चाहिए।

मोक्ष तुम्हें खुद लेना पड़ेगा

'फ'

फफ़ा फल लागे बड़ दूरी। चाखे सतगुरु देइ न तूरी।।

फफ़ा कहैं सुनहु रे भाई। स्वर्ग पताल की खबरि न पाई।। 22।।

शब्दार्थ- फल= मोक्ष, कल्याण।

भावार्थ- फ अक्षर के माध्यम से सद्गुरु उपदेश करते हैं कि मोक्षरूपी फल बहुत दूरी पर लगा है। सद्गुरु उसे तोड़कर झट से मुमुक्षु के हाथों में दे नहीं सकते कि वह बिना परिश्रम तुरन्त उसका स्वाद चख ले। जो लोग यह मानते हैं कि शिष्य के परिश्रम किये बिना सद्गुरु उसे मोक्ष-फल दे देते हैं, वे स्वर्ग-पाताल अर्थात् स्वर्ग-नरक एवं बंध-मोक्ष का रहस्य नहीं जानते।।22।।

व्याख्या- यहां पर चार बातें बतायी गयी हैं, जिनमें तीन खुलकर हैं तथा एक उनमें अदृश्य होते हुए उसी पर सारा जोर है। पहली बात है **"फल लागे बड़ दूरी।"** अर्थात मोक्ष-फल दूर लगा है। यह कथन मोक्ष की दुर्लभता पर प्रकाश डालता है। जीवों की विषयों में अत्यन्त आसक्ति होने से यह बात सच है। जिनके हृदय में जितनी अधिक विषयासक्ति है उनके लिए मोक्ष उतना ही दूर है। विषयासक्ति पूर्णतया समाप्त हो जाये, तो मोक्ष जीव का स्वरूप ही है। अतएव विषयासक्ति के कारण ही मोक्ष की दुर्लभता बतायी गयी है।

दूसरी बात है **"चाखे सद्गुरु देइ न तूरी"** यदि शिष्य यथार्थ ज्ञान की प्राप्ति तथा साधना में परिश्रम न करे, तो सद्गुरु मोक्षफल तोड़कर उसे दे नहीं सकते हैं कि शिष्य गप से खा ले। बहुत-से लोगों में यह बड़ा भ्रम है कि गुरु जिस शिष्य पर कृपा कर देता है, उस पर अपना शक्तिपात कर देता है और उसे तुरन्त मुक्त कर देता है तथा उसे सारी योग्यताओं से सम्पन्न कर देता है। परन्तु सद्गुरु कबीर कहते हैं कि ये सारी बातें भ्रमपूर्ण हैं।

यह सच है कि ज्ञान, वैराग्य एवं दिव्य रहनी से सम्पन्न सद्गुरु के चरणों में जब निश्छल हृदय से शिष्य समर्पित हो जाता है, तब उसे गुरु की

सारी बातों से बड़ा बल मिलता है। बिना आदर्श पाये कोई मनुष्य किसी दिशा में प्राय: उन्नति नहीं कर सकता। डाक्टर, इंजीनियर, वकील तथा विद्वान बनने के लिए अच्छे डाक्टर, इंजीनियर, वकील एवं विद्वान के आदर्श की आवश्यकता है, जिनकी दी हुई शिक्षा एवं आचरण की प्रेरणा लेकर जिज्ञासु उन दिशाओं में निष्णात हो। यह सब होते हुए भी जिज्ञासु को स्वयं, परिश्रम तो करना ही पड़ेगा। इसी प्रकार यथार्थ ज्ञान और दिव्य रहनी से सम्पन्न सद्‌गुरु की शरण, और उनके उच्च आदर्श मुमुक्षु में प्राण फूंकने वाले हैं। किन्तु उसे स्वयं सेवा, स्वाध्याय, सत्संग, निर्णय, ध्यान, समाधि आदि के अभ्यास में परिश्रम करना ही पड़ेगा। यही तीसरी बात है जो मूल पद में गुप्त होते हुए भी सर्वाधिक उद्‌घाटित और जोरदार है। ''**चाखे सतगुरु देइ न दूरी**'' इस वाक्यांश में शिष्य एवं साधक के परिश्रम की उपयोगिता की पूर्ण अभिव्यंजना है।

चौथी बात है ''*स्वर्ग पाताल की खबरि न पाई।*'' अर्थात जो लोग यह मानते हैं कि शिष्य के परिश्रम किये बिना सद्‌गुरु उसे मोक्ष फल दे सकते हैं, कबीर साहेब कहते हैं कि वे लोग स्वर्ग और नरक क्या है, मोक्ष और बंधन क्या है, इस रहस्य से अनभिज्ञ हैं। यहां अभिप्राय इतना ही है कि वे मोक्ष की वास्तविकता नहीं समझते।

मोक्ष कोई ऐसा फल नहीं है जिसे सद्‌गुरु तोड़कर शिष्य के मुख में डाल सके। वस्तुत: हर मनुष्य के मन में विषयों की आसक्ति है। यही राग-द्वेष, काम, क्रोध, लोभ मोहादि सारे विकारों का कारण है और यही जीव का बंधन है। विवेक द्वारा इसे तोड़ना जीव का ही काम है। इस काम में सहयोगी सद्‌गुरु और संतजन हैं। उनसे ज्ञान और युक्ति सीखी जाती है। सद्‌गुरु और संतों के निर्बन्ध जीवन से भी साधक को प्रेरणा का बल मिलता है। यही सब गुरु-संतों का सहयोग है। परन्तु सहयोग लेकर काम करना पड़ेगा स्वयं साधक को ही। इस बात को नहीं भूलना चाहिए।

जो धूर्त गुरु सहज में मुक्ति बांटते घूमते हैं और जो मूर्ख चेले ऐसे झांसे में पड़ते हैं, वे दोनों इन बातों पर ध्यान दें, और शुद्ध साधक सावधान हों।

अधिक वक्तव्य नहीं, आचरण चाहिए

'ब'

बबा बरबर करें सब कोई। बरबर करे काज नहिं होई।।
बबा बात कहैं अर्थाई। फल का मर्म न जानहु भाई।। 23।।

शब्दार्थ–बरबर–बड़बड़ाहट, बहुत बात करना।

भावार्थ–ब अक्षर के माध्यम से सद्गुरु उपदेश करते हैं कि सब लोग बड़ी लम्बी-चौड़ी बातें करते हैं, परन्तु बहुत बड़बड़ाने से लक्ष्य नहीं मिलता। विद्वान लोग बात तो बहुत अर्थपूर्वक करते हैं, परन्तु हे भाई! इनकी बातों के बल का रहस्य तुम नहीं जानते हो।।23।।

व्याख्या– कुछ लोग अपने-अपने मतों का हठ लेकर बड़बड़ाते रहते हैं। कुछ लोग अपना ज्ञान एवं विद्वता दिखाने के लिए बहुत बातें करते रहते हैं। कुछ लोग बदले में मान-बड़ाई एवं धन ऐश्वर्य पाने के लिए ज्ञान की झड़ी लगाते रहते हैं। कुछ लोग तो इतने भावनाग्रस्त हो जाते हैं कि उनको लगता है कि उनको छोड़कर सारा संसार गलत काम कर रहा है और शीघ्र ही गड्ढे में जाना चाहता है। इसलिए वे मिले हुए मनुष्यों को तो क्या, हवा के सामने भी उपदेश झाड़ते घूमते हैं। ऐसे लोग पात्र और अपात्र की पहचान ही क्यों करने लगे। वे तो 'बदो तो पंच, न बदो तो पंच' बने सबके सामने ज्ञान बघारते घूमते हैं।

जब प्रवचन के मंचों पर संचालक के पास लोग अपनी चिट्ठियाँ भेजते हैं कि हमें भी दस मिनट बोलने का अवसर दिया जाये, तब वे अपने आपको कितना हास्यास्पद बनाते हैं, यह बताने की आवश्यकता नहीं। उनमें ऐसा भी अपवाद हो सकता है कि कोई समझदार व्यक्ति समाज के लिए कोई आवश्यक बातें बताना चाहता हो, जिनकी तरफ लोगों का ध्यान नहीं जा रहा हो; परन्तु उनमें अधिकतम लोग या अधिक समयों में सबके सब अपना छिछलापन ही जाहिर करते हैं। यह तो समाज के लोगों को, मंचासीनों एवं संचालक को चिन्ता होनी चाहिए कि वे आपसे आग्रह करें कि आप अपनी अमृतवाणी से जनता को आप्लावित करें। यदि आपकी उच्च योग्यता पर किसी कारणवश लोग नहीं ध्यान दे रहे हैं, तो आपका क्या बिगड़ता है। आप क्यों इस भ्रम में है कि जब आप मंच पर बोल देंगे, तो वहां की पूरी जनता

        कबीर संगति साधु की : एक विमर्श

काग से हंस हो जाएगी। कई जगह तो प्रवचन करने के पिपासु लोग संचालक को केवल चिट्ठी ही नहीं देते, किन्तु इसके लिए लड़ाई-झगड़ा भी करते हैं। न अवसर पाने पर पीछे से गाली-गलौज भी लिखकर भेजते हैं।

जहां पर प्रवक्ताओं को समय का प्रतिबंध रहता है कि उन्हें इतने ही मिनट बोलना है, वहां पर कम ही प्रवक्ता होते हैं, जो अपने समय के भीतर अपने वक्तव्य समाप्त कर दें। वे अधिक से अधिक समय खींचना चाहते हैं और जब उन्हें विवश होकर बैठना पड़ता है, तब उनमें कई लोग यह कहते हैं पाये जाते हैं ''सज्जनों, क्या करूं, बातें तो बहुत बतानी थीं, परन्तु मेरा समय जवाब दे रहा है। मैं विवश हूँ।'' यह सब कहकर वे अपनी इज्जत और घटा लेते हैं। ?

हमारा ज्ञान छलककर इधर-उधर बहना नहीं चाहिए, किन्तु हमें उसको अपने जीवन में पचाना चाहिए। जो व्यक्ति अपने ज्ञान का अपने जीवन में आचरण करने लगता है, वह प्रवचन देने के लिए लालायित नहीं रहता। अवसर पड़ने पर लोग जब उससे कुछ सुनना चाहते हैं, तब वह उनके सामने कुछ बोल देता है,परन्तु उसके मन में बोलने की खलबली नहीं रहती।

सद्गुरु कहते हैं, बहुत बड़बड़ाने से कल्याण, शांति एवं स्वरूपस्थिति नहीं मिल सकती। स्वरूपस्थिति तो मिलती है ज्ञान का आचरण करने से।

''बबा बात कहै अर्थाई'' मार्मिक वचन है। सद्गुरु कहते हैं कि कितने ही विद्वान बहुत अर्थपूर्ण बातें करते हैं, परन्तु उनकी बातों का फल होता है। केवल वाक्य-विलास या बदले में कुछ पाने की इच्छ। भले ही वह स्थूल पदार्थ हो या केवल मान-सम्मान। तो ऐसी अर्थपूर्ण बातें किस काम की बातें निचोड़कर कहना, परन्तु उनके आचरण की छाया भी न छूना, यह तो भोग का ही कारण हो सकता है या अपने दोषों को ढांकने का साधन, कल्याण का साधन नहीं।

सद्गुरु इस संदर्भ में एक मुख्य बात बताना चाहते हैं कि बकबक करना छोड़कर आचरण करना सीखें।

भ्रम से जागो

' भ '

भभा भभरि रहा भरपूरी। भभरे ते है नियरे दूरी।
भभा कहैं सुनहु रे भाई। भभरे आवै भभरे जाई।। 24।।

शब्दार्थ- भभरे=भयभीत होने या भुकने।

भावार्थ- भ अक्षर के माध्यम से सद्गुरु उपदेश करते हैं कि मनुष्य के जीवन में भय और भ्रम परिपूर्ण हो रहे हैं, इसलिए यह भयभीत है। भय और भ्रम के कारण निकट रहा हुआ शांतिपद दूर हो गया है। भ अक्षर कहता है कि हे भाई! सुनो, जीव भय और भ्रम में पड़े हुए जन्म-मरण के चक्कर काटते हैं।।24।।

व्याख्या- भय और भ्रम सब के मन में परिपूर्ण हो रहे हैं। ड अक्षर के प्रकरण में भय पर काफी विचार किया गया है। यहां केवल भ्रम पर विचार कर लें। वस्तु-स्थिति कुछ हो तथा प्रतीत कुछ दूसरा हो, इसे भ्रम कहते हैं। शरीर हाड़-मांस का ढांचा है। थोड़ा और विचार करें तो मिट्टी का पिंड है। थोड़ा और विचार करें, तो एलेक्ट्रान एवं सूक्ष्म कणों का प्रवाह है। परन्तु अविद्यावश बड़ा रमणीक प्रतीत होता है। यह भ्रम नहीं तो क्या है। काम-वासना एवं मैथुन-क्रिया के पीछे क्षीणता, मलिनता, परतन्त्रता तथा पराधीनता के अतिरिक्त क्या है; परन्तु भ्रमवश वह सब सुखों का मूल लगता है। क्रोध का परिणाम सब जानते हैं कि दु:ख है। हर क्रोध के पीछे आदमी पश्चाताप करता है। किन्तु जब क्रोध आता है और आदमी क्रोधवश किसी को गाली और मार देने चलता है, तब उसे यही लगता है कि गाली-मार देने पर ही सफलता मिलेगी। यदि उसे कोई बीच में रोकने लगे, तो क्रोधी आदमी उसी को शत्रु मानकर उस पर टूट पड़ना चाहेगा। लोभवश आदमी जब अनैतिक काम करने लगता है, तब उसे वह अच्छा लगता है; किन्तु अनैतिक काम सदैव आत्मा को सालता है।

मनुष्य जिन्दगी भर यह भ्रम पालता है कि संसार के प्राणी-पदार्थों से हमें स्थायी सुख मिलेगा। परन्तु वह इतना-सा नहीं सोच पाता कि जिन्दगी का जितना हिस्सा बीत गया है, उसमें संसार के प्राणी-पदार्थों से कितना स्थायी सुख मिला है।

सीपी में चांदी का भ्रम होता है, रस्सी में सांप का भ्रम होता है, मृग को जेठ की धूप की लहरियों में पानी का भ्रम होता है। इसी प्रकार हमें संसार के विषयों में सुख का भ्रम होता है। हम उसके लिए दौड़ते रहते हैं और अंत में थककर हारते हैं।

मनुष्यों ने भ्रमों का बहुत बड़ा जाल बना रखा है। भूत-प्रेत का भ्रम, देवी-देवता का भ्रम, कर्ता-धर्ता का भ्रम, जगत का ब्रह्म होने का भ्रम,

ग्रह-लग्न, मुहूर्त, दिशाशूल, अंग फड़कने आदिक का भ्रम। जीव को अविद्यावश बहुत-बहुत भ्रम है। इन सब भ्रमों के कारण वह निरंतर भयभीत है। इस भ्रम और भय के कारण उसकी शांति-स्थिति मूलत: निकट होते हुए, अर्थात उसका स्वरूप ही होते हुए, दूर हो गयी है।

मिथ्या भय और भ्रम के कारण ही जीव सदैव वासनाग्रसित है और इसी धुआंधार में पड़ा हुआ जन्म-मरण के चक्कर में घूम रहा है। मनुष्य के जीवन में तब तक शांति नहीं मिल सकती, जब तक उसे सच्चे सद्गुरु नहीं मिलते और वह सद्गुरु के निर्णय-वचनों द्वारा सारासार परखकर सत्य पारख स्वरूप की स्थिति नहीं करता।

सारे भय और भ्रम मन के कल्पित हैं। सद्गुरु-सत्संग में जब जड़-चेतन का ठीक बोध हो जाता है, और पवित्र रहनी धारण करने लगता है, तब उसके भय और भ्रम समाप्त हो जाते हैं और तब जीव परम शांति की प्राप्ति करता है।

माया-मोह को जीतो

'म'

ममा के सेये मर्म नहिं पाई। हमरे से इन मूल गँमाई।

माया मोह रहा जग पूरी। माया मोहहिं लखहु बिचारी।। 25।।

शब्दार्थ- ममा= माया। हमरे से =हम-हम करने से, अहंकार करने से।

भावार्थ- म अक्षर के माध्यम से सद्गुरु उपदेश करते हैं कि माया का सेवन करने से मनुष्य का विवेक सो जाता है, इसलिए वह सत्य और असत्य का मर्म नहीं समझ पाता। सांसारिक वस्तुओं का अहंकार करने से मनुष्य अपनी वास्तविकता को भूल जाते हैं। संसारियों के मन में माया का मोह परिपूर्ण हो रहा है। इसलिए विवेक द्वारा माया-मोह की परीक्षा करो।।25।।

व्याख्या- उक्त पंक्तियों में चार बातें बतायी गयी हैं-(1) माया में आसक्त रहने वाला वास्तविकता नहीं समझ सकता; (2) माया का अहंकारी आदमी अपनी सच्चाई खो देता है;

(3) सब के मन में माया का मोह भरा है; अतएव (4) माया-मोह की विवेकपूर्वक परीक्षा करो। चारों बातें बड़ी महत्त्वपूर्ण हैं। हम इन चारों पर विचार करें।

''ममा के सेये मर्म नहिं पाई'' बड़ा तलस्पर्शी वचन है। जो जितना ही माया का सेवन करेगा, वह उतना ही मूढ़ बनेगा। माया के सेवन का अर्थ है संसार के रागरंग में डूबना। विषयों के सेवन एवं संसार के रागरंग में डूबने से विवेक सो जाता है और जिसका विवेक ही सो गया हो, वह सत्य और असत्य के मर्म को नहीं समझ सकता। मन तो एक है। जब मन में दुनिया का रागरंग रहेगा, तब विवेक कैसे जगेगा और विवेक जगे बिना सार और असार की परख कैसे होगी। अतएव जो जीवन का मर्म जानना चाहे, वह रागरंग छोड़े।

''हमरे से इन मूल गँमाई'' दूसरी बात है। 'हमरे से' का तात्पर्य है हम- हम करके, अर्थात् शरीर और शरीर के नाम, रूप, वर्ण, आश्रम आदिक को अपना ही रूप मानकर उनमें अहंकार करने वाला व्यक्ति अपना मूल खो देता है। हर व्यक्ति का अपना मूल स्वरूप है चेतन। मैं शरीर नहीं हूँ। शरीर न होने से उसके नाम-रूप मेरे नहीं है। जो 'मैं नहीं हूँ' उसको 'मैं' मान लेने से, अपना मौलिक 'मैं' विस्मृत हो जाता है। मैं शरीर हूँ ऐसा अहंभाव आते ही, मैं शुद्ध चेतन हूँ, यह भाव खो जाता है। अतएव शरीराभिमानी रखकर अपने मूलस्वरूप एवं चेतनस्वरूप का बोध नहीं हो सकता और न स्वरूपस्थिति हो सकती है। इसलिए जिसे अपनी मौलिकता में रहना हो, जो अपने मूलस्वरूप में स्थित रहना चाहता हो, जो अनन्त सुख का रूप है, वह सदैव देहाभिमान का तिरस्कार रखे।

तीसरी बात है ''माया मोह रहा जग पूरी'' संसार में सर्वत्र माया-मोह का ही पसारा है। संसार में देखो, तो हर आदमी मोह-मूढ़ है। केवल मात्रा का अन्तर है। कोई इतने प्रतिशत मूढ़ है और कोई उतने प्रतिशत। किन्तु विद्वान-अविद्वान, धनी-गरीब, उच्च वर्ग-निम्न वर्ग जहां तक देखो, सब माया में मूढ़ हैं। हां, कुछ सुझ जीव इससे जागते हैं और कुछ जागने के उपक्रम में रहते हैं।

अतएव सद्गुरु चौथी बात से हमें आज्ञा देते हैं ''माया मोहहि लखहु विचारी।'' अर्थात विवेकपूर्वक माया-मोह को देखो कि वह क्या है! जब

                    कबीर संगति साधु की : एक विमर्श

हमारे हृदय में विचार एवं विवेक की जागृति होती है और जब हम विवेकप्रवण दृष्टि माया-मोह पर डालते हैं, तब माया-मोह खो जाता है। माया-मोह तो अंधकार मात्र है। अर्थात् विवेक-सूर्य के उदित होने पर इसका कहां अस्तित्व।

विवेक न होने से ही संसार के प्राणी-पदार्थों में मोह होता है। विवेक उदित होने पर मोह समाप्त हो जाता है। सद्गुरु अंतिम बात यही कहते हैं कि तुम विचारपूर्वक माया-मोह को देखो तो पाओगे वह खो गया है। सबसे अनासक्त होना ही असंगता है और यही अपने मौलिक स्वरूप में निवास है।

मन में संसार निकाल दो
'य'

यया जगत रहा भरपूरी। जगतहु ते है जाना दूरी।

बया कहै सुनहु रे भाई। हमहीं ते इन जै जै पाई।। 26।।

शब्दार्थ- हमहीं ते- अहंकार से। जै जै= कल्याण।

भावार्थ- य अक्षर के माध्यम से सद्गुरु उपदेश करते हैं कि हे मानव ! तुम्हारे मन में जगत की आसक्ति ठूंस-ठूंसकर भरी है, परन्तु यह समझ लो कि संसार को छोड़कर तुम्हें दूर जाना है। य अक्षर कहता है कि हे भाई। सुनो, इन संसारियों को यही भ्रम है कि संसार के प्राणी-पदार्थों को हमारे-हमारे करने में ही अपना कल्याण है। अर्थात ये संसारी संसार की अहंता-ममता में ही अपना कल्याण समझते हैं।।26।।

व्याख्या- ''यया जगत रहा भरपूरी'' मार्मिक वाक्यांश है। मनुष्य के मन के बाहर-भीतर संसार निरन्तर धू-धू करके गुजरता है। यह मनुष्य संसार के प्राणी पदार्थों में कहीं राग करके जलता है तो कहीं द्वेष करके जलता है। सांसारिकता में रात-दिन जलते रहना मानो मनुष्य ने भ्रमवश अपनी नियति मान ली है। संसार के प्राणी-पदार्थों में आसक्त होकर आदमी पाप पर पाप करता हैं। उसको यह होश भी नहीं होता कि यहां से जाना है। परन्तु सद्गुरु चेतावनी देते हैं ''जगतहु ते है जाना दूरी।'' हे मानव! तू जिस संसार में आसक्त है, उसे छोड़कर सदा के लिए तुम्हें दूर चला जाना है। भले ही इस जीव का जन्म आज के घर के आस-पास या उसी घर में ही हो, परन्तु पूर्व की याद एकदम भूल जाने से, उससे बहुत दूर ही हो जाता है।

हम जो कुछ अपना मान रखे हैं, आज-कल में इन्हें सदैव के लिए छोड़ना है। यह बात यदि हम ध्याम में रख सकें, तो निश्चित ही जाग्रत रहेंगे। सद्गुरु साखीग्रन्थ में कहते हैं-

जाको जाना उत घरा, सो क्यों जोरे मित्त।

जैसे पर घर पाहुना, रहे उठाये चित्त।।

''**हमहीं ते इन जै जै पाई।**'' इस सन्दर्भ का यह अन्तिम अंश है जो व्यंग्यात्मक है। सद्गुरु कहते हैं कि इन संसारियों को यह भ्रम है कि संसार में हम-हम करते रहने से ही कल्याण है। मोही मनुष्य संसार की अहंता-ममता में आकंठ डूबकर अपना कल्याण समझता है।

विमोहित मानव को यह होश नहीं रहता कि जवानी, युवती, पत्नी, बच्चे, धन, मान-प्रतिष्ठा सब क्षणभंगुर तथा क्षण-क्षण बदलने एवं बिछुड़ने वाले हैं। ये तो वैसे हैं कि 'चार दिनों की चांदनी, फेरि अन्धेरी रात।' इन क्षणभंगुर पदार्थों की अहंता-ममता करने से इनकी वासनाएं मन में भरी जाती हैं, परन्तु ये वस्तुएं अपने पास नहीं रह जातीं। प्राप्त हुए सारे प्राणी-पदार्थों का धीरे-धीरे वियोग तथा बदलाव होता रहता है। संसार के सारे प्राणी-पदार्थ एक-एक कर हमसे हटते जाते हैं और हम अन्तत: अकेले रह जाते हैं। मन की वासनाएं तो छूटती नहीं, केवल संसार के प्राणी-पदार्थ छूटते हैं, इसलिए हम पुन: वासनाओं में बंधकर संसार का चक्कर काटते हैं।

अतएव विवेकवान का कर्तव्य है कि वह यह समझे कि जिस संसार से हमें आजकल में अलग होना ही है, उसकी अहंता-ममता एवं वासना हम आज ही से छोड़ दें। अन्त में अकेला होना है, तो हम आज ही से अपने को अकेला समझकर सबसे अनासक्त एवं असंग हो जायें। यही परम शांति का पथ है। यह स्थिति ही अपनी मौलिकता है। यह समझ लो ''जगतहु ते ही जाना दूरी।'' इस संसार को छोड़ देना है। इसलिए इसकी वासना, इसका राग, मोह, पहले छोड़ दो, तो तुम अमृतत्व पा जाओगे। वासनाहीन जीवन से तो अमृत जीवन है। वासना से हमारे सामने संसार मौजूद रहता है और वासना त्याग देने से हमारे सामने स्वरूपस्थिति मौजूद रहती है। एक तरफ जगत है, दूसरी तरफ अपनी आत्मा। जगत को पीठ देने पर ही आत्मस्थिति एवं स्वरूपस्थिति हो सकती है।

 कबीर संगति साधु की : एक विमर्श

स्वरूप-राम में रमो

'र'

ररा रारि रहा अरुझाई। राम के कहै दुख दारिद्र जाई।।
ररा कहै सुनहु रे भाई। सतगुरु पूँछि के सेवहु आई।। 27।।

शब्दार्थ-रारि=झगड़ा।

भावार्थ- संसार में यह झगड़ा उलझा हुआ है कि राम-राम कहने से सब दुख-दरिद्रता मिट जाती है। परन्तु र अक्षर कहता है कि हे भाई! सद्गुरु से पूछकर राम का सेवन करो, तब कल्याण होगा।

व्याख्या-वेदों तथा वैदिक साहित्य में राम-नाम जप की बात कहीं नहीं है। वैदिक छह शास्त्रों में भी नहीं है। यहां तक कि श्रीराम के सम्बन्ध में बना प्रथम महाकाव्य वाल्मीकी रामायण में भी राम-नाम जप का कोई विधान एवं निर्देश नहीं है। राम-कथा (ईसा पूर्व तीसरी शताब्दी में वाल्मीकी रामायण का संक्षिप्त रूप बना, उसमें रामकथा नरकथा के रूप में थी। उसके सौ वर्ष बाद उसमें बालकांड तथा उत्तरकांड प्रक्षिप्त करके श्रीराम चारों भाइयों के लिए विष्णु का अंशावतार की बात की गयी है। ईसा की तेरहवीं शताब्दी तक अध्यात्म रामायण बनी, जिसमें श्रीराम को परब्रह्म माना गया है। उसके बाद सोलहवीं शताब्दी में गोस्वामी तुलसीदास ने मानस बनाकर उसमें श्रीराम को ब्रह्म का सर्वोच्च रूप दिया।)पहले नरकथा के रूप में बनी, पीछे श्रीराम आदि चारों भाइयों को विष्णु के अंशावतार के रूप में चित्रित किया गया। उसके बाद श्रीराम को परब्रह्म मानकर रामकथाएं बनीं और श्रीराम के नाम का जप एवं कथा-कीर्तन करके मोक्ष की अवधारणा की गयी। फिर तो राम-नाम-जप की महिमा बहुत बढ़ायी गयी और कहा गया कि जीवन में इतना पाप किया नहीं जा सकता, जितना पाप एक बार के राम कहने से भस्म हो जाता है। राम का नाम लेते ही संसार-सागर के सूख जाने की गारंटी दी गयी। इस भ्रम में पड़कर लोग विवेक-विचार छोड़कर केवल राम-नाम के रट्टू सुग्गा होने लगे। फिर तो कितने ही लोग पाप की भी चिंता छोड़ दिये; क्योंकि उन्हें राम-नाम-जप में इतने बल का भ्रम हो गया कि वे जो कुछ पाप करेंगे, राम का नाम लेते ही सब कपूर की तरह उड़ जायेगा। यहां तक लोग

मानने लगे कि राम-राम कहने से शरीर की बीमारी, दरिद्रता, बांझपन आदि सब दूर हो जायेंगे और समस्त ऋद्धि-सिद्धि मिल जायेगी। इस प्रकार इस झगड़े में लोग उलझ गये।

कबीर साहेब कहते हैं कि आंख मूंदकर राम-राम कहने मात्र से कल्याण नहीं होगा। पहले किसी सच्चे सद्गुरु के पास जाकर पूछो कि राम क्या है और उसका सेवन कैसे करना चाहिए, तो सद्गुरु बतायेगा।

बीजक में यह स्पष्ट है कि कबीर साहेब का उपासनीय राम दशरथ-पुत्र नहीं है, किन्तु हृदय निवासी चेतन हैं। क्योंकि यही सार्वभौमिक सिद्धान्त हो सकता है। कबीर साहेब के सारे सिद्धान्त सार्वभौमिक है। जाति, धर्म, अध्यात्म सबमें उनका दृष्टिकोण सार्वभौमिक है। अतएव उनका निर्देश है ''हृदया बसे तेहि राम न जाना''।

राम, शिव, हरि, ब्रह्म, खुदा, गॉड, सतनाम, गुरुनाम आदि कोई नाम हो; इनमें कोई बड़ा-छोटा नहीं है। इनमें जिसको जिस नाम में श्रद्धा हो, जप सकता है। किसी पवित्र अवधारित नाम के जप से मन में सात्त्विकता एवं कुछ एकाग्रता आती है। परन्तु यही सर्वोच्च साधन नहीं है। यह तो रोते हुए बच्चे के मुंह में काठ का चटुवा देना है। उससे वह थोड़ा चुप हो जाएगा। परन्तु उसे मां के सच्चे दूध की आवश्यकता है। इसी प्रकार साधक को स्वरूप का बोध चाहिए। अपना चेतनस्वरूप ही अपना परम निधान है। उसके लिए ही राम, हरि, ब्रह्म आदि शब्द प्रयुक्त किये जा सकते हैं। अपने स्वरूप के अलावा यदि चेतन है तो सजाति है। यदि जड़ है, तो विजाति है। अपने चेतन स्वरूप के अलावा अपना लक्ष्य कहीं नहीं है। मेरी अपनी आत्मा ही राम है। वही पारखस्वरूप शुद्ध चेतन है। राम-राम कहने की आवश्यकता नहीं, किन्तु विषय-वासनाओं एवं विकारों को त्यागकर अपने चेतनरूप राम में रमने की आवश्यकता है। मन से विषय-विकार हट जाने पर उसमें चेतन का ही बोध रह जाता है। इस बोध में स्थित होना ही राम का सेवन है, राम में रमना है।

संदेहशील व्यक्ति साफ नहीं बोल सकता

'ल'

लिला तुतुरे बात जनाई। तुतुरे आय तुतुरे परिचाई।
आप तुतुरे और की कहई। एकै खेत दूनों निबेहई।। 28।।

                    कबीर संगति साधु की : एक विमर्श

शब्दार्थ– तुतुरे =तुतलाने वाला, साफ न कहने वाला, अबोधी गुरु। आय= होना, आना। परिचाई =परिचय देना, ज्ञान देना। खेत= क्षेत्र, स्थान।

भावार्थ– ल अक्षर के माध्यम से सद्गुरु उपदेश करते हैं कि अबोधी गुरु शिष्यों को लल्ला, बच्चा आदिक प्यार भरे वचन भले कहें, परन्तु वे उलझी हुई बातें बताते हैं। क्योंकि वे हृदय से ही उलझे एवं अबोधग्रस्त हैं, इसलिए उलझी हुई बातों से धर्म तथा अध्यात्म का परिचय भी देते हैं।

वे स्वयं अबोधी होने से बात तुतलाकर कहते हैं। अर्थात् उलझी हुई चर्चा करते हैं। ये लोग एक ही अध्यात्मबोध एवं अध्यात्म साधना में जड़-चेतन, भोग-योग, पाप-पुण्य मिलाकर सबका निर्वाह कर लेते हैं। अर्थात् इनके यहां सब धान साढ़े बाइस पसेरी है। कोई निर्णय नहीं है।। 28 ।।

व्याख्या– संसार में ऐसे अधिकतम गुरु हैं जिनके हृदय में सत्य और असत्य का निर्णय नहीं हैं उन्हें वास्तविकता का बोध नहीं है। जिसके भीतर स्पष्ट बोध ही नहीं है, वह दूसरे को सही रास्ता कैसे बतायेगा। ऐसे गुरुओं को सद्गुरु ने 'तुतुरे' कहा है। इसका अर्थ होता है तुतलाने वाला। जो व्यक्ति तुतलाकर बोलता है, उसकी बात साफ नहीं रहती। किसी-किसी में जो स्वाभाविक ढंग से तुतलाहट रहती है, वह कोई शारीरिक कमी है। परन्तु यहां सद्गुरु उसे तुतलाने वाला कहते हैं जो अबोधग्रस्त होने से बात खुलासा नहीं कर पाता। जिसका हृदय ही भ्रम से पूर्ण है, वह बात साफ कैसे करेगा।

एक पूर्व परिचित संस्कृत भाषा के विद्वान पंडित मिलने आये। मैंने उनसे पूछा-'कुछ भजन-साधन चलता है?' उन्होंने कहा-'दूसरा तो कुछ है नहीं, सब एक ही ब्रह्मतत्त्व है। फिर किसका भजन-साधन करें! तत्त्व एक ही होने से ग्रहण-त्याग भी संभव नहीं। क्या छोड़े, क्या ग्रहण करें, जब अंतत: सब कुछ ब्रह्म ही है।'

मैंने कहा-'पंडित जी! आपके सामने पत्थर पड़े हैं, मनुष्य भी हैं। उधर टट्टी पड़ी है। इधर सब्जी का गट्टा रखा है। क्या ये सब अलग-अलग नहीं है? क्या टट्टी और रोटी में भेद नहीं है? क्या जड़ और चेतन एक ही हैं? क्या पत्नी, पुत्री और मां का भेद नहीं है?

भोग और त्याग में क्या अंतर नहीं है?'

पंडित जी ने कहा-'भेद अवश्य है। शास्त्रों में जड़ और चेतन को सर्वथा अलग-अलग भी कहा गया है। सांख्य, न्याय, वैशेषिक, योग, मीमांसा-ये सभी शास्त्र जड़ तथा चेतन को सर्वथा भिन्न बताते हैं।

मैंने कहा-'तो फिर आप अपने लिए तथा अपने श्रोताओं एवं शिष्यों के लिए क्या निर्णय कर रहे हैं?'

पंडित जी ने कहा-'महाराज! क्या मानूं क्या न मानूं,? सभी शास्त्रों के रचयिता आप्तपुरुष हैं। मैं कुछ निर्णय नहीं कर पाता हूँ। कभी किसी शास्त्र की बातें कह देता हूँ और कभी किसी शास्त्र की। जीवन में त्याग कठिन है। इसलिए वेदांत की बातें ज्यादा अच्छी लगती है।

वेदांत के ग्रन्थों में बताया है कि सत्ता केवल एक ब्रह्मा की है। उसके अलावा जगत, जीव, ईश्वर आदिक कुछ नहीं है। एक शुद्ध ब्रह्म की सत्ता होने से विषय-भोग भी ब्रह्म से अलग नहीं है। विषयों में सुख नहीं है। सुखस्वरूप केवल ब्रह्मा है। यदि विषय-भोग में सुख लगता है तो वह विषय का नहीं, ब्रह्म का है। अत: जीवन में जो कुछ भोग-त्याग है, सब ब्रह्म में ही रमण है। 'कृष्ण भोगी थे, शुकदेव त्यागी थे, जनक एवं श्रीराम राजा थे और वसिष्ठ कर्मकर्ता थे, परन्तु वे सब समान ज्ञानी थे।

कृष्णो भोगी शुक्रस्त्यागी नृपो जनकराघवौ।
वसिष्ठः कर्मकर्ता च ते सर्वे ज्ञानिनः समाः।।

यद्यपि दूसरे शास्त्रों में इसका खंडन है। जड़-चेतन सर्वथा भिन्न माना गया है। आत्मस्थिति के लिए सत्य, तप, सम्यक ज्ञान, नित्य का अखंड ब्रह्मचर्य तथा सभी दोषों का त्याग बताया गया है।

सत्येन लभ्यस्तपसा ह्येष आत्मा सम्यग्ज्ञानेन ब्रह्मचर्येण नित्यम्।
अन्त: शरीरे ज्योतिर्मयो हि शुभ्रो यं पश्यन्ति यतय: क्षीणदोषा:।। (मुण्डकोपनिषद् 3/1/5)

इसलिए मन में कुछ साफ निर्णय तो नहीं कर पाते, परन्तु जड़-चेतन तथा भोग-त्याग में अंतर न मानने से आधुनिक वेदांत सरल दिखता है।

एक भक्त मिले। मैंने उनसे पूछा-''कहो भाई! कुछ साधन-भजन चलता है?''

     कबीर संगति साधु की : एक विमर्श

उन्होंने कहा-‘‘हम क्या कर सकते हैं। प्रभु जो चाहता है, वही होता है। ‘बोले बिहंसि महेस पुनि, ज्ञानी मूढ़ न कोय। जेहि क्षण रघुपति जस करें, तेहि क्षण तइसन होय।’’ हम तो कठपुतली हैं, ईश्वर सूत्रधार है। वह जिधर चलाता है, उधर हमें चलना है।’’

मैंने कहा-‘‘तो संसार में पुण्य के साथ जितने डाके, हत्याएं, आगजनी, कालाबाजारी, व्यभिचार, मिलावटबाजी, घूसखोरी आदि अत्याचार होते हैं सब ईश्वर ही करवाता है? दरिद्रता, रोग, प्रिय-वियोग, अप्रिय-संयोग, नाना विपत्ति आदि जीवों के ऊपर हो आते हैं, सब ईश्वर ही उनके ऊपर ढाता है?’

भक्त जी ने कहा-‘‘कर्म प्रधान विश्व रचि राखा। जो जस करे सो तस फल चाखा।।’ जो जैसा करता है, वह वैसा पाता है।’’

मैंने कहा- ‘‘भक्त जी, अभी आप बता आये हैं कि जीव कठपुतली है। वह स्वतंत्र है ही नहीं कि कुछ कर सके, फिर उसे आप स्वतन्त्र कर्मकर्ता भी बता रहे हैं। यह घपलेबाजी की बातें क्यों?’’
भक्त जी ने कहा-‘‘देखिए महाराज! हम शास्त्र की किसी बात पर अविश्वास नहीं करते। जो कुछ लिखा है हमारे लिए सब सत्य है। अन्त में सत्य और असत्य क्या है? यह ईश्वर ही जाने।’’

उक्त सारी बातें या इन-जैसी अन्य बातें ‘तुतुरे’ एवं तुतलाने वालों की है। जब मन में कोई साफ नक्शा ही नहीं है, तो बाहर उसका स्पष्ट विवेचन भी कैसे किया जा सके। जड़-चेतन, ग्रहण-त्याग, विधि-निषेध हैं। भोगों से हटकर संयम द्वारा ही स्वरूपस्थिति मिल सकती है। जीव से कोई भगवान या शैतान अच्छे-बुरे कर्म करवाते नहीं हैं। जीव स्वयं अपनी समझ से जो चाहता है, वह करता है; और जैसे करता है, वैसे भरता है। ये निर्णय की बातें एकनिष्ठ होकर न वे मान सकते हैं और न कह सकते हैं। जो संदेह में तथा डांवाडोल है, उनका निर्णय साफ हो ही नहीं सकता।

इसलिए तुतलाने वाले, दुविधापूर्ण बात कहने वाले न स्वयं साफ हो सकते हैं, न दूसरों को साफ रास्ता बता सकते हैं। इसीलिए सद्गुरु ने ऐसे लोगों पर व्यंग्य करते हुए इस पद के अन्त में कहा ‘‘एकै खेत दूनों निर्बहई।’’ अर्थात् ऐसे भ्रामक गुरुजन एक अध्यात्म क्षेत्र में जड़-चेतन, भोग-त्याग दोनों को मिलाकर एक साथ दोनों का निर्वाह करते हैं। ज्ञान-भक्ति के नाम पर ऐसी जगह रास-भोग सब चलता है।

तुम्हारा लक्ष्य बाहर नहीं, भीतर है

'व'

ववा वह वह कहैं सब कोई। वह वह कै काज नहिं होई।।

वह तो कहै सुनै जो कोई। स्वर्ग पताल न देखै जोई।। 29।।

शब्दार्थ–स्वर्ग पताल =स्वर्ग-नरक, मोक्ष-बन्ध, सत्ता की समग्रता, वास्तविकता।

भावार्थ–व अक्षर के माध्यम से सद्गुरु उपदेश करते हैं कि वह –वह, वह-वह तो सब कहते हैं; अर्थात वह परमात्मा, वह ब्रह्म तो सब कहते हैं, परन्तु वह-वह कहने एवं परोक्ष में निर्देश करने से जिज्ञासु को न बोध होता है ओर न तृप्ति। परोक्ष बात कहने वालों की बातें वही सुनकर मान लेता है, जिसने वास्तविकता नहीं देखी है।।29।।

व्याख्या–व्याकरण के अनुसार तीन पुरुष होते हैं–मैं, तू तथा वह। मैं उत्तम पुरुष है, तू मध्यम पुरुष है और वह अन्य पुरुष है। धर्म तथा अध्यात्म के क्षेत्र में उत्तम पुरुष की चर्चा करने वाले कम हैं, अन्य पुरुष की ही चर्चा में अधिक लोग व्यस्त हैं। अधिकतम लोग यही कहते हैं कि वह परमात्मा है, वह ब्रह्म है, अथवा वहां परमात्मा है, वहां ब्रह्म है। अर्थात परमात्मा या ब्रह्म को लोग परोक्ष में डालकर चुप हो जाते हैं। परन्तु सद्गुरु कहते हैं कि परमात्मा एवं ब्रह्म को पराक्ष में, शून्य में, अपने से दूर किसी अदृश्य कल्पित स्थान में मानकर सच्चे जिज्ञासु की न जिज्ञासा मिटेगी और न उसे स्थायी संतोष होगा।

दृष्टि अन्य पुरुष 'वह' पर नहीं, उत्तम पुरुष 'मैं' पर होना चाहिए। 'मैं' से स्पष्ट और क्या हो सकता है? मेरा अपना चेतनस्वरूप, स्व-सत्ता ही परमात्मा है, परम-आत्मा, श्रेष्ठ-आत्मा, शुद्ध आत्मा है। जो सबको परखता है, वह पारखरूप मेरा है। पारख ही तो आत्मा राम है, 'अस्ति आत्मा राम है।' इस 'मैं-तत्त्व' स्व-स्वरूप की पहचान छोड़कर वह परमात्मा है, वह ब्रह्म है मानते तथा कहते हुए भटकना कहां की बुद्धिमानी है। इसमें कहां आत्मकल्याण है। अतएव सद्गुरु कहते हैं–''वह वह कहै काज नहिं होई।'' अत: 'वह' कहना छोड़कर 'मैं' को पहचानो।

''वह तो कहै सुने जो कोई। स्वर्ग पताल न देखै जोई।। यह और भी जोरदार वचन है। सद्गुरु कहते हैं कि जो लोग वह-वह कहते रहते हैं; अपने से पृथक अपना लक्ष्य, परमात्मा, राम, ब्रह्म एवं मोक्ष खोजते रहते हैं, वे अध्यात्म क्षेत्र में भोले हैं और ऐसे भोले लोगों की बातें सुनकर उन्हें वही

कबीर संगति साधु की : एक विमर्श

मानेगा, जो स्वयं भी भोला होगा। सद्गुरु कहते हैं कि परमात्मा या मोक्ष मुझसे अलग कहीं दूर है यह बात वही मानेगा जिसने स्वर्ग-पाताल नहीं देखा होगा। अर्थात जिसे सत्यता की समग्रता का, बन्ध-मोक्ष का एवं वास्तविकता का बोध नहीं होगा।

भोला आदमी ही परमात्मा एवं मोक्ष को अपने से अलग खोजता है। थोड़ी-सी बुद्धि से भी हम समझ सकते हैं कि बाहर से मिली हुई वस्तु एक दिन अवश्य छूट जाती है। यदि मेरा लक्ष्य एवं उद्देश्य बाहर है, यदि मेरे उद्देश्य से मेरी देश-काल की दूरी है, तो वह मेरा उद्देश्य ही नहीं है।

शांति तुमसे अभिन्न है

'श'

शशा सर नहिं देखे कोई। सर शीतलता एकै होई।

शशा कहै सुनहु रे भाई। शून्य समान चला जग जाई।। 30।।

शब्दार्थ- सर= शर, जल। शुद्ध शब्द 'शर' है। इसका अर्थ जल (बृहत् हिन्दी कोश) है।

भावार्थ- श अक्षर के माध्यम से सद्गुरु उपदेश करते हैं कि लोग जल को नहीं देखते कि जल और शीलता एक ही हैं, अर्थात जीव और जीव का लक्ष्य एक ही है। श अक्षर कहता है, हे भाई सुनो, संसार के लोग विवेक के बिना शून्य के समान चले जा रहे हैं।। 30।।

व्याख्या- शर और शीलता अर्थात जल और उसकी ठंडक एक ही है। जल से शीतलता हटायी नहीं जा सकती। यदि जल को गरम कर दें, तो भी मूल रूप में जल शीतल ही रहता है। इसीलिए गरम जल जब अग्नि पर डालते हैं, तब अग्नि बुझ जाती है। यदि जल गरम हो गया होता है तो वह अग्नि को कैसे बुझा पाता ? अतएव जिस जल को हम गरम कहते हैं वह गरम नहीं है, किन्तु उसमें मिले हुए अग्नि के कण गरम हैं और हमें लगता है कि जल गरम है। यहां जल का भौतिक एवं वैज्ञानिक विश्लेषण नहीं करना है। यहां तो इतना ही उदाहरण पेश करना है कि कहीं जल शीतल रखा हो, तो हम देखते हैं कि जल और शीतलता एक है। इसी प्रकार जीव और जीव का लक्ष्य परम शांति एवं मोक्ष एक ही है।

जीव केवल दुख की सर्वथा निवृत्ति चाहता है। दुख न रहने पर दुखहीन दशा को शांति या परमानंद दशा भी कह सकते हैं। इसी को कोई ईश्वर की प्राप्ति, ब्रह्म की प्राप्ति भी कह सकता है। जीव से पृथक ईश्वर-ब्रह्म तो कुछ ऐसी वस्तु नहीं जो अलग से मिलती हो। जिसके मन में जिस शब्द से संतोष होता हो, उस शब्द का प्रयोग करके संतोष कर ले। तथ्य इतना ही है कि मन विषयों से मुक्त होने पर निर्मल होता है। निर्मल मन चंचलता छोड़कर एकाग्र होता है। एकाग्र मन में अपने चेतनस्वरूप का बोध होकर स्वरूपस्थिति एवं आत्मस्थिति होती है। यही सर्वोच्च गंतव्य है। इसके आगे न रास्ता है और न गंतव्य।

जैसे जल से शीतलता अलग नहीं, वैसे जीव से उसका लक्ष्य, उसका मोक्षपद अलग नहीं। जीव की ही निर्मल दशा ब्रह्मत्व, परमात्मत्व, शिवत्व, मोक्ष एवं पारखस्थिति है।

जल में अग्नि के कण बाहर से मिल जाने से जल गरम प्रतीत होता है। उसे शीतल बनाने के लिए कुछ उसमें डालना नहीं है, किन्तु केवल जल में से अग्नि-कण निकल जाने दीजिए, फिर जल अपने आप शीतल रह जायेगा; क्योंकि उसका स्वरूप ही शीतल है। इसी प्रकार जीव के साथ जो कामादि विकार लगे हैं, वे जीव के स्वरूप नहीं हैं। वे बाहर से लग गये हैं। साधक का काम है कि वह विकारों को निकल जाने दे। उन्हें बुलाये नहीं। उनका स्वागत न करें। उनसे अपना मन-समेट ले जब विकार सर्वथा निकल जायेंगे, तब जीव स्वयं मुक्तरूप रह जायेगा। शर तथा शीतलता तो एक ही है। जीव ओर परमशांति-दशा एक ही है। जल को शीतलता पाना नहीं है। श्री तुलसीदास जी ने भी अपनी सतसई रचना में लिखा है ''जल कहं परम पियास।'' आश्चर्य है जल ही बहुत प्यासा हो गया। मूलक तृप्तरूप जीव भूलवश अतृप्त बन गया।

सद्गुरु कहते हैं ''शून्य समान चला जग जाई।'' अर्थात अपने मूल स्वरूप को न पहचानकर शून्य में सिर मारते-मारते संसार के लोग धोखे में जन्म खो रहे हैं। परम सुखस्वरूप अपनी अपरोक्ष आत्मा की स्थिति छोड़कर, प्रत्यक्ष विषयों एवं परोक्ष कल्पनाओं में भटक रहे हैं।

आग्रह-रति विनम्र बनो

'ष'

षषा खरा करे सब कोई। खर खर करे काज नहिं होई।।
षषा कहै सुनहु रे भाई। राम नाम ले जाहु पराई।।31।।

शब्दार्थ- खरा-तेज, साफ-साफ, सत्य। खरखर-तेज, कड़ा, गरम गरम। पराई-दूसरे की, भाग जाना, यहां अर्थ है भाग जाना, त्याग करना।

भावार्थ- ष अक्षर के माध्यम से सद्गुरु उपदेश करते हैं कि सभी मतवादी अपने विचार, मान्यता एवं सिद्धान्त को खरा एवं सत्य समझते हैं; और उनको लेकर दूसरों से गरम-गरम बातें करते हैं। परन्तु खरखर-भरभर करने से न अपना कल्याण हो सकता है न दूसरे का। ष अक्षर कहता है कि हे भाई! तुम राम का नाम लो, कोई बात नहीं, किन्तु विषय-वासनाओं का त्याग करो।।31।।

व्याख्या- मनुष्य का स्वभाव है कि वह अपनी मान्यताओं, विचारों एवं सिद्धान्त को सत्य मानता है। सद्गुरु कहते हैं 'खरा करे सब कोई।' अर्थात सभी लोग अपने विचारों को खरा कहते हैं और उसको लेकर दूसरों से झगड़ते हैं। अल्पज्ञ आदमी जब किसी बात को मत एवं सिद्धान्त के रूप में मान लेता है, तब उसके ख्याल से सारा सत्य उसके मत के ही भीतर सिमट जाता है। वह यह समझने की चेष्टा नहीं करता कि दूसरे के मत एवं सिद्धान्त में भी कुछ सार-सत्य हो सकता है। अतएव ऐसे आदमी अपने मत एवं सिद्धान्त के भूत बन जाते हैं। वे मानते और कहते हैं कि संसार में परम सत्य केवल हमारा ही मत है और इस बात को लेकर वे जा-बेजा खरखर-भरभर करते रहते हैं। सद्गुरु कहते हैं कि इस प्रकार मताग्रही बनकर न अपना कल्याण हो सकता है और न दूसरे का।

जो आदमी जितना अधिक समझता जाता है, वह उतना विनम्र होता जाता है। उसको सबके मतों में सत्य के अंश दिखाई देते हैं। वह किसी के निर्णय को सुनकर अपने मत की भी परीक्षा करता है।

जो आदमी जितना अधिक समझता है, उसकी बोली उतनी ही धीमी होती जाती है। अल्पज्ञ ही ताल ठोककर बातें करता तथा दूसरे मत वालों को ललकारता है।

प्रश्न उठ सकता है कि कबीर साहेब ने भी तो अन्य मतावलम्बियों को ललकारा है। प्रश्न सच है। परन्तु कबीर साहेब की स्थिति बहुत भिन्न है। पूर्ण पुरुषों को भी कभी-कभी हठ और अहंकार से उन्मादित लोगों को रास्ते पर लाने के लिए उन्हें ललकारना पड़ता है। कबीर साहेब को यह विधा बहुत अपनानी पड़ी। उन्हें संसार को जड़ता से जगाने के लिए बहुत झकझोरना पड़ा। परन्तु वे जिज्ञासुओं के सामने विनम्र थे। कबीर-जैसे संत शिरोमणि की भाषा कितनी विनय है-''कहहिं कबीर जो अबकी बूझै, सोई गुरु हम चेला।''

''राम नाम ले जाहु पराई।'' लगता है जैसे कुछ ऐसे लोग कबीर साहेब के सामने उपस्थित हों, जो सदाचार और त्याग के बिना केवल राम-नाम जप से कल्याण प्राप्ति का व्याख्यान देते रहे हों और वे इसमें अपनीअधिक भावुकता प्रदर्शित करते रहे हों। सद्गुरु ऐसे लोगों को लक्ष्य करके मानो कहते हों कि ठीक है भाई! राम-नाम लो, परन्तु केवल इतने से काम नहीं चलेगा। 'जाहु पराई'-भाग जाओ संसार से, तब कल्याण होगा। इसका अभिप्राय इतना ही है कि विषय-विकारों का त्याग करो, तब कल्याण होगा। यहां केवल राम-नाम जप से ही अभिप्राय नहीं समझना चाहिए; किन्तु कोई भी पवित्र माना हुआ नाम हो, केवल उसके जपने से कल्याण मान लेना भोलापन है। स्वरूपज्ञान चाहिए एवं मनोनिग्रहपूर्वक स्वरूपस्थिति चाहिए। तभी कल्याण है।

अज्ञान और मोह से ऊपर उठो

'स'

ससा सरा रचो बरियाई सर बेधे सब लोग तवाई।

ससा के घर सुन गुण होई। इतनी बात न जाने कोई।।32।।

शब्दार्थ- सरा-चिता। बरियाई-बलात्, हठपूर्वक। सर=बाण। तवाई=ताप से व्याकुल, मूर्च्छित।

भावार्थ- स अक्षर के माध्यम से सद्गुरु उपदेश करते हैं कि लोग हठपूर्वक आत्मदाह करने के लिए अज्ञान की चिता बनाते हैं। और मोह के बाण से विंधकर सब मूर्च्छित हैं। परन्तु लोग इतनी-सी बात नहीं जानते कि इन सबका परिणाम धोखा खाना है।।32।।

व्याख्या- अज्ञान ही वह चिता है जिसमें मनुष्य अपने आप का दाह करता है। अपने से ही पैदा हुआ अज्ञान अपने आप का विध्वंस करता है। सारे दुखों की जड़ अज्ञान है। लोग हठपूर्वक अपने आपको अज्ञान की आग में झोंकते हैं।

कितने ऐसे लोग होते हैं जो किसी समझदार के समझाने पर भी नहीं समझते। उन्हें अपने मन का रास्ता अच्छा लगता है। विनयी अंत:करण हुए बिना सत्यासत्य समझा नहीं जा सकता। जब मन में पूर्ण विनम्रता आ जाती है, तब बहुत बातें तो अपने आप समझ में आ जाती हैं; और जो स्वत: नहीं समझ में आती, वे दूसरों द्वारा समझ ली जाती है। उन मनुष्यों एवं साधकों का बहुत बड़ा दुर्भाग्य होता है, जो अहंकारी एवं हठी होते हैं। वे अपने हठ में पड़कर अपने विवेक की तो अवहेलना करते ही हैं, गुरुजनों की भी कर देते हैं। इसलिए उनके सुधार का रास्ता बंद हो जाता है। ऐसे लोगों के मन में सांसारिक प्रलोभन तथा बुद्धि का गर्व होता है और इन दोनों का मूल अज्ञान है।

''सर बेधे सब लोग तवाई'' अर्थात मोह के बाण से बिधकर सब लोग मूर्च्छित हैं। मोह ऐसा बाण है जिसके लगने पर मनुष्य को अपने आपा का ध्यान नहीं रह जाता। मोह मनुष्य को मूढ़ बनाता है। सीता के सौन्दर्य के मोह में पड़कर ही रावण जैसे विद्वान और प्रतापी पुरुष ने अपना सर्वनाश किया था। संयोगिता के मोह में पड़कर दिल्ली नरेश पृथ्वीराज चौहान ने अपना पतन किया था। सिंहल द्वीप की रानियों के मोह में फंसकर मछंदरनाथ ने अपना वैराग्य खोया था। मोह से ग्रस्त होकर आदमी ऐसे-ऐसे कुकर्म कर डालता है जिसके परिणाम में उसे समाज में कलंकित एवं लज्जित तथा अन्तरात्मा से मलिन होना पड़ता है।

कितने साधक तथा साधिकाएं विरोधी आलंबन अर्थात किसी स्त्री या पुरुष के संपर्क में बराबर आते-आते जब मोहग्रस्त हो जाते हैं, तब वे

अपनी   साधना को छोड़ बैठते हैं। मोह बर्फ का गोला है, जो मन में बैठते ही उसे सुप्त कर देता है। अतएव मन में मोह उत्पन्न करने वाले कुसंग का सर्वथा त्याग करना चाहिए।

अज्ञान और मोक्ष के घर में शून्य गुण है। अर्थात अज्ञान तथा मोह में पड़कर जीव को खाली हाथ ही संसार में लौटना पड़ता है। वह जिसे अपना बहुत बड़ा धन एवं मित्र मानता है, उसका वियोग हो जाता है। इसलिए उसे अन्त में   धोखा खाना पड़ता है।

जीवन की सफलता तो अज्ञान एवं मोह से बचकर स्वरूपज्ञान एवं आत्मज्ञान में है। जो व्यक्ति अपने आपको पा गया वह धन्य हो गया है।

तृष्णा का प्राबल्य

'ह'

हहा हाय हाय में सब जग जाई। हर्ष सोग सब माहि समाई।

हँकरि हँकरि सब बड़ बड़ गयऊ। हाहा मर्म न काहू पयऊ।।33।।

शब्दार्थ- हाय हाय =तृष्णा, दुख। हँकरि हँकरि= हाय हाय करके। हाहा मर्म=तृष्णा और दुख का भेद।

भावार्थ- ह अक्षर के माध्यम ये सद्गुरु उपदेश करते हैं कि तृष्णा और दुख में हाय-हाय करते हुए संसार के सारे लोग जा रहे हैं। सभी में संसार के हर्ष तथा शोक समाये हुए हैं। सब बड़े-बड़े कहलाने वाले लोग हाय हाय करके मर गये और मरे जा रहे हैं; किन्तु वे अपनी पीड़ा का भेद नहीं जान पाये, न जान पाते हैं।

व्याख्या- ''हहा हाय हाय में सब जग जाई।'' परम सत्य वचन है। सारा संसार हाय धन, हाय जमीन, हाय मकान, हाय मिनिस्ट्री, हाय राज, हाय पत्नी, हाय पति, हाय पुत्र, हाय मान-बड़ाई, हाय महंती, हाय सम्मान आदि करते-करते मर रहा है।

तृष्णा दुखों की जननी है। किसी इंद्रिय से जब उसके विषय से संयोग होता है, तब उसमें आसक्ति बनती है। जिसमें आसक्ति हो जाती है उसका पुन: उपभोग किया जाता है। फिर उसकी तृष्णा बन जाती है। जिन

     कबीर संगति साधु की : एक विमर्श

विषयों में तृष्णा बन जाती है, उनका चाहे जितना उपभोग किया जाये, कभी संतोष नहीं होता। हर भोग में तृष्णा अपना स्थान बनाती है। घर की तृष्णा, जमीन की तृष्णा, रुपये की तृष्णा, काम-भोग की तृष्णा, पुत्रों की तृष्णा, शिष्यों की तृष्णा, मान-सम्मान की तृष्णा, खाने की तृष्णा, करने की तृष्णा कहां तक गिनाया जाये, तृष्णा का राज्य विशाल है। इन तृष्णाओं में आदमी जीवनभर दौड़ते-दौड़ते हाय-हाय करते-करते मरते हैं।

''हर्ष सोग सब माहिं समाई।।'' मायिक पदार्थों की उपलब्धि में जो हर्ष मानेगा, वह शोक का शिकार तो होगा ही। हर्ष और शोक में डूबे हुए आदमी के जीवन में शांति कहां है? जिसकी वृत्ति पदार्थ-पार होती है, वही हर्ष और शोक से पार होता है। ज्ञानी पुरुष सब कुछ को क्षणभंगुर, नाशवान एवं स्वप्नवत समझकर हर्ष-शोक से पार होता है। साधारण इंसान को भी चाहिए कि वह अपने को यथासंभव हर्ष और शोक से बचाने का प्रयत्न करे। यह विवेक रखना चाहिए कि हर प्रयत्न रखने पर भी अन्त में जो कुछ उत्थान-पतन होना होता है वह तो होता ही है, फिर उसके लिए बहुत भावुक बनकर हर्ष-शोक क्यों किया जाये!

"हँकरि हँकरि सब बड़ बड़ गयऊ।'' कितना मार्मिक वचन है। बड़े विद्वान, बड़े धनी, बड़े पूज्य-प्रसिद्ध, बड़े-बड़े नामी-ग्रामी हाय-हाय करके चले गये। उनको अपने जीवन में पूर्ण संतोष नहीं मिला। क्षोभ, शिकायत, कलह और आग्रह करना असंतोष के लक्षण हैं। जो पूर्ण तृप्त होता है उसके जीवन में शिकायत नाम की चीज नहीं होता।

''हाहा मर्म न काहू पयऊ।'' लोग यह नहीं समझ पाते कि हम हाय-हाय क्यों कर रहे हैं! जिसकी जीवन की मूल भौतिक आवश्यकता रोटी-कपड़े न मिलते हों, वह रोता-पीटता हो, तो बात समझ में आती है। परन्तु जो पेटभर खाकर, तनभर कपड़े पहनकर भी मानसिक पीड़ा में पीड़ित रहता है उसे क्या समझा जाये। वस्तुत: अज्ञान और तृष्णा जब तक नहीं जाती तब तक अरबपति, खरबपति ही नहीं, विश्वपति भी संतुष्ट नहीं हो सकता। सच है–

तन की भूख तनिक है, तृप्त पाव या सेर।

मन की भूख अथाह है, तृप्त न पाय सुमेर।

(विवेक प्रकाश)

अज्ञान और तृष्णा में पड़े संसार के लोगों की यही दशा है।

जीवन को क्षणभंगुर समझकर पहले ही सावधान हो जाओ

'क्ष'

क्षक्ष क्षिनमे परलय सब मिटि जाई। छेवपरे तब को समुझाई।

छेवपरे काहु अन्त न पाया। कहहि कबीर अगमन गोहराया।।34।।

शब्दार्थ- छेव=वार, घाव, चोट। अगमन=आगे से, पहले ही।गोहराया=पुकारा, समझाया।

भावार्थ- क्ष अक्षर के माध्यम से सद्गुरु उपदेश करते हैं कि मौत आकर तुम्हारा क्षण में ही प्रलय कर देगी;और शरीर के जाते ही तुम्हारा अपना माना हुआ सब कुछ समाप्त हो जायेगा। जब मौत की चोट तुम्हारे ऊपर पड़ेगी और तुम संसार से विदा होने लगोगे, तब तुम्हें कौन सत्य समझा सकेगा। जिस व्यक्ति ने जीवन में वासना-बंधनों का अंत नहीं कर पाया, वह मरने पर उसका अन्त कैसे कर सकता है। कबीर साहेब कहते हैं कि इसलिए मैं पहले ही तुम्हें सावधान होने के लिए पुकार कर कहते जा रहा हूँ।।34।।

व्याख्या-''क्षिन में परलय सब मिटि जाई।'' संसार का परम सत्य विधान है। जो शारीरिक जीवन परम सत्य लगता है, वही मौत के आते ही परम असत्य हो जाता है। श्रद्धेय पिता, माता, गुरु, विद्वान, पूज्य, महाराजा, प्यारा पुत्र, प्यारा मित्र, प्रिय पत्नी, प्रिय पुत्री के शरीर में से जीव निकलते ही लोग कहने लगते हैं कि हंसा तो चला गया, अब मिट्टी पड़ी है। इसका तो जल्दी से क्रिया-कर्म कर देना चाहिए। हम ब्यामोहवश संसार के प्राणी पदार्थों को अपना मानकर उनकी ममता किये बैठे रहते हैं। उनके अहंकार में हम इतराते रहते हैं। परन्तु श्वास निकलते ही अपना क्या रह जाता है। और कभी भी श्वास निकल सकता है। ऐसे क्षणिक जीवन का अहंकार कैसा। ऐसे स्वप्न में मिले प्राणी-पदार्थों का ग़रूर क्यों। इन

कबीर संगति साधु की : एक विमर्श

विरानी चीजों के लिए हिंसा-हत्या, लूट, खसोट क्यों !

''छेव परे तब को समुझाई। जब मौत का कुल्हाड़ा हम पर पड़ेगा, तब हमें कौन सत्य समझा सकेगा! संसार में बड़े-बड़े धोखे हैं। कितने लोग जीवनभर कभी सत्संग में नहीं बैठते। वे कोई धार्मिक एवं आध्यात्मिक पुस्तक नहीं पढ़ते। उनको कभी ज्ञान की चर्चा अच्छी ही नहीं लगती। परन्तु मर जाने पर उनके परिवार वाले पुरोहित बुलाकर उनके कान में मन्त्र दिलाते हैं। जब तक सुनने वाला था, उसने ज्ञान की बातों को सुनने की इच्छा ही नहीं की। अब जब सुनने वाला नहीं रहा, तब कान में मन्त्र फूंकने से क्या फायदा।

जब तक इंद्रियाँ सबल हैं, अंग सुदृढ़ हैं, रोग दूर है, बुढ़ापा नहीं आया है, तब तक ही अपने कल्याण-साधन का प्रयत्न कर लेना चाहिए। मौत तो किसी भी अवस्था में आ सकती है। जब माता के गर्भ में ही जीव का शरीर घुटने लगता है, तब किस अवस्था का विश्वास किया जाये कि इसमें मौत नहीं आयेगी। अत: हमें वर्तमान में ही सावधान हो जाना चाहिए।

वासना का अन्त कर देना जीवन को स्वर्गमय, सुखमय, आनन्दमय एवं मुक्त बनाना है। जीवन में ही उपासना, भक्ति, विवेक, वैराग्यादि साधनों से वासना का त्याग किया जा सकता है। वासना से पूरे जीवन सारे आग्रहों से रहित हो जाता है। जिसने सभी वासनाओं का त्याग कर दिया, उसके जीवन में कहीं भी मानसिक पीड़ा एवं टीस नहीं रह जाती। वासना से सर्वथा छुटा हुआ जीवन 'आनन्द समुद्र के लहरि अगाध', 'बसे आनन्द अटारी', 'आनन्द सिंधु अहंतातीता' एवं 'सो जन सदा अनन्दा' होता है।

हर मानव के जीवन में यही प्रबल इच्छा रहती है कि हम सदैव आनंदित रहें, पूर्ण सुखी रहें। परन्तु जो सुख एवं आनन्द एकरस, निरन्तर तथा स्थायी हो, वह विषयों के संयोग में नहीं है। विषयों के संयोग से उत्पन्न होने वाले सारे सुख क्षणिक हैं। इसमें राग बनकर पीछे केवल दुख होता है। स्थायी सुख एवं आनन्द विषयों से रहित होने में है। जब हमारे मन में विषयों की वासनाएं सर्वथा निकल

जाती हैं, तब हम अनन्त सुख का सागर पा जाते हैं।

सद्गुरु कहते हैं ''छेव परे काहु अन्त न पाया।'' मौत हो जाने के बाद वासनाओं के अन्त होने की बात ही नहीं उठती। शरीरांत के बाद तो जीव वासनाओं के वशीभूत होकर पुन: भटकता है। वासनाओं का अन्त तो जीवनकाल में ही संभव है। इसलिए सद्गुरु कहते हैं 'कहहिं कबीर अगमन गोहराया।।'' मैं पहले ही सावधान करता हूँ। यदि परम सुख के धाम में पहुँचना चाहते हो, तो वासनाओं का त्याग करो। इसके अलावा कोई रास्ता नहीं है, अनन्त सुख का।

(बीजक से साभार)

●

 कबीर संगति साधु की : एक विमर्श

2

साखी

गुरुदेव महिमा

सन्त कबीर साहब 'ज्ञानाश्रयी शाखा' के प्रतिनिधि कवि थे। वे ज्ञान को परमेश्वर और मुक्ति प्राप्ति का प्रमुख साधन मानते थे। उन्होंने अपने काव्य में ज्ञान को सबसे अधिक महत्वपूर्ण स्थान दिया। ज्ञान का स्रोत गुरु होता है। अत: उन्होंने गुरु को सर्वोच्च माना। गुरु अपने शिष्य को ज्ञान का प्रकाश प्रदान करता है और अन्धकाररूपी अज्ञान को मिटाता भी है। 'साखी' में सर्वप्रथम गुरु का   ध्यान किया गया है। गुरु की अनन्त विशेषताओं का वर्णन करते हुए कबीर साहब ने गुरु-महिमा का बखान किया है। वे कहते हैं कि गुरु ही शिष्य में साखी-भाव का विकास करता है। साखी-भाव से 'परख' या परखने (परीक्षण) की शक्ति उत्पन्न होती है। परब्रह्म या परमात्मा का ज्ञान होने पर शिष्य अनन्त साक्षात्कार करता है। उनका कहना है कि ज्ञान से विवेक व तर्क जन्म लेता है। विवेक व तर्क की क्षमता से शिष्य सत्-असत् में अन्तर करने में समर्थ होता है। 'साखी' के चुनिन्दा दोहे अर्थ सहित प्रस्तुत हैं –

गुरु को कीजै दण्डवत् कोटि - कोटि परनाम।

कीट न जानै भृंग को, गुरु करिले आप समान।।   (1)

अर्थ – सन्त कबीर साहब का कथन है कि गुरु को सहस्र बार प्रणाम करना चाहिए, क्योंकि गुरु अपने शिष्य को अपने समान बना लेते हैं। उदाहरणार्थ भृंगी को कीड़ा नहीं पहचानता है, किन्तु कीड़े को भृंगी अपने वश में करके अपना शब्द सुनाती है और अपने जैसा बना लेती है। इसी प्रकार गुरु शिष्य को ज्ञान देकर अपने जैसा बना लेते हैं। ऐसे सद्गुरु को कोटि-कोटि प्रणाम है।

गुरु की आज्ञा आवई, गुरु की आज्ञा जाय।

कहैं कबीर सो सन्त हैं, आवागमन नसाय।।   (2)

अर्थ – कबीर साहब कहते हैं कि वे ही सन्त हैं, जो गुरु की आज्ञा का पालन करते हैं। वे जन्म–मृत्यु के बंधन से मुक्त हो जाते हैं, क्योंकि गुरु की आज्ञा का सबसे ऊँचा स्थान है।

दण्डवत गोविन्द गुरु, बन्दौ अब जन सोय।

पहिले भये प्रनाम तिन, नमो जु आगे होय।।   (3)

अर्थ – सर्वप्रथम परमेश्वर तत्पश्चात गुरु के श्रीचरणों में वन्दना करता हूँ। वर्तमान में जो सन्तजन हैं, जो भूतकाल में थे तथा जो भविष्यत् काल में होंगे, उन सभी को निष्ठापूर्वक प्रणाम करता हूँ।

गुरु गोविन्द दोऊ खड़े, किसके लागौं पाँय।

बलिहारी गुरु आपने, गोविन्द दियो बताय।।   (4)

अर्थ – गुरु और ईश्वर दोनों सामने हैं, समझ में नहीं आता कि किसको प्रणाम करूँ। इस दुविधा की स्थिति में गुरुदेव ने कृपा करके ईश्वर को प्रणाम करने का आदेश दिया। इस सन्देह की स्थिति से उबारने में गुरुदेव ने मेरा मार्गदर्शन किया। ऐसे महान सद्गुरु के श्रीचरणों में अपना सब कुछ निछावर करता हूँ।

गुरु पारस को अन्तरो, जानत हैं सब सन्त।

वह लोहा कंचन करै, ये करि लेय महन्त।।   (5)

अर्थ– सन्तों को ज्ञात है कि गुरु पारस से भी श्रेष्ठ है। पारस तो लोहे को सिर्फ सोना बनाकर छोड़ देता है, किन्तु गुरु अज्ञान से भरे लोगों को ज्ञानरूपी प्रकाश से भरकर अपने समान बना लेते हैं। अतः गुरु की महिमा अवर्णनीय है।

गुरु धोबी शिष कापड़ा, साबुन सिरजनहार।

सुरति सिला पर धोइये, निकसै जोति अपार।।   (6)

अर्थ – गुरु धोबी के समान है और शिष्य कपड़े के समान है। साबुन परमेश्वर के समान है। जब शिष्यरूपी वस्त्र को गुरु, साबुनरूपी ईश्वर के

चिन्तन से सुरति(ध्यान) शिला पर धो देते हैं तब उसको अपार ज्ञान प्राप्त हो जाता है।

गुरु समान दाता नहीं, याचक सीष समान।
तीन लोक की सम्पदा, सो गुरु दीन्हीं जान।।   (7)

अर्थ – समस्त संसार में गुरु जैसा दाता नहीं, इसी प्रकार शिष्य के समान याचक नहीं। गुरु द्वारा शिष्य को आत्मज्ञान प्रदान किया जाता है, जो तीनों लोकों में सबसे अधिक मूल्यवान है। इसीलिए गुरु के समान अन्य कोई दानी नहीं है।

गुरु को सिर पर राखिये, चलिये आज्ञा माँहि।
कहैं कबीर ता दास को, तीन लोक भय नाहिं।।   (8)

अर्थ– कबीर साहब का कथन है कि गुरु की आज्ञा को सदैव सर्वोपरि मानना चाहिए, जो शिष्य गुरु की आज्ञा को सर्वोच्च मानकर उसका पालन करते हैं, उसको तीनों लोकों में कोई भय नहीं रहता।

गुरु कुम्हार सिष कुंभ है, गढ़ि-गढ़ि काढ़ै खोट।
अन्तर हाथ सहार दे, बाहिर मारै चोट।।   (9)

अर्थ – सन्त कबीर का कथन है कि गुरु कुम्हार और शिष्य घड़े के समान हैं। जिस प्रकार कुम्हार घड़े का निर्माण करते समय भीतर से हाथ का सहारा देता है, और ऊपर थपकी (चोट) मार उसे रूप प्रदान करता है, इसी प्रकार गुरु अन्तर्मन से दयाभाव रखते हुए ऊपर से डाँट-फटकार रूपी चोट मारकर शिष्य को दुर्गुणों को दूर करता है तथा सुसंस्कारित, सुशिक्षित और अनुशासित बनाते हैं।

गुरु बिन ज्ञान न ऊपजै, गुरु बिन मिलै न भेव।
गुरु बिन संशय ना मिटै, जय जय जय गुरुदेव।। (10)

अर्थ– गुरु के बिना न तो ज्ञान मिलता है और न ही आत्मज्ञान का भेद समझ में आता है। गुरु के बिना संशय भी दूर नहीं होता। इन कारणों से गुरु की महिमा अनन्त है। गुरु की महिमा की सदा जय-जय करनी चाहिए।

गुरु नारायन रूप हैं, गुरु ज्ञान को घाट।
सतगुरु वचन प्रताप सों, मन के मिटैं उचाट।।   (11)

साखी

अर्थ– गुरु परमात्मा का ही रूप है, क्योंकि गुरु से ही आत्मज्ञान की प्राप्ति होती है। सद्गुरु की शिक्षा से समस्त भ्रम दूर हो जाते हैं। अशान्त मन गुरु के प्रभाव से शान्त हो जाता है।

गुरुसेवा जन बन्दगी, हरि सुमिरन बैराग।
ये चारों तबहीं मिले, पूरन होवै भाग।।   (12)

अर्थ– पूर्व जन्म के अच्छे कर्म होने से ही गुरु सेवा, सन्त सेवा, हरि सुमिरण तथा वैराग्य के अवसर मिलते हैं। तात्पर्य ये है कि पूर्वजन्म के कर्म के अनुसार ही वर्तमान जन्म में सद्गुण प्राप्त होते हैं।

कबीर ते नर अंध हैं, गुरु को कहते और।
हरि के रूठे ठौर हैं, गुरु रूठे नहिं ठौर।।   (13)

अर्थ– सन्त कबीर कहते हैं कि वे मनुष्य अन्धे के समान हैं, जो गुरु और ईश्वर को अलग मानते हैं। ईश्वर के रुष्ट होने पर सद्गुरु के चरणों में शरण मिल जाती है, किन्तु सद्गुरु के रूठने पर ईश्वर के पास शरण नहीं मिलती।

गुरु शरणागत छाँड़िके, करै भरोसा और।
सुख संपत की कह चली, नहीं नरक में ठौर।। (14)

अर्थ– जो व्यक्ति गुरु की शरण को छोड़कर किसी अन्य प्रकार की सुख-सम्पदा की अभिलाषा करता है, उस व्यक्ति को सुख-सम्पदा की प्राप्ति को कौन कहे, नरक में भी स्थान नहीं मिलता है।

ज्ञान प्रकाशी गुरु मिला, सो जनि बिसरौ जाय।
जब गोविन्द किरपा करी, तब गुरु मिलिया आय।। (15)

अर्थ– जब व्यक्ति को ऐसा गुरु मिल जाये, जो मन में ज्ञान का प्रकाश भर दे, तो ऐसे गुरु को कभी भूलना नहीं चाहिए। सच्चा गुरु तभी मिलता है जब ईश्वर की महती कृपा होती है।

कबीर गुरु के गम कहा, भेद दिया अरथाय।
सुरति कंबल के अन्तरे, निराधार पद पाय।।   (16)

अर्थ– कबीर साहब कहते हैं कि गुरु आत्मज्ञानी हैं, उन्होंने सरल विधि से आत्मज्ञान को बताया है। जो निराकार है, उसे अपने हृदयरूपी कमल में

कबीर संगति साधु की : एक विमर्श

खोजो तो सुरति के द्वारा उसकी प्राप्ति संभव है।

रामनाम के पटतरै, देवै को कछु नाहिं।

क्या ले गुरु सन्तोषिए, हौंस रही मन माहिं।।   (17)

अर्थ- गुरु ने राम-नाम का ज्ञान शिष्य को दिया, लेकिन शिष्य के पास राम नाम के समान कोई वस्तु ही नहीं, जिसे वह गुरु के द्वारा दिये इस अलौकिक ज्ञान के बदले दे सके। वह गुरु को क्या देकर प्रसन्न करे ? उसके मन में यह उत्कट अभिलाषा शेष रह गई कि वह गुरु को कुछ देकर प्रसन्न कर सके।

भली भई जो गुरु मिले, नातर होती हानि।

दीपक जोति पतंग ज्यों, पड़ता आप निदान।।   (18)

अर्थ- ईश्वर की कृपा हुई तो गुरु के दर्शन हुए। यदि गुरु न मिलते तो बहुत हानि होती और ज्ञान का प्रकाश नहीं प्राप्त होता। जिस प्रकार दीपक की लौ में पतंगा जलकर मर जाता है, उसी प्रकार तिमिर रूपी संसार में मृत्यु को प्राप्त होना पड़ता, किन्तु प्रभु की कृपा से सद्गुरु ने बचा लिया।

बलिहारी गुरु आपकी, घरी - घरी सौ बार।

मानुष ते देवता किया, करत न लागी बार।।   (19)

अर्थ- सद्गुरु आप धन्य हैं, आपको बार-बार प्रणाम है, क्योंकि शरण में आते ही आपने बिना बिलम्ब किए दिव्य ज्ञान से युक्त देवता बना दिया। ऐसा करने में अधिक समय भी नहीं लगा। आपके स्पर्श मात्र से ही मैं दिव्य ज्ञान वाला हो गया।

हरि रूठे गति एक है, गुरु सरणागत जाय।

गुरु रूठे एकौ नहीं, हरि नहिं करै सहाय।।   (20)

अर्थ- ईश्वर के रूठने पर गुरु की शरण मिल जाती है, किन्तु गुरु के रूठने पर ईश्वर सहायता नहीं करते।

तन-मन ताको दीजिये, जाको विषया नाहिं।

आपा सब ही डारि के, राखै साहिब मांहि।।   (21)

अर्थ- अपना तन, मन तथा धन उसी सद्गुरु को समर्पित करना चाहिए,

जिसको किसी प्रकार का लोभ न हो, यानी जो सभी प्रकार के भोग-विलास से विरत हो और जिसने अपना सर्वस्व परमात्मा में समाविष्ट कर लिया हो।

सब धरती कागद करूँ, लिखनी सब बनराय।

सात समुद्र की मसि करूँ, गुरु गुन लिखा न जाय।। (22)

अर्थ- यदि सम्पूर्ण धरती को कागज का रूप दे दिया जाय, सारे जंगलों को कलम बना दिया जाय तथा सातों समुद्रों की स्याही बना दी जाय और सारा जीवन गुरु के गुणों को लिखा जाय तो भी सद्गुरु के गुणों का वर्णन करना संभव नहीं है।

जल परमानै माछली, कुल परमानै सुद्धि।

जाको जैसा गुरु मिला, ताको तैसी बुद्धि।।   (23)

अर्थ- जल की मात्रा के अनुसार ही तालाब और समुद्र में मछलियाँ रहती हैं। इसी प्रकार परिवार के आचरण के अनुसार ही व्यक्ति का अच्छ या बुरा आचरण बनता है, उसी प्रकार विद्वान गुरु के मिलने पर सद्बुद्धि प्राप्त होती है, इसीलिये गुरु का चयन सोच-विचार कर करना चाहिए।

बूड़ा था पर ऊबरा, गुरु की लहरी चमक्क।

बेड़ा देखा झाँझरा, उतरी भया फरक्क।।   (24)

अर्थ- इस सांसारिक मोह-माया के सागर में मैं डूब रहा था, परन्तु सद्गुरु की कृपा से बच गया, क्योंकि मैंने समझ लिया कि संसाररूपी जहाज में हजारों छिद्र हैं, इसलिये उस पर से उतर कर मैं गुरु की शरण में आ पहुँचा, अब वही गुरु ही पार उतारेंगे।

जम गरज बल बाघ के, कहैं कबीर पुकार।

गुरु किरपा ना होत जो, तो जम खाता फार।।   (25)

अर्थ- कबीर साहब कहते हैं कि अरे अहंकारी मनुष्यों यमराज रूपी सिंह यदि गुरु की कृपा न होती तो तुम्हें खा जाता, इसलिये सावधान हो जाओ नहीं तो यम तुम्हें छोड़ेंगे नहीं।

    कबीर संगति साधु की : एक विमर्श

मूल ध्यान गुरु रूप है, मूल पूजा गुरु पाँव।

मूल नाम गुरु वचन है, मूल सत्य सत भाव।।   (26)

अर्थ – सद्गुरु कबीर साहब का कथन है कि गुरु की कृपा के बिना कुछ भी संभव नहीं है। अपने कल्याण के लिये गुरु का ध्यान करना चाहिए। उनके पावन चरणों की पूजा करनी चाहिए। अन्तत: गुरुदेव द्वारा दिये गये वचनों और मंत्रों में चित्त एकाग्र कर सतत् चिन्तन-मनन करना चाहिए।

पंडित पढ़ि गुनि पचि मुये, गुरु बिन मिले न ज्ञान।

ज्ञान बिना नहिं मुक्ति है, सत्त शब्द प्रमान।।   (27)

अर्थ– पंडित यदि चाहते हैं कि वे वेद-शास्त्र पढ़कर ज्ञान प्राप्त कर लें तो यह असम्भव है क्योंकि कोई कितना भी वेदों का अध्ययन-मनन कर ले, गुरु के बिना आत्मज्ञान प्राप्त नहीं होता है। बिना आत्मज्ञान के मुक्ति संभव नहीं है, इसका प्रमाण शास्त्रों में भी मिलता है।

तीन लोक नव खण्ड में, गुरु ते बड़ा न कोय।

करता करै न करि सकै, गुरु करै सो होय।।   (28)

अर्थ– तीनों लोकों– स्वर्ग लोक, मृत्युलोक और पाताल लोक एवं नौ खण्डों में गुरु से श्रेष्ठ और कोई नहीं है। जो कार्य गुरु कर सकते हैं, वह ईश्वर के वश में भी नहीं है, क्योंकि ईश्वर सृष्टि का सृजन करता है, परन्तु गुरुमंत्र देकर गुरु भवसागर के पार लगा देते हैं।

देवी बड़ा न देवता, सूरज बड़ा न चन्द।

आदि अंत दोनों बड़े, कै गुरु कै गोविन्द।।   (29)

अर्थ–देवी, देवता, सूर्य तथा चन्द्रमा कोई भी गुरु से श्रेष्ठ नहीं है, केवल जीव को जन्म देने वाले ईश्वर बड़े कहे जाते हैं, भवसागर से पार ले जाने वाले गुरु ही अन्तत: बड़े माने जाते हैं।

वेद पुराना साधु गुरु, सबन कही निज बात।

गुरु तें अधिक न दूसरा, का हरि का पितु मात।। (30)

अर्थ–वेद-पुराण, साधु-सन्त तथा सद्गुरु सभी ने अपनी बातों में कहा है कि

गुरु से बड़ा कोई नहीं है, न तो भगवान, न माता-पिता। अत: गुरु ही विशेष है।

तन- मन सीष निछावरै, दीजै सरबस प्रान।
कहैं कबीर दुख-सुख सहै, सदा रहै गलतान।। (31)

अर्थ- कबीर साहब कहते हैं कि गुरु के चरणों में अपना सर्वस्व निछावर कर देना चाहिये। तन, मन, धन यहाँ तक कि अपना शीश भी गुरु के चरणों में समर्पित कर देना चाहिए। सुख-दु:ख सहते हुए गुरु की सेवा में सदा-सर्वदा तल्लीन रहना चाहिए।

हरि सेवा जुग चार हैं, गुरु सेवा पल एक।
ताके पटतर न तुलै, संतन कियो विवेक।। (32)

अर्थ -प्रभु की सेवा चारों युगों तक करने में फल प्राप्त होता है, किन्तु एक पल की भी गुरु सेवा करने से शिष्य का उद्धार हो जाता है। गुरु की सेवा की तुलना हरि की सेवा से नहीं की जा सकती, अर्थात् गुरु की सेवा श्रेष्ठ है, ऐसा सन्तों का कथन है।

सब कुछ गुरु के पास है, पाइये अपने भाग।
सेवक मन सौंपे रहैं, निसदिन चरणों लाग।। (33)

अर्थ- गुरुदेव के पास सभी कुछ है, अर्थात गुरुदेव के पास हर प्रकार का ज्ञान है, किन्तु मनुष्य अपने कर्म व भाग्य के अनुसार ही पाता है। जो गुरु की सेवा मन लगाकर करते हैं, गुरु उनको अपना सारा ज्ञान समर्पित कर देते हैं।

भौसागर की त्रास ते, गुरु की पकड़ो बाँहि।
गुरु बिन कौन उबारसी, भौजल धारा माँहि।। (34)

अर्थ- परामर्श देते हुए सन्त कबीर कहते हैं कि हे मनुष्यों संसार रूपी भवसागर को पार करने के लिये तुम अनेकों कष्टों को सह रहे हो, यदि स्वयं को बचाना चाहते हो तो गुरु की शरण में जाओ। केवल गुरु ही भवसागर में डूबने से बचा सकते हैं।

जाके सिर गुरु ज्ञान है, सोइ तरत भव माँहि।
गुरु बिन जानों, जन्तु को, कबहुँ मुक्ति सुख नाहिं।। (35)

     कबीर संगति साधु की : एक विमर्श

अर्थ– जिस व्यक्ति ने गुरु के वचनों को और ज्ञान को शिरोधार्य कर लिया हो, वह भवसागर के पार लग जाता है, गुरु के बिना मुक्ति की कामना संभव नहीं है।

जैसी प्रीति कुटुम्ब की, तैसी गुरु सो होय।
कहैं कबीर ता दास का, पला न पकड़ैं कोय।। (36)

अर्थ– सन्त कबीर का कथन है कि जिस प्रकार से मनुष्य का स्नेह अपने परिवार के प्रति होता है, यदि वही प्रेम गुरु और प्रभु से हो तो उसका कोई कुछ नहीं बिगाड़ सकता, न तो कोई उसकी मुक्ति की यात्रा में बाधा बन सकता है।

ऐसा कोई ना मिला, राम नाम का मीत।
तन मन सौंपे मिरग ज्यों, सुनै बधिक का गीत।। (37)

अर्थ – अभी तक मुझे ऐसा कोई नहीं मिला, जो राम नाम में तन और मन को अर्पित कर दे। जिस प्रकार हिरन बधिक के वाद्य यंत्रों की मधुर ध्वनि सुनकर अपने प्राणों का मोह भूल जाता है और उसके पास चला जाता है। इसी प्रकार जो राम नाम में लगन लगा लेता है, गुरु रूपी बधिक उसके दोषों को दूर कर देते हैं।

भली भई जो गुरु मिले, जाते पाया ज्ञान।
घट ही माहिं चबूतरा, घट ही माहिं दिवान।। (38)

अर्थ– अच्छा हुआ जो गुरुदेव मिल गये, जिनसे आत्मज्ञान प्राप्त हुआ। इस कायारूपी घट में बैठने का स्थान मिला, जहाँ पर बैठकर सत्य– असत्य का भी ज्ञान मुझे प्राप्त हो गया। ये जो भी हुआ, गुरु-कृपा से हुआ है।

गुरु मुख बानी ऊचरे, शीष साँच कर मान।
या विधि फंदा छूटहीं, और युक्ति नहिं आन।। (39)

अर्थ– गुरु के मुख से जो भी वाणी निकले, उसे सत्य मानते हुए शीश झुकाकर स्वीकार करना चाहिए, इसी में शिष्य की भलाई छिपी है और कोई दूसरा साधन नहीं है। तात्पर्य यह है कि गुरु कभी असत्य नहीं बोलते, इसीलिए उनकी कही गई समस्त बातों को मान लेना चाहिए।

साधु-महिमा

सद्गुरु कबीर साहब ने अपने अनेकों दोहों में साधु-महिमा का बखान किया है। साधु को उन्होंने परमात्मा का स्मरण कराने वाला कहा है। वे कहते हैं कि साधु सद्गुणों की खान होता है। मन-वाणी-कर्म से उसका जीवन पवित्र होता है। जिस क्षेत्र में वह निवास करता है, वहाँ ज्ञान व प्रकाश फैलाता है। साधुओं के दर्शन-मात्र से मानव-जीवन धन्य हो जाता है। अत: उनका कहना है कि साधुओं का स्वागत प्रसन्न मन तथा उत्साह से करना चाहिए। यहाँ पर साधु की विशेषताओं का वर्णन करने वाले प्रमुख दोहे अर्थ सहित दिये जा रहे हैं। इनके अनुशीलन से साधुता एवं साधुओं के प्रति श्रद्धाभाव उत्पन्न होता है।

कबीर दरसन साधु के, साहिब आवै याद।
लेखे में सोई घड़ी, बाकी के दिन बाद।।   (1)

अर्थ- साधु के दर्शन से परमात्मा की याद आ जाती है। परमात्मा का स्मरण होते ही मन में भक्ति का स्रोत प्रवाहित होने लगता है। जिस घड़ी सन्तों का दर्शन होता है, जीवन का वही समय सर्वोत्तम होता है। शेष समय व्यर्थ चला जाता है।

कबीर सोई दिन भला, जा दिन साधु मिलाय।
अंक भरैं भरि भेटिये, पाप सरीराँ जाय।।   (2)

अर्थ- सद्गुरु कबीर साहब का कथन है कि जिस दिन सन्तों से भेंट होती है, वही दिन जीवन का सबसे अच्छा दिन होता है। उनसे प्रेमपूर्वक मिलने से शरीर के समस्त पाप मिट जायेंगे।

दरसन कीजै साधु का, दिन में कइ-कइ बार।
आसोजा का मेह ज्यों, बहुत करै उपकार।।   (3)

अर्थ- सन्तों का दर्शन दिन में कई-कई बार करना चाहिए। अश्विन नक्षत्र में

जिस प्रकार वर्षा फसल को बहुत लाभ पहुँचाती है, उसी प्रकार सन्त-दर्शन से लाभ होता है।

कई बार नहिं करि सकै, दोय बखत करि लेय।

कबीर साधू दरस ते, काल दगा नहिं देय।। (4)

अर्थ– कबीर साहब कहते हैं कि सन्तों के दर्शन करना यदि दिन में कई बार नहीं संभव है, तो कम से कम दो बार अवश्य करना चाहिए। साधु के दर्शन से काल भी तुम्हें धोखा नहीं देगा और ससम्मान अपने लोक में ले जायेगा।

कबीर दरसन साधु का, करत न कीजै कानि।

ज्यों उद्यम से लक्ष्मी, आलस मन से हानि।। (5)

अर्थ– साधु जनों का दर्शन अभिमान त्याग कर उत्साहपूर्वक करना चाहिए। श्रद्धालु सन्तों का दर्शन करके उसी प्रकार सब पा जाते हैं जैसे परिश्रमी पुरुष को लक्ष्मी की प्राप्ति होती है। अभिमानी उसी प्रकार कोरे रह जाते हैं, जिस प्रकार आलसी कंगाल ही रह जाता है।

कबीर दरसन साधु के, बड़े भाग दरसाय।

जो होवै सूली सजा, काँटे ई टरि जाय।। (6)

अर्थ– सद्गुरु कबीर साहब कहते हैं कि सन्तों के दर्शन बड़े भाग्य से होते हैं। उनके दर्शन से फाँसी की सजा जैसा कष्ट, काँटे जैसा कष्ट देकर दूर हो जाता है।

मात-पिता सुत इस्तरी, आलम बन्धू कानि।

साधु दरस को जब चलै, ये अटकावै खानि।। (7)

अर्थ– माता-पिता, पुत्र, पत्नी, सगे सम्बन्धी तथा आलस्य ये सदैव सन्तों के दर्शन के मार्ग में बाधा बनते हैं, अत: इन सभी को त्यागकर सन्तों के दर्शन के लिये जाना चाहिए।

खाली साधु न बिदा करु, सुनि लीजै सब कोय।

कहैं कबीर कछु भेंट धरु, जो तेरे घर होय।। (8)

अर्थ– कबीर साहब का कथन है कि सभी लोग ये बात ध्यान से सुन लो– सन्त को कभी खाली हाथ बिदा नहीं करना चाहिए। बल्कि जो कुछ भी अन्न-जल घर में हो उसे साधु की भेंट करना चाहिए।

साधु चलत रो दीजिये, कीजै अति सनमान।

कहैं कबीर कछु भेंट धरु, अपने बित अनुमान।। (9)

साखी

अर्थ– सद्गुरु कबीर साहब कहते हैं कि सन्त को सम्मान से विदा करना चाहिए तथा अपनी सामर्थ्य के अनुसार कुछ न कुछ भेंट कर पुन: दर्शन देने की विनती करनी चाहिए।

निराकार निज रूप है, प्रेम प्रीति सों सेव।

जो चाहै आकार को, साधू परतछ देव।।   (10)

अर्थ– सन्त कबीर साहब कहते हैं कि जो निराकार अर्थ आकार रहित है, वह अपनी आत्मा का ही स्वरूप है, उसी की सेवा व पूजन करना चाहिए। यदि तुम्हें आकार पुरुष पाने की अभिलाषा है, तो प्रत्यक्ष सन्त गुरुदेव का दर्शन करना चाहिए।

साधू आवत देखि के, चरणौं लागो धाय।

क्या जानौ इस भेस में, हरि आपै मिल जाय।।   (11)

अर्थ– कबीर साहब का कथन है कि सन्त को आता देखकर शीघ्रता से उसके चरणों का स्पर्श करना चाहिए। क्या पता इसी भेस में परमात्मा से भेंट हो जाय।

साधु दया साहिब मिले, उपजा परमानन्द।

कोटि विघ्न पल में टलै, मिटै सकल दुख दन्द।।   (12)

अर्थ– सन्त की कृपा से परमात्मा के दर्शन हो गए। परमेश्वर के दीदार से बहुत आनन्द मिला। पल भर में विघ्न दूर हो गए और समस्त कष्ट मिट गए।

साधू सब्द समुद्र है, जाये रतन भराय।

मन्द भाग मुट्ठी भरे कंकर हाथ लगाय।।   (13)

अर्थ– सन्तजन ज्ञान के सागर होते हैं, जो ज्ञान रूपी रत्नों के भण्डार होते हैं। जो मन्द बुद्धि और अज्ञानी होते हैं, उन्हें उनसे मुट्ठी भर कंकड़ ही मिलता है। इसका भाव यह है कि अज्ञानी सन्तों के गुणों को न ग्रहण करके दोषों को ही ग्रहण करते हैं।

साधु आया पाहुना, माँगै चार रतन।

धूनी पानी साथरा, सरधा सेती अन।।   (14)

अर्थ– साधु रूपी अतिथि आने पर भक्तों से चार वस्तुओं को माँगते हैं– धूनी जलाने के लिये अग्नि, पीने के लिये पानी, सोने को बिस्तर तथा श्रद्धा के

कबीर संगति साधु की : एक विमर्श

साथ भोजन।

साधु सीप साहिब समुंद्र, निपजन मोती माँहि।

वस्तु ठिकानै पाइये, नाल खाल में नाहिं।।   (15)

अर्थ- साधु सीप तथा परमात्मा समुद्र के समान है, उसी परमात्मा के हृदय में साधु रूपी सीप रहते हैं और उनके भीतर ज्ञान रूपी मोती पैदा होता है। जैसे ताल-तलैया के सीप में मोती नहीं उत्पन्न होता, ठीक उसी प्रकार अल्पज्ञ से आत्मज्ञान नहीं प्राप्त होता है।

साधु सेब जा घर नहीं, सतगुरु पूजा नाहिं।

सो घर मरघट जानिये, भूत बसैं तेहि माँहि।।   (16)

अर्थ- जिस घर में सन्तों की सेवा और सद्गुरु की पूजा नहीं होती, वो घर श्मशान के समान होता है, जहाँ भूत-प्रेत का निवास होता है।

साधु विरछ सत्ज्ञान फल, सीतल शब्द विचार।

जग में होते साधु नहिं, जरि मरता संसार।।   (17)

अर्थ- सद्गुरु कबीर साहब का कथन है कि साधु रूपी पेड़ में ज्ञान रूपी फल लगते हैं और वृक्षों की छाया शब्द-विचार के समान हैं। यदि संसार में सन्तजन न होते तो गर्मी से यह जल जाता।

साधु हमारी आतमा, हम साधुन की देह।

साधुन में हम यों रहैं, ज्यौं बादल में मेह।।   (18)

अर्थ- सन्त हमारी आत्मा के समान हैं। हम उनके शरीर के जैसे हैं। जिस प्रकार बादलों में जल समाया रहता है, उसी प्रकार हम साधु में समाये रहते हैं।

साधु नदी जल प्रेम रस, तहाँ प्रछालो अंग।

कहैं कबीर निरमल भया, हरि भक्तन के संग।।   (19)

अर्थ - कबीर साहब कहते हैं कि सन्त का प्रेम नदी जल के समान है, वहीं जाकर प्रेम तथा भक्ति में लीन होकर अपने अन्त:करण का मैल धो लेना चाहिए। परमेश्वर के भक्तों का साथ मिलने से मन पवित्र हो जाता हैं।

साधु मिले साहिब मिले, अन्त रही न रेख।

मनसा वाचा करमना, साधू साहिब एक।।   (20)

अर्थ- सन्त मिलन ईश्वर मिलन के समान होता है और भीतर की दूरी भी

समाप्त हो जाती है। मन, वचन और कर्म से दोनों एक ही हैं।

साधू भूखा भाव का, धन का भूखा नाहिं।

धन का भूखा जो फिरै, सो तो साधू नाहिं।।   (21)

अर्थ– सन्त भाव तथा प्रेम का भूखा होता है, धन का नहीं। जो धन के इच्छुक होते हैं, वे सन्त नहीं होते।

साधु बड़े परमारथी, सीतल जिनके अंग।

तपन बुझावैं और की, दे दे अपनो रंग।।   (22)

अर्थ– सन्त बड़े उपकारी होते हैं। अपने ज्ञान की वर्षा से वे औरों के सन्ताप को हरते हैं। अपने ज्ञान की शीतलता से वे अन्य की पीड़ा को समाप्त कर देते हैं।

आवत साधु न हरखिया, जात न दीया रोय।

कहैं कबीर वा दास की, मुक्ति कहाँ ते होय।।   (23)

अर्थ– सद्गुरु कबीर साहब का कथन है कि जो सन्त के आने पर हर्षित और जाने पर दु:खी नहीं होता, उस मानव की मुक्ति नहीं होती।

सरवर तरुवर संतजन, चौथा बरसै मेह।

परमारथ के कारने, चारौं धारी देह।।   (24)

अर्थ– तालाब, पेड़, साधुजन और बादल इन चारों ने परमार्थ के लिये ही शरीर (अस्तित्व) धारण किया है।

विरछ कबहुँ नहिं फल भखै, नदी न अँचवै नीर।

परमारथ के कारने, साधुन धरा सरीर।।   (25)

अर्थ– वृक्ष कभी भी अपना फल नहीं खाता और नदी अपना पानी नहीं पीती। इसी प्रकार सन्त भी परोपकार के लिये अपना शरीर धारण करते हैं।

सुख देवै दुख को हरै, दूर करै अपराध।

कहैं कबीर वह कब मिलै, परम सनेही साध।। (26)

अर्थ– कबीर साहब कहते हैं, कि जो सुख देता है, दुख का हरण करता है तथा अपराध मिटाता है, ऐसे परमार्थी सन्त का दर्शन कब होगा।

अलख पुरुष की आरसी, साधु ही का देह।

लखा जू चाहे अलख को, इनहीं में लखि लेह।।   (27)

कबीर संगति साधु की : एक विमर्श

अर्थ– सन्त दर्पण के समान होते हैं, यदि तुम परमेश्वर के दर्शन करना चाहते हो तो उन्हीं सन्तों में उनका दर्शन करो।

जाति न पूछो साधु की, पूछ लीजिए ज्ञान।

मोल करो तलवार का, पड़ा रहन दो म्यान।।   (28)

अर्थ– सन्त की जाति न पूछकर उससे केवल ज्ञान की बात करना चाहिए। महत्व केवल ज्ञान रूपी तलवार का है, शरीर रूपी म्यान मात्र दिखावा है।

साधुन की झुपड़ी भली, ना साकट को गाँव।

चन्दन की कुटकी भली, ना बाबुल वनराव।।   (29)

अर्थ– अभक्तों के गाँव से सन्तों की कुटिया अच्छी होती है, जिस प्रकार बबूल के जंगल में चंदन का एक टुकड़ा भी अपनी सुगन्ध बिखेर देता है उसी प्रकार सन्त अपने ज्ञान की खुशबू फैला देते हैं।

पुर पट्टन सूबस बसै, आनन्द ठाँवै ठाँव।

राम सनेही बाहिरा, ऊजड़ मेरे भाव।।   (30)

अर्थ– नगर भले ही बहुत सुन्दर बसा हो और स्थान-स्थान पर मनोरंजन के साधन उपलब्ध हों, किन्तु यदि वहाँ के निवासी ईश्वर भक्ति नहीं करते तथा राम चर्चा से दूर रहते हैं तो वह नगर उजाड़ के समान है। यदि झोपड़ी में भक्ति का वातावरण है तो वह स्वर्ग के समान है।

हयवर गयवर सघन घन, छत्रपति को नारि।

तासु पटतर ना तुलै, हरिजन की पनिहारि।।   (31)

अर्थ– जिसके द्वार पर हाथी, घोड़े अन्य वैभव हों और जो बड़ी संख्या में सेवक एवं सेविकाओं की स्वामिनी भी हो। ऐसी रानी उस ईश्वर भक्त सेविका के समान नहीं हो सकती, जो सन्त सेवा करती है, उन्हें जल पिलाती हो अर्थात रानी-राजा उसके समतुल्य नहीं हो सकते।

तीरथ न्हाये एक फल, साधु मिले फल चार।

सतगुरु मिले अनेक फल, कहैं कबीर विचार।।   (32)

साखी

अर्थ- सद्गुरु कबीर साहब बहुत सोच विचार कर कहते हैं कि तीर्थ स्नान से मात्र एक फल प्राप्त होता है। सन्त-दर्शन से चार फल-धर्म, अर्थ, काम तथा मोक्ष की प्राप्ति होती है, अतः सन्त-संगति ही श्रेष्ठ है।

यही बड़ाई सन्त की, करनी देखो आय।

रजहूँ ते झीना रहै, लौलिन ह्वै गुन गाय।। (33)

अर्थ- यही सन्तों की श्रेष्ठता है कि सदैव उनके कृतित्व को देखना चाहिए। वे हमेशा कार्य करते रहते हैं, उनमें उदारता, नम्रता तथा प्रेम का भाव भरा होता है।

आप साधु कर देखिये, देख असाधु न कोय।

जाके हिरदै हरि नहीं, हानि उसी की होय।। (34)

अर्थ- आप सबको साधु मानकर देखिये। उनके हृदय में परमेश्वर है कि नहीं इस पर विचार मत कीजिए। परमेश्वर नहीं होने पर उसी की हानि होगी, आपकी नहीं। आप को साधु का दोष न देखकर उसकी सेवा-वन्दगी करते रहना चाहिए।

मेरा मन पंछी भया, उड़ि के चढ़ा अकास।

बैकुण्ठहि खाली पड़ा, साहिब सन्तों पास।। (35)

अर्थ- मेरा पक्षी-रूपी मन आकाश में गया, किन्तु वहाँ सब खाली मिला, क्योंकि परमात्मा तो सन्तों के हृदय में निवास करते हैं।

कबीर सीतल जल नहीं, हीम न सीतल होय।

कबीर सीतल संत जन, राम सनेही सोय।। (36)

अर्थ- कबीर साहब का कथन है कि न तो पानी शीतल है और न हिम, जो शान्ति प्रदान करे। परमात्मा में निष्ठा रखने वाले सन्तजन सबसे शीतल हैं।

कोटि-कोटि तीरथ करै, कोटि-कोटि करु धाम।

जब लग साधु न सेवई, तब लग काचा काम।। (37)

अर्थ- सन्त कबीर कहते हैं कि करोड़ों तीर्थों और मन्दिरों में जाने से कोई लाभ होने वाला नहीं। जब तक साधु-सेवा नहीं की तब तक सारे कार्य अधूरे मानना चाहिए।

संत मिले जनि बीछुरौ, बिछुरौ यह मम प्रान।

सब्द सनेही ना मिलै, प्राण देह में आन।। (38)

 कबीर संगति साधु की : एक विमर्श

अर्थ- यदि सन्त जन मिल जायें तो सदैव मेरे साथ रहें, तभी मुझे सुख की प्राप्ति होगी। मेरे प्राण शरीर से अलग हो जायें, मुझे स्वीकार है, पर राम भक्त मुझसे न अलग हों, क्योंकि उसके पृथक होने पर दूसरा न मिलेगा, जब कि प्राण के अलग होने पर दूसरा शरीर प्राप्त हो जाएगा।

आसा वासा सन्त का, ब्रह्मा लखै न वेद।

षट दरसन खटपट करै, विरला पावै भेद।।   (39)

अर्थ- सन्त की इच्छा, संत का निवास तथा वे कहाँ जाकर ठहरेंगे इत्यादि का रहस्य कोई नहीं जान सकता। जिस रहस्यमय तत्व में सन्त निवास करते हैं, उसके विषय में केवल सन्त-पुरुष ही जान सकते हैं, अन्य किसी के वश की बात नहीं।

वेद थके ब्रह्मा थके, थाके सेस महेस।

गीता हूँ की गम नहीं, सन्त किया परवेस।।   (40)

अर्थ- जिस तत्व में सन्तों का निवास होता है, उसका वर्णन करने में वेद हार गये। ब्रह्मा भी उसका वर्णन न कर सके। विष्णु और महेश भी वर्णन करने में असफल रहे। पवित्र ग्रन्थ गीता में भी उसका वर्णन नहीं किया जा सका, अर्थात सुर-नर तथा मुनि कोई भी उस परम तत्व का भेद न पा सका। वहाँ केवल संतों की पहुँच है।

साधू ऐसा चाहिए, दुखै दुखावै नाहिं।

पान फूल छेड़ै नहीं, बसै बगीचा माहिं।।   (41)

अर्थ- सन्त का स्वभाव ऐसा होना चाहिए, जो अन्य किसी के व्यंग्य वचन, अपमान तथा तिरस्कार से दु:खी न हों, और न ही अपने व्यवहार से किसी अन्य को दु:खी करे। संसार रूपी उपवन में रहते हुए भी सांसारिक भोग, विलास तथा मोह से सदा दूर रहे।

साधु कहावन कठिन है, लम्बा पेड़ खजूर।

चढ़ै तो चाखे प्रेम रस, गिरै तो चकनाचूर।।   (42)

साखी

अर्थ– सन्त की संज्ञा पाना बहुत कठिन है। जिस प्रकार खजूर के पेड़ पर चढ़ने से मीठा फल खाने को मिलता है और गिरने पर शरीर के अंग टूट-फूट जाते हैं, इसी प्रकार यदि सन्त मार्ग का सावधानीपूर्वक अनुगमन कर लिया तो परमेश्वर रूपी स्वाद चखने को मिलता है, अन्यथा कहीं ठिकाना नहीं रहता।

निबैंरी निहकामना, साईं सेती नेह।

विषया सों न्यारा रहैं, साधुन का मत येह।।   (43)

अर्थ– सन्तजन किसी से वैर नहीं करते। वे सभी प्रकार की इच्छाओं से रहित होते हैं। संसार में उनकी आशक्ति नहीं होती है, वे परमात्मा से श्रद्धा रखते हैं। ये सन्त विषय-वासनाओं से भी दूर रहते हैं। यही सन्तजनों के लक्षण हैं।

साधू ऐसा चाहिए, जाके ज्ञान विवेक।

बाहर मिलते सों मिलै, अन्तर सबसों एक।।   (44)

अर्थ– सन्त को ज्ञान तथा विवेक से युक्त होना चाहिए, जो बाहर मिलने वाले शिष्यों से उनके भाव के अनुसार मिले और अन्तर्मन से सबको समान दृष्टि से देखे।

सदा कृपालु दुख परिहरन, बैर भाव नहिं दोय।

छिना ज्ञान सत भाखहीं, हिंसा रहित जु होय।। (45)

अर्थ– किसी का दु:ख मिटाने में बैरभाव की दृष्टि त्यागकर उनके दु:खों को दूर करे, सन्तों को इसी प्रकार दयालु होना चाहिए। क्षमाशील, ज्ञानी, सत्यवादी एवं सबके प्रति सद्भाव रखने वाले ही सन्त कहलाने योग्य होते हैं।

सदा रहै सन्तोष में, धरम आप दृढ़ धार।

आस एक गुरुदेव की, और न चित्त विचार।।   (46)

अर्थ– सन्त सदा सन्तोष के साथ निज धर्म का पालन करते हैं। सन्त केवल ईश्वर से आशा रखते हैं, किसी अन्य बात का ध्यान भी नहीं करते।

मान अमान न चित धरै, औरन को सनमान।

जो कोई आसा करै, उपदेसै तेहि ज्ञान।।   (47)

अर्थ– सन्त जन मान-अपमान का ध्यान रखते हुए दूसरे का आदर करते हैं। यदि उनसे कोई ज्ञान की आशा करता है तो उसकी जिज्ञासा को शान्त कर

कबीर संगति साधु की : एक विमर्श

उसे परमेश्वर के विषय में बताते हैं।

सीलवंत दृढ़ ज्ञान मत, अति उदार चित होय।

लज्जावान अति निछलता, कोमल हिरदा सोय।।   (48)

अर्थ– सन्त शीलवान, दृढ़ ज्ञान तथा विचार वाले होते हैं और उनका स्वभाव अति उदार होता है, वे हृदय के बड़े कोमल तथा मृदुभाषी होते हैं।

इन्द्रिय मन निग्रह करन, हिरदा कोमल होय।

सदा सुद्ध आचार में, रह विचार में सोय।।   (49)

अर्थ– सन्तजनों की इन्द्रिय तथा मन सदा उनके वश में होता है। वे कोमल हृदय तथा शुद्ध आचरण से युक्त होते हैं। परमेश्वर के चरणों के अतिरिक्त उनका मन कहीं और नहीं लगता।

षड् विकार यह देह के, तिनको चित्त न लाय।

सोक मोह प्यासहिं छुधा, जरा मृत्यु नसि जाय।।   (50)

अर्थ– मनुष्य के शरीर के छ: दोष हैं– क्षुधा, प्यास, हर्ष, शोक, जन्म तथा मृत्यु। इन पर कभी ध्यान नहीं देना चाहिए। शरीर के संयुक्त होने के कारण उसमें ये दोष रहते हैं जो मृत्यु के बाद स्वत: दूर हो जाते हैं।

रबि को तेज घटै नहीं, जो घन जुरैं घमंड।

साधु वचन पलटै नहीं, पलटि जाय ब्रह्माण्ड।।   (51)

अर्थ– बादलों के संघनित होने से भी सूर्य का प्रकाश कभी कम नहीं होता। ठीक इसी प्रकार सन्तों के वचन अटल हैं, उनमें किसी भी कारण से बदलाव नहीं होता है, चाहे ब्रह्माण्ड ही क्यों न पलट जाय।

कपट कुटिलता दुरबचन, त्यागी सब सों हेत।

कृपावन्त आसा रहित, गुरु भक्ति शिख देत।। (52)

अर्थ– सन्त कबीर साहब का कहना है कि कपट, कुटिलता तथा दुर्वचन इत्यादि त्यागकर प्राणी मात्र से सम्बन्ध रखना चाहिए। किसी से कुछ पाने की अपेक्षा भी नहीं करना चाहिए। गुरु की भक्ति करके उनसे शिक्षा प्राप्त करना चाहिए।

जौन चाल संसार की, तौन साधु को नाहिं।

डिंभ चाल करनी करै, साधु कहो मति ताहि।।   (53)

अर्थ– जिस प्रकार का आचरण चाल-चलन तथा रहन-सहन सांसारिक लोगों

का होता है, वैसा सन्तजनों का नहीं होता। दम्भी, पाखण्डी, तुनकमिजाज तथा लोभी को साधु की श्रेणी में नहीं रखना चाहिए। सन्तजन तो भीतर-बाहर से समान होते हैं।

बहता पानी निरमला, बन्दा गन्दा होय।

साधू जन रमता भला, दाग न लागे कोय।।   (54)

अर्थ– जिस प्रकार बहता पानी स्वच्छ और रुका हुआ पानी मलिन होता है, उसी प्रकार भ्रमण करने वाले सन्त का आचरण शुद्ध होता है, वह दोषरहित होता है।

कबीर साधु (की) दुरमति, ज्यौं पानी में लात।

पल एकै विरजत रहै, पीछै इक ह्वै जात।।   (55)

अर्थ– सद्गुरु कबीर साहब कहते हैं कि सन्त अपने पथ से कभी विचलित नहीं होता। यदि कभी विचलित होता भी है तो जल में पदचिह्न की भाँति आगे बढ़ने पर एक सा हो जाता है।

आज काल दिन पाँच में, बरस पंच जुग पंच।

जब तक साधू तारसी, और सकल परपंच।।   (56)

अर्थ– कबीर साहब कहते हैं कि लोग बहुत शीघ्र ही मुक्ति की कामना करने लगते हैं, पर मुक्ति इतनी आसानी से नहीं मिलती। इसे प्राप्त करने में पाँच वर्ष व पाँच युग तक लग जाते हैं। इस संसार से तारने वाले सन्त ही होते हैं, अन्य कोई नहीं।

साधु विहंगम सुरसरी, चेल बिहंगम चाल।

जो जो गलियाँ नीकसे, सो सो करै निहाल।।   (57)

अर्थ– सन्त आकाश से उतरी उस गंगा के समान हैं, जो जिस मार्ग से जाती है, वहाँ के निवासियों का जीवन सुखमय कर देती है। ठीक इसी प्रकार सन्त तथा उनके शिष्यों का आचरण पावन गंगा के समान होना चाहिए, तभी वे समाज और देश का उत्थान कर सकते हैं।

केता जिभ्या रस भखै, रतौ न लागै टंक।

ज्ञानी माया मुक्तये, यौं साधू निष्कलंक।।   (58)

अर्थ– सद्गुरु कबीर साहब का कथन है कि जिह्वा को चिकनाई स्पर्श भी नहीं कर पाती, चाहे वह अधिक से अधिक चिकना पदार्थ क्यों न खा ले। इसी प्रकार

                                        कबीर संगति साधु की : एक विमर्श

सन्तजन संसार के समस्त भोगों से दूर रहते हुये निष्कलंक होते हैं।

हंस साधु दरसन कियो, हंसा ते भै कौर।

कबीर साधू दरस ते, पाये उत्तम ठौर।। (59)

अर्थ– कबीर साहब कहते हैं कि सन्तजन के दर्शन से कौआ हंस हो गया और अब हंस से और उत्तम दशा को प्राप्त हुआ। साहब पुन: कहते हैं कि सन्त दर्शन से उत्तम योनि की प्राप्ति होती है।

दृष्टि मुष्टि आवै नहीं, रूप बरन पुनि नाहिं।

जो मन में परतीत ह्वै, देखा सन्तन माँहि।।   (60)

अर्थ– जिसका कोई आकार नहीं दृष्टिगत होता तथा जो पकड़ में नहीं आता। जब अन्तर्मन में यह विश्वास हो कि वह तत्व सन्तजन के द्वारा मिल सकता है, तो उसको सन्तों में ही देखना चाहिए।

●

भक्ति महिमा

भक्ति भाव भादौ नदी, सबहि चली घहराय।

सरिता सोई सराहिये, जेठ मास ठहराय।।   (1)

अर्थ– भक्ति वही है जो सदैव एक जैसी रहे। ऐसा न हो कि आरंभ में वह बहुत प्रबल रहे, किन्तु बाद में उसमें कमी आ जाय, वैसे ही जैसे भादों में सभी नदियाँ उमड़ पड़ती हैं पर ज्येष्ठ माह में सूख जाती हैं।

भक्ति बीज पलटै नहीं, जो जुग आय अनंत।

ऊँच-नीच घर औतरे, होय सन्त का सन्त।।   (2)

अर्थ– शरीर के बदलने पर भी भक्ति का बीज नहीं बदला। चाहे जिस परिवार, जाति तथा धर्म में व्यक्ति पैदा हुआ हो वह पुन: भक्ति के पथ पर चल पड़ता है, जैसे रविदास चमार के घर जन्म लेकर भी महान सन्त हुये।

भक्ति रूप भगवन्त का, भेष अहि कछु और।

भक्ति रूप भगवन्त है, भेष जु मन का दौर।।   (3)

अर्थ– भक्ति भगवान का स्वरूप है पर भेष कुछ और ही है। भक्त अपना प्रचार

साखी

नहीं करता पर वेशधारी अपना प्रचार बड़े जोर-शोर से करते हैं।

भक्ति भेष बहु अन्तरा, जैसे धरनि अकास।

भक्त लीन गुरु चरण में, भेष जगत की आस।।   (4)

अर्थ- कबीर साहब कहते हैं कि भक्ति और वेश में बहुत अन्तर है जैसे
धरती और आकाश। भक्ति में भक्त हमेशा मग्न रहता है, जबकि वेशधारी संसार
के भौतिक सुखों की चाह में पड़ा रहता है।

भक्ति जु सीढ़ी मुक्ति की, चढ़े भक्त हरषाय।

और न कोई चढ़ि सकै, निजमन समझो आय।।   (5)

अर्थ- भक्ति, मुक्ति प्राप्ति की सीढ़ी है, जो खुशी-खुशी इस पर चढ़ते हैं, वे
मोक्ष को प्राप्त होते हैं, किन्तु जो भक्तिहीन हैं, वे इस पर चढ़ नहीं सकते। इसे
अच्छी तरह समझ लेना चाहिए।

भक्ति दुबारा साँकरा, राई दसवें भाय।

मन तो मैंगल ह्वै रहा, कैसे आवै जाय।।   (6)

अर्थ- भक्ति का मार्ग राई के दसवें भाग के बराबर सूक्ष्म है, संकरा है तथा मन,
हाथी की भाँति बड़ा अहंकारी और वासनाओं से लदा है, वो भला इसे कैसे पार
कर पायेगा।

भक्ति सरब ही ऊपरै, भागि न पावै सोय।

कहै पुकारै सन्त जन, सन्त सुमिरत सब कोय।।   (7)

अर्थ-भक्ति का स्थान सबसे ऊँचा है, इसे भाग्यशाली ही पाता है। सन्तजनों
की पुकार है कि जब तक भगवान का सुमिरन नहीं होगा, सन्तों की सेवा नहीं
होगी, तब तक भक्ति की प्राप्ति नहीं होगी।

कबीर गुरु की भक्ति का, मन में बड़ा हुलास।

मन मनसा माँजै नहीं, होन चहत है दास।।   (8)

अर्थ- सन्त कबीर साहब कहते हैं कि यह जीव प्रभु की भक्ति की इच्छ
बहुत करता है, किन्तु मन को बिना शुद्ध किये दास बनने की चाह व्यर्थ है।

जब लग नाता जाति का, तब लग भक्ति न होय।

नाता तोड़ बस गुरु भजै, भक्त कहावै सोय।। (9)

अर्थ- जब तक जाति-पाँति का भेदभाव नहीं छूटता, तब तक भक्ति नहीं

                    कबीर संगति साधु की : एक विमर्श

होती। जाति-पाँति से सम्बन्ध खत्म करके जो सद्गुरु का भजन करता है, वही भक्त कहलाने योग्य है।

जहाँ भक्ति तहँ भेष नहिं, बरणाश्रम तहँ नाहिं।

नाम भक्ति जो प्रेम सों, सों दुर्लभ जग माहिं।। (10)

अर्थ- जहाँ भक्ति है वहाँ वेश और वर्णाश्रम की आवश्यकता नहीं होती। संसार में राम का भक्त दुर्लभ है।

जब लगि भक्ति सकाम है, तब लग निष्फल सेव।

कहैं कबीर वह क्यों मिलै, निहकामी निजदेव।। (11)

अर्थ- सद्गुरु कबीर साहब कहते हैं कि जब तक भक्ति सकाम है, तब तक सारी सेवा व्यर्थ है। कुछ पाने की कामना के रहते हुये ईश्वर (परम तत्व) की प्राप्ति नहीं होती।

तिमिर गया रवि देखते, कुमति गई गुरु ज्ञान।

सुमति गई अति लोभ से, भक्ति गई अभिमान।।   (12)

अर्थ- अंधकार सूर्य को देखते ही तिरोहित हो गया, गुरु का ज्ञान प्राप्त होते ही कुमति नष्ट हो गई। सन्त कबीर कहते हैं कि लोभ में सद्बुद्धि नहीं रहती तथा अभिमान के कारण भक्ति दूर हो जाती है।

विषय त्याग वैराग है, समता कहिये ज्ञान।

सुखदाई सब जीव सों, यही भक्ति परमान।।   (13)

अर्थ- सभी विषय भोगों का त्याग करना ही वैराग्य है तथा समता की दृष्टि ही ज्ञान है। जो भक्ति को प्रमाणित करता है, वही भक्त सब जीवों का सुखदाता हो सकता है।

चार चिह्न हरि भक्ति के, प्रकट दिखाई देत।

दया धर्म आधीनता, पर दुःख को हरि लेत।।   (14)

अर्थ- हरि भक्ति के ये चार लक्षण होते हैं, जो प्रत्यक्ष दिखाई देता है, वे हैं दया, धर्म, नम्रता और परोपकारिता।

और कर्म सब कर्म है, भक्ति कर्म निहकर्म।

कहैं कबीर पुकारि के, भक्ति करो तजि भर्म।।   (15)

अर्थ- कबीर साहब का कथन है कि संसार का कर्म दिखावा मात्र है, उससे कोई लाभ नहीं होता। असली कार्य तो भक्ति है, उसे ही मानना चाहिए। अत: सभी भ्रम त्यागकर भगवान की भक्ति करना चाहिए।

भक्ति महल बहु ऊँच है, दूरहि ते दरसाय।

जो कोई जन भक्ति करै, सोभा बरनि न जाय।। (16)

अर्थ- भक्ति रूपी महल बहुत ऊँचा है वो दूर से ही दृष्टिगत होता है, जो कोई भक्त भक्ति करता है, उसकी शोभा का वर्णन नहीं किया जा सकता।

भक्तन की यह रीति है, बँधे करै जो भाव।

परमारथ के कारनै, या तन रहो न जाव।।   (17)

अर्थ- भक्तों का ये स्वभाव है कि वे मान-अपमान का त्याग करते हैं तथा परमार्थ के लिये तन-मन अर्पित किये रहते हैं।

●

भेष महिमा

परिधान, वेश, आवरण, पहनावा, वस्त्र, कपड़ा तथा पोशाक इत्यादि भेष के समानार्थी हैं। मानव-जीवन में भेष का बहुत महत्व है। भेष (वेश) से व्यक्ति की पहचान बनती है। वेश से जाति-वर्ण का भी निर्धारण होता है। कार्य-व्यवसाय की भी जानकारी वेश से मिलती है। वेश से यह भी पता चलता है कि व्यक्ति-हिन्दू, मुस्लिम, सिख, ईसाई, जैन तथा बौद्ध में से किस पंथ का होगा। गृहस्थ-साधु में अन्तर भी वेश से होता है। वेश देखकर व्यक्ति के चरित्र, स्वभाव तथा आदत का भी अनुमान लगाया जाता है। क्षेत्र तथा देश विशेष के लोगों का वेश भी प्राय: भिन्न होता है। जलवायु का भी वेश पर प्रभाव पड़ता है। गर्मी तथा सर्दी की कठोरता का वेश निर्धारण में विशेष महत्व है। आर्थिक स्थिति का अध्ययन भी वेश से किया जा सकता है। रीति-रिवाज, संस्कृति, परम्परा तथा प्रथा इत्यादि का सम्बन्ध भी वेश से है।

वेश (भेष) के अन्तर्गत अन्य घटक भी आते हैं। तिलक, छापा, चन्दन तथा रोली भी लगाने से एक विशेष प्रकार का रूप बनता है, इसलिये ये वस्तुएं भी वेश का अंग हैं। पगड़ी, टोपी तथा गमछा इत्यादि भी वेश में शुमार हैं। इसी

प्रकार धातु तथा अन्य चीजों से बने कमण्डल या अन्य पात्रों के साथ-साथ रखने से वाह्य रूप को विशिष्टता प्राप्त होती है। दाढ़ी, बाल, मूँछें भी एक विशिष्ट पहचान हैं। सिर का मुण्डन भी शरीर को एक रूप प्रदान करता है। ढोल, झाँझ, मजीरा, करताल तथा खैंझड़ी भी सन्तों द्वारा भजन, कीर्तन तथा अन्य धार्मिक गीतों के संगायन के लिये प्रयोग किये जाते हैं। सन्तजन भोजनपान तथा अन्य कार्य करते समय एक अलग भाषावली का प्रयोग करते हैं। भक्त तथा गृहस्थों से उनकी बोलचाल की भाषा काफी-कुछ भिन्न होती है। वेश पंथ तथा सम्प्रदाय के अनुरूप भिन्न-भिन्न होते हैं। देखकर ही जाना जा सकता है कि सन्त किस पंथ या सम्प्रदाय के हैं। सद्गुरु कबीर साहब का सशक्त विचार था कि यदि किसी ने साधु का वेश धारण कर लिया तो उसका परम कर्तव्य है कि वह साधु का आचरण भी करे। वेश धारण करने के उपरान्त साधु का आचरण न करना धोखा तथा पाप है।

कबीर वह तो एक है, परदा दीया भेष।

भरम करम सब दूर कर, सबही माँहि अलेख।।   (1)

अर्थ– सद्गुरु कबीर साहब का कथन है कि सभी मे एक ही आत्मा तथा परमात्मा का वास है। पाखण्डियों ने उनमें अनेक रूपों में बँटवारा कर दिया है, सभी को आत्मा और परमात्मा के एक ही रूप को देखना चाहिए।

तत्त्व तिलक माथे दिया, सुरति सरवनी कान।

करनी कंठी कंठ में, परसा पद निरबान।।(2)

अर्थ– उसी तत्त्व रूपी तिलक को मस्तक पर लगाना चाहिए, उसी की कर्ण मुद्रिका कान में धारण करना चाहिए तथा उसी की कर्तव्यरूपी कंठी को गले में पहनना चाहिए, तभी मुक्ति संभव है।

कबीर भेष अतीत का, अधिक करै अपराध।

बाहिर दीसै साधुगति, अन्तर बड़ा असाध।।   (3)

अर्थ– कबीर साहब कहते हैं कि साधु वेश धारण करने वाला ही आपराधिक कृत्यों में अधिक लिप्त है। ऊपर से देखने में साधु प्रतीत होता है, किन्तु भीतर से बहुत बड़ा असाधु और कपटी है।

अगर तिलक सिर सोहई, वैसाखी अनिहारि।

सोभा अविचल नाम की, देखो सुरति विचारि।।   (4)

अर्थ- तिलक सिर पर शोभायमान होता है। जिस प्रकार पंगु (लंगड़ा) वैसाखी के सहारे चलता है, उसी प्रकार ज्ञानवान आत्मचिंतन के माध्यम से संसार मार्ग को तय करता है।

ऊजल देखि न भरमिये, बक जो लावै ध्यान।

कुटिल चाल करनी करै, सो मूरख अज्ञान।।   (5)

अर्थ- उज्ज्वल वेश देखकर भ्रमित नहीं होना चाहिए, क्योंकि उज्ज्वल बगुले की भाँति बड़ी संख्या में मूर्ख, अज्ञानी, और कपटी इसी वेश में घूमते रहते हैं, ऐसे वेशधारियों से सावधान रहना चाहिए।

साधु भया तो क्या हुआ, माला पहिरी चार।

बाहर भेष बनाइया, भीतर भरी भंगार।। (6)

अर्थ- साधु का वेश धारण कर लेने से कोई साधु नहीं हो जाता और कंठी-माला पहनने से भी कोई सन्त नहीं हो जाता, यदि भीतर से काम-कुटिलता रूपी अग्नि भरी हुई है। तात्पर्य यह है कि केवल वेश बना लेना पर्याप्त नहीं है, मन से भी पवित्र होना चाहिए।

द्वादस तिलक बनावहीं, अंग-अंग अस्थान।

कहैं कबीर बिराजहीं, ऊजल हंस अमान।।   (7)

अर्थ- सन्त कबीर का कथन है कि नाभि से लेकर मस्तक तक बारह स्थानों पर तिलक लगाये जाते हैं, जो बहुत सुन्दर लगते हैं, जिस प्रकार का सुन्दर वेश ऊपर से है, हंस के समान वैसा ही उज्ज्वल भीतर से भी होना चाहिए।

भूला भसम रमाय के, मिटी न मन की चाह।

जो सिक्का नहिं सांच का, तब लग जोगी नाह।।   (8)

अर्थ- शरीर पर केवल भस्म लगाने और धूनी तापने से कोई योगी नहीं हो जाता, जब तक मन रूपी सिक्का सत्य को धारण नहीं करता, तब तक उसे वास्तविक ज्ञान प्राप्त नहीं होगा।

बाँबी कूटै बावरा, सरप न मारा जाय।

कबहूँ बाँबी न डसै, सरप सबन को खाय।।   (9)

अर्थ- बिल के पीटने से साँप नहीं मारा जाता, बिल नहीं डँसती बल्कि साँप डसता है। कहने का अर्थ यह है कि ज्ञान मन की साधना से मिलता है, शरीर की साधना से कुछ नहीं होता।

   कबीर संगति साधु की : एक विमर्श

स्वाँग पहिरि सोहरा भया, दुनिया खाई खूँद।
जा सेरी साधू गया, सो तो राखी मूँद।।   (10)

अर्थ– साधु का वेश धारण कर दुनिया में प्रसिद्धि फैलाते हैं, किन्तु जिस मार्ग का अनुसरण साधु-सन्तों ने किया, उस मार्ग पर नहीं चलते हैं। उस ओर से आँखें बन्द कर लेते हैं।

मूड़ मुँड़ाये हरि मिले, जब कोई लेहि मुँड़ाय।
बार-बार के मूड़ने, भेड़ न बैकुंठ जाय।।   (11)

अर्थ– यदि सिर के मुड़ाने से ईश्वर मिलते हो तो हर कोई सिर को मुड़ा ले। भेड़ की तो बार-बार मुड़ाई होती है, क्या उसे मोक्ष की प्राप्ति होती है अर्थात नहीं, इसलिये सिर का मुण्डन कराने से कोई फायदा नहीं मिलता।

मीठे बोल जु बोलिये, ताते साधु न जान।
पहिले स्वाँग दिखाय के, पीछे दीखै आन।।   (12)

अर्थ– जो ऊपर से मीठी वाणी बोले, उसको साधु नहीं मान लेना चाहिए। पहले तो वह साधु रूप का प्रदर्शन करता है, बाद में धोखा देता है।

माला तिलक लगाय के, भक्ति न आई हाथ।
दाढ़ी मूँछ मुड़ाय के, चले धुनी के साथ।।   (13)

अर्थ– माला पहनने और तिलक लगाने मात्र से भक्ति नहीं की जा सकती और न ही दाढ़ी-मूँछ मुड़वाने और धूनी रमाने से कुछ होता है।

ऐसी ठाठाँ ठठिये, बहुरि न यह तन होय।
ज्ञान गूदरी ओढ़िये, काढ़ि न सकही कोय।।   (14)

अर्थ– शरीर का ऐसा रूप-वेश बनाना चाहिए कि पुन: जन्म न लेना पड़े। तुम ज्ञान रूपी गूदड़ी को ओढ़ लो, जिसको तुमसे कोई न ले सके।

मन माला तन मेखला, भय की करै भभूत।
राम मिला सब देखताँ, सो जोगी अवधूत।।   (15)

अर्थ– मन की माला और तन की करधनी धारण कर जो भय की भभूत रमाता है तथा सारे प्राणियों को राममय देखता है, वही सच्चा सन्त है।

तन की जोगी सब करैं, मन को करैं न कोय।
सहजै सब सिधि पाइये, जो मन जोगी होय।।   (16)

अर्थ- जो लोग शारीरिक योग की साधना तो करते हैं, किन्तु मन की साधना कोई नहीं करता, जो मन की साधना करेगा, उसको सब सिद्धियाँ सहज में ही मिल जायेंगी।

माला फेरै मनमुखी, बहुतक फिरै अचेत।

माँगी रोलै बहि गया, हरि सों किया न हेत।।   (17)

अर्थ- बिना गुरु के ज्ञान के बहुत से लोग स्नान-ध्यान करके तिलक लगाते हैं और माला फेरते हैं। गंगा के प्रवाह में जिस प्रकार मिट्टी तथा आस-पास की वस्तुयें बह जाती हैं, उसी प्रकार प्रभु से विमुख व्यक्ति सांसारिक झंझटों में मर जाते हैं।

बाना पहिरै सिंघ का, चलै भेड़ की चाल।

बोलै बोल सियार की, कुत्ता खावै फाल।।   (18)

अर्थ- वेश तो शेर का धारण कर लिया, किन्तु चाल सियार की रही और बोल रहे सियार जैसे, ऐसे में कुत्ते अवश्य फाड़ कर खा जायेंगे। कहने का अर्थ ये है कि रूप संत का बना लिया, किन्तु कर्म असन्तों जैसे हैं, तो इससे कुछ होने वाला नहीं। ऐसे व्यक्ति को मृत्यु रूपी कुत्ता अवश्य खा जाएगा।

तन को जोगी सब करैं, मन को करैं न कोय।

सहजै सब सिद्धि पाइए, जो मन जोगी होय।।   (19)

अर्थ- लोग शारीरिक योग-साधना तो करते हैं, किन्तु मन की साधना कोई नहीं करता, जो मन की साधना करेगा उसे सभी सिद्धियाँ सहज ही प्राप्त हो जायेंगी।

हम तो जोगी मनहिं के, तन के हैं ते और।

मन को जोग लगावताँ, दसा भई कुछ और।।   (20)

अर्थ- हम तो मन के योगी हैं, तन के योगी और होते हैं। मन के योगियों का मन उन्हें सांसारिक विषयों से खींचकर परम तत्व में लगा देता है, फिर उनकी दशा संसार से अलग हो जाती है।

भरम न भागै जीव का, बहुतक धरिया भेष।

सतगुरु मिलिया बाहिरै, अन्तर रहा अलेख।।   (21)

अर्थ- केवल अनेक प्रकार के वेश धारण करने से भ्रम दूर नहीं होता। सद्गुरु भी भेद न जानने वाला बाह्य ज्ञानी मिला, इसलिये वह शिष्य को उसके भीतर बैठे परमात्मा के दर्शन न करा सका।

कबीर संगति साधु की : एक विमर्श

जप माला छापा तिलक, सरै न एकौ काम।

मन काचे नाचे वृथा, साँचे राचे राम।। (22)

अर्थ– केवल माला जपने और तिलक लगाने से कोई कार्य सिद्ध नहीं होता क्योंकि मन तो व्यर्थ ही नश्वर पदार्थों में रमा रहता है, ईश्वर तो सच्चे भक्त के मन में वास करते हैं।

वैरागी विरकत भला, गिरा पड़ा फल खाय।

सरिता को पानी पिये, गिरहीं द्वार न जाय।। (23)

अर्थ– वैरागी सन्त वही श्रेष्ठ है, जो अपनी भूख मिटाने के लिये वृक्षों के नीचे गिरे फल को खाकर ऊपर ने नदी का पानी पी लेता है, पर किसी गृहस्थ के द्वार नहीं जाता है।

गिरही सेवै साधु को, साधू सुमिरै नाम।

यामें धोखा कुछु नहीं, सरै दोउ का काम।। (24)

अर्थ– गृहस्थ मनुष्य साधु की सेवा करे और साधु प्रभु के नाम का सुमिरन करै, ऐसा करने से दोनों में से किसी को धोखा तथा हानि नहीं। दोनों के ही कार्य की सिद्धि हो जाती है।

करिये तो करि जानिये, सरिखा सेती संग।

झिरझिर जिमि लोई भई, तऊ न छाड़ैं रंग।। (25)

अर्थ– यदि प्रेम का तरीका ज्ञात है तो अपने जैसे प्रेमी सन्तों की संगति करना चाहिए। फट जाने पर भी जिस प्रकार लोई का रंग लोई का साथ नहीं छोड़ता, उसी प्रकार सन्त कभी संग नहीं छोड़ते।

सिष साखा संसार गति, सेवक परतछ काल।

वैरागी छावै मढ़ी, ताको मूल न डाल।। (26)

अर्थ– सन्त होकर भी यदि कोई बहुत से शिष्य बना ले, तो यह सांसारिक चाल है। इसी प्रकार सेवक इत्यादि प्रत्यक्ष काल रूप हैं, क्योंकि मन फिर उन्हीं के हित में लगा रहता है। इसी प्रकार यदि वैरागी होकर कुटी बना लेता है, तो समझिये कि मूल से डाल तक का नाश हो जाता है। इसलिए सन्तों को सांसारिक बन्धनों से मुक्त रहना चाहिए।

शब्द विचारे पथ चले, ज्ञान गली के पाँव।

क्या रमता क्या बैठता, क्या गृह कँदला छाँव।। (27)

साखी

अर्थ- सन्त को गुरु के उपदेशों का ध्यान करना चाहिये तथा सदैव ज्ञान मार्ग पर चलना चाहिये, चाहे वह संसार का भ्रमण करता हो या कहीं बैठा हो, घर, गुफा व जंगल हर स्थान पर प्रभु का ध्यान करते रहना चाहिए।

जैसा मीठा घृत पकै, तैसा फीका साग।

रामनाम सो राचहीं, कहैं कबीर वैराग।। (28)

अर्थ- घी में पके पकवान या फीके शाक (साग) को जो सन्त समान समझते हैं, वही सच्चे वैरागी हैं, जो रामनाम में रचे-बसे हैं।

गुरु आज्ञा तें जो रमै, रमते तजै सरीर।

ताको मुक्ति हजूर है, सतगुरु कहैं कबीर।। (29)

अर्थ- सतगुरु कबीर साहब कहते हैं कि ज्ञानी गुरु की आज्ञा से जो देश-विदेश में भ्रमण करता है और भ्रमण करते-करते अपना शरीर त्याग देता है, निश्चित ही उसे मुक्ति मिल जाती है, इसमें कोई सन्देह नहीं है।

सतगुरु अधम उधारना, दया सिंधु गुरु नाम।

गुरु बिन कोई न तरि सकै, क्या जप अल्लाह राम।।   (30)

अर्थ- सद्गुरु प्राणियों का उद्धार करने वाले दया के सागर हैं। गुरु की सेवा के बिना कोई भवसागर के पार नहीं जा सकता, चाहे वह राम का नाम ले या अल्लाह का।

मन का मस्तक मूड़ि ले, काम क्रोध का केस।

जो पाँचौ परमोधि लै, चेला सबही देश।।   (31)

अर्थ- अपने मन का मस्तिष्क (माथा) मूड़कर तथा क्रोध-काम रूपी केश को काटने के पश्चात जो पाँचों ज्ञानेन्द्रियों को वश में कर लेता है, उसके हर स्थान पर शिष्य होते हैं, अर्थात उसके सभी चेले बन जाते हैं।

पाँच सात सुमता भरी, गुरु सेवा चित लाय।

तब गुरु आज्ञा लेय के, रहे दिसन्तर जाय।।   (32)

अर्थ- वह जिज्ञासु जो आत्मज्ञान की प्राप्ति के लिये वर्षों सहनशीलता के साथ सच्चे मन से गुरु की सेवा करता है और ज्ञान प्राप्ति के पश्चात गुरु की आज्ञा लेकर अन्य देशों में धर्म प्रचार करता है, वही सच्चा शिष्य है।

    कबीर संगति साधु की : एक विमर्श

माला पहिरैं कौन गुन, मन दुविधा नहिं जाय।

मन माला करि राखिये, गुरु सरनन चित लाय।। (33)

अर्थ— मन की दुविधा यदि नहीं गई तो माला धारण करने से क्या लाभ। गुरु महाराज के चरणों में ध्यान लगाकर ही मन की माला पहनना चाहिये।

गुरु के सनमुख जो रहै, सहै कसौटी दूख।

कहैं कबीर ता दुख पर, वारौं कोटिक सूख।। (34)

अर्थ— सन्त कबीर साहब कहते हैं कि गुरु के सन्निकट रहकर कसौटी रूपी दुख पर संसार के करोड़ों सुखों को मैं गुरु के चरणों में निछावर करता हूँ।

मन मैला तन ऊजला, बगुला कपटी अंग।

तासों तो कौआ भला, तन मन एकहिं रंग।। (35)

अर्थ— मन तो दूषित है, हमेशा पापकर्म में संलग्न रहता है, पर तन साफ-सुथरा है। जैसे बगुला बाहर से तो उज्ज्वल स्वरूप का होता है, किन्तु भीतर कपट भरा रहता है। उससे अच्छा तो कौआ है, जो भीतर-बाहर एक समान है।

कवि तो कोटिन कोटि हैं, सिर के मूँड़े कोट।

मन के मूँड़े देख करि, ता संग लीजै ओट।। (36)

अर्थ— कविता करने वाले और सिर के बाल कटाकर वेश धारण करने वाले तो करोड़ों लोग हैं। जिज्ञासु भक्तों को चाहिए कि जो मन से शुद्ध हों उन्हीं की शरण में जायें।

बोली टोली मसकरी, हाँसी खेल हराम।

मद माता और इस्तरी, नहिं सन्तन के काम।। (37)

अर्थ— गलत बोलना, हँसी-मजाक करना तथा खेल-टहल इत्यादि सन्तों के लिए वर्जित है। इसी प्रकार मान-सम्मान, माता तथा स्त्री से भी सन्तजनों को दूर रहना चाहिए।

फाली फूली गाड़री, ओढ़ि सिंघ की खाल।

साँचा सिंघ जब आमिले, गाड़र कौन हवाल।। (38)

अर्थ— सिंह रूपी ज्ञान का चोला धारण कर जब भेड़ रूपी अज्ञानी खूब फूला-फला घूमता है, तथा ज्ञानी बना फिरता है, किन्तु जब सच्चे सिंह रूपी ज्ञानी से उसका पाला पड़ जाता है, तो उसकी दशा देखने लायक होती है।

साखी

अजर जु धाम अतीत का, गिरही करै अहार।
निस्चै होइ दरिद्री, कहैं कबीर विचार।।   (39)

अर्थ– सन्त कबीर साहब सोच-विचार कर कहते हैं कि जो धन परमार्थ कार्य
के लिये होता है जैसे-मठों, मंदिरों तथा विद्यालयों इत्यादि का धन। यदि उस
धन का उपयोग गृहस्थ लोग अपने व्यक्तिगत स्वार्थ के लिये करेंगे तो निश्चय
ही निर्धन हो जायेंगे। अत: परमार्थ का धन परमार्थ कार्यों में ही उपयोग किया
जाना चाहिए।

गिरही को चिन्ता घनी, बैरागी को भीख।
दोनों का बिच जीव है, देहु न सन्तों सीख।।   (40)

अर्थ– गृहस्थ को अनेक प्रकार की चिन्तायें रहती हैं और वैरागी को भिक्षा की
पड़ी है। दोनों के मध्य दोनों का जीवन पड़ा हुआ है। एक तो गृहस्थी से परेशान
है तो दूसरा पेट की भूख से। सन्तों को चाहिए कि दोनों को उचित शिक्षा दें।

धारा तो दोनों भली, गिरही के वैराग।
गिरही दासातन करै, वैरागी अनुराग।।   (41)

अर्थ– गृहस्थ आश्रम और वैराग आश्रम दोनों ही श्रेष्ठ हैं। यदि गृहस्थ बड़ों की
सेवा करें, सदाचार का पालन करें और साधु ईश्वर की भक्ति करे तभी कल्याण
होगा।

त्रिकुटी ही निजमूल है, भ्रिकुटी मध्य रिसान।
ब्रह्म दीप अस्थूल है, अगर तिलक निरबान।। (42)

अर्थ– कहते हैं कि तत्त्व का त्रिकुटी अर्थात भौहों के बीच उसका स्थान है। साध
क को भृकुटी के मध्य ध्यान को केन्द्रित करना चाहिए। शरीर के मध्य स्थान
अर्थात् हृदय में ब्रह्मरूपी दीपक का प्रकाश दिखाई देता है। वही तत्त्व रूपी
तिलक के रूप में मुक्ति देने वाला है।

●

                कबीर संगति साधु की : एक विमर्श

सुमिरन- महिमा

बिना नाम बेकाम है, छप्पन भोग विलास।

क्या इन्द्रासन बैठना, क्या बैकुण्ठ निवास।।   (1)

अर्थ– सद्‌गुरु कबीर साहब का कथन है कि राम नाम जो जीवन का सार है, उसके बिना सब व्यर्थ है, चाहे वे छप्पन प्रकार के भोग हों या इन्द्रासन पर बैठना या बैकुण्ठ में निवास ही क्यों न हो, इस राम नाम के बिना सब व्यर्थ है।

राम जपत कुष्टी भला, चुइ-चुइ परै जु चाम।

कंचन देह किस काम की, जो मुख नाहीं राम।। (2)

अर्थ– राम नाम का सुमिरन करने वाला कोढ़ी, जिसका शरीर कुष्ठ से गल-गल कर समाप्त हो रहा है, श्रेष्ठ है। इसके विपरीत जिसका शरीर स्वर्ण की भाँति चमकता है, पर मुँह से राम नाम नहीं निकलता वह निकृष्ट है।

राम रतन धन पाइ के, गाँठि बांधि न खोल।

नहिं पाटन नहिं पार की, नहिं गाहक नहिं मोल।।(3)

अर्थ– यदि तुमको ज्ञान रूपी राम-धन मिल गया है तो इसे गाँठ बाँध कर रख लो अर्थात हृदय में धारण कर लो और इसे कहीं मत खोलो, क्योंकि इसका पारखी किसी नगर में नहीं और ना ही कोई ग्राहक है, इसका कोई मूल्य भी नहीं है, यह अमूल्य है।

राम जपत दरिद्री भला, टूटी घर की छान।

कंचन मन्दिर जारि दे, जहाँ न सतगुरु ज्ञान।।   (4)

अर्थ–जीर्ण-शीर्ण झोपड़ी में रहने वाला दरिद्र, जो राम नाम जपता है वो श्रेष्ठ है, किन्तु सोने के मंदिर जैसा भवन, जहाँ सद्‌गुरु के ज्ञान की चर्चा नहीं होती जलाने योग्य है।

कोटि नाम संसार में, ताते मुक्ति न होय।

आदि नाम जो गुप्त जप, बिरला जाने कोय।।   (5)

अर्थ– संसार में अनेकों भगवान के नाम हैं, पर उनसे मुक्ति नहीं होती। मुक्ति तो उस राम नाम को गुप्त जपने से होती है, यह कोई-कोई ही जान पाता है।

जोजन होइहैं जौहरी, रतन लेहिं बिलगाय।

सोहँग-सोहँग जपि मुआ, मिथ्या जनम गँवाय।।   (6)

अर्थ- वे साधु जो रत्नों के पारखी होते हैं, वे पत्थर और रत्न को अलग कर लेते हैं और सोहंग-सोहंग की रट लगाने वाले अपना जीवन व्यर्थ गँवा देते हैं और सोहंग का अर्थ भी नहीं जानते।

जबहि राम हिरदे धरा, भया पाप का नास।

मानो चिनगी आग की, परी पुराने घास।।   (7)

अर्थ- जब-जब राम को हृदय में धारण किया, उसी क्षण सब पापों का नाश हो गया। जैसे एक चिनगारी पुरानी घास पर पड़ जाने पर उसे जलाकर भस्म कर देती है।

सबहि रसायन हम करी, नहीं नाम सम कोय।

रंचक घट में संचरै, सब तन कंचन होय।।   (8)

अर्थ- सभी रसायनों द्वारा शोधन करके मैंने देख लिया। किन्तु राम-रसायन के समान कोई नहीं मिला। यदि यह थोड़ा भी घट में प्रवेश कर जाये तो सारे शरीर को कंचन कर देता है।

कबीर हरि के नाम में, सुरति रहै करतार।

ता मुख से मोती झरै, हीरा अनँत अपार।।   (9)

अर्थ- संत कबीर साहब का कथन है कि जिसकी सुरति हरि के नाम में लग गई, उसके मुँह से ज्ञान निकलने लगता है और आत्मज्ञान रूपी भी दिखाई देने लगता है।

कबीर परगट राम कहु, छानै राम न गाय।

फूसक जोड़ा दूरि करु, बहुरि न लागै लाय।।   (10)

अर्थ- राम का नाम जोर-जोर से कहो, इसे छिपाकर मत रखो। फूस रूपी अज्ञान को दूर करो फिर उसमें आग नहीं लगेगी।

कबीर सब जग निरधना, धनवन्ता नहिं कोय।

धनवंता सोइ जानिये, राम नाम धन होय।।   (11)

अर्थ- सद्गुरु कबीर साहब कहते हैं कि सारा संसार निर्धन है, कोई धनवान नहीं है। धनवान तो वही है जिसके पास रामरूपी धन हो।

     कबीर संगति साधु की : एक विमर्श

कबीर हरि के मिलन की, बात सुनी हम दोय।

कै कछु हरि को नाम ले, कै कर ऊँचा होय।।(12)

अर्थ– सन्त कबीर कहते हैं कि राम के मिलन की हमने दो बातें सुनी हैं। पहली तो राम का नाम लीजिए और दूसरी हाथ ऊँचा करके दान दीजिए।

कबीर कठिनाई खरी, सुमिरत हरि को नाम।

सूली ऊपर नट विधा, गिरै तो नाहीं ठाम।।   (13)

अर्थ– सद्गुरु कबीर साहब का कथन है कि ईश्वर के सुमिरन में बड़ी कठिनाई और बाधा है, जिस प्रकार नट भाले की नोक पर खेल दिखाता है, उसी प्रकार संसार की मोह-माया में रहकर जो परमेश्वर का नाम भजता है, वह भवसागर पार कर जाता है।

कबीर नैन झर लाइये, रहट बहै निस जाम।

पपिहा यौं पी पी करे, कबीर मिलेंगे राम।।   (14)

अर्थ– कबीर साहब का कथन है कि ईश्वर से मिलने के लिये रहट की धारा से जिस प्रकार पानी का निरंतर प्रवाह होता है, उसी प्रकार तुम भी अपने नेत्रों से टकटकी लगाकर लगातार राम का ध्यान करो, जिस प्रकार पपीहा की प्यास स्वाती जल के बिना नहीं बुझती है, उसी प्रकार निरन्तर ध्यान से तुम्हें ईश्वर की प्राप्ति होगी।

जा घट प्रीत न प्रेम रस, पुनि रसना नहिं राम।

जे नर पसु संसार में, उपजि मरे बेकाम।।   (15)

अर्थ– सन्त कबीर कहते हैं कि जिसके हृदय में न प्रीति है, न प्रेम है और जिह्वा पर राम का नाम भी नहीं, वह नर पशु के समान है, उसका जीना-मरना व्यर्थ है।

लेने को गुरु नाम है, देने को अन दान।

तरने की आधीनता, बूड़ने को अभिमान।।   (16)

अर्थ–कबीर साहब मनुष्य को सम्बोधित करते हुए कहते हैं, यदि तुम कुछ लेना चाहते हो तो ईश्वर का नाम लो और देना चाहते हो तो अन्न दान दो। यदि तुम्हें भवसागर से तरना है तो राम की अधीनता स्वीकार करो और यदि नर्क में जाना चाहते हो तो अभिमान करो।

संगति-महिमा

प्राणियों के व्यक्तित्व-कृतित्व के निर्माण में संगति की सक्रिय और प्रभावशाली भूमिका होती है। प्राणियों के अन्तर्गत पशु, पक्षी, पेड़-पौधे तथा अन्य जीव आते हैं। संग, साथ, साहचर्य तथा मेल इत्यादि शब्द संगति के समानार्थी हैं। व्यक्ति-व्यक्ति जब आपस में मिलते हैं तो उनकी परस्पर अन्तक्रिया होती है। वार्तालाप, सहयोग, सहायता तथा लेन-देन इत्यादि गतिविधियों से वे परस्पर एक-दूसरे को प्रभावित करते हैं। दोनों एक-दूसरे से सीखते हैं। सीखने से उनके व्यवहार में परिवर्तन होता है। आदत तथा स्वभाव का निर्धारण भी संगति से होता है। अच्छे व्यक्ति के साथ रहने से अच्छे गुण तथा संस्कार मिलते हैं। ठीक इसी प्रकार बुरे व्यक्ति की संगति में रहने से व्यक्ति प्राय: बुरा ही बनता है।

सद्गुरु कबीर साहब ने संगति के बहुआयामी संदर्भ पर व्यापक विमर्श किया है। व्यक्ति-व्यक्ति से समाज बनता है। समाज में अलग-अलग विचारधारा तथा आदत के व्यक्ति होते हैं। समाज में व्यक्तियों की अन्तक्रिया बहुकोणीय होती है। व्यक्ति एक साथ अनेक लोगों से प्रभावित होता है, साथ ही बहुतेरे लोगों को प्रभावित भी करता है। इस क्रिया-प्रतिक्रिया से समाज का सृजन होता है। इसी समाज में रहकर व्यक्ति सामाजिक प्राणी बनता है।

सामान्य बोलचाल में भी हर वयवर्ग के लोगों को गुणवान लोगों के साथ रहने के लिए प्रेरित किया जाता है। साधु, सज्जन, सन्त, चरित्रवान, सच्चे तथा सद्गुणी लोगों के साथ रहने से नेक चरित्र का विकास होता है और व्यक्तित्व में साधुता आती है। कहा जाता है कि व्यक्ति पुस्तकों के अध्ययन से नहीं बल्कि सत्संगति में रहने से महान बनता है। कबीर साहब ने कहा है कि....‘‘**जहँ जैसी संगति करे, तँह तैसा फल पाय।**’’ अर्थात् संगति अच्छी नहीं होगी तो अच्छाई समाप्त हो जाएगी। संगति के अनुसार ही फल मिलता है।

 कबीर संगति साधु की : एक विमर्श

कबीर संगति साधु की, नित प्रति कीजै जाय।

दुरमति दूर बहावसी, देसी सुमति बताय।।   (1)

अर्थ– सद्गुरु कबीर साहब कहते हैं कि सन्तजनों की संगति में नित्य रहना चाहिए, इससे दुर्बुद्धि का निवारण होता है तथा सद्बुद्धि का विकास होता है।

कबीर संगति साधु की, कबहुँ न निष्फल जाय।

जो पै बोवै भूमि के, फूलै फलै अघाय।।   (2)

अर्थ– कबीर साहब कहते हैं कि सन्त की संगति कभी निष्फल नहीं होती। जिस प्रकार बीज को यदि भूनकर भी नमी युक्त भूमि में बो दिया जाय तो वह अंकुरित होकर फूलने–फलने लगता है। इसी प्रकार यदि अनिच्छा से भी संतों की सेवा की जाय तो सन्तुष्टिदायक फल अवश्य मिलता है।

कबीर संगति साधु की, ज्यों गंधी की वास।

जो कुछ गंधी दे नहीं, तो भी वास-सुवास।।   (3)

अर्थ– सन्त कबीर कहते हैं कि साधु की संगति इत्र की गंध के समान होती है। यदि इत्र वाला इत्र न भी दे तो भी निकट रहने से सुगन्ध तो मिलती ही है। इसी प्रकार सन्तों के पास रहने से कुछ न कुछ सद्गुण अवश्य प्राप्त होता है।

कबीर संगति साधु की,जो करि जानै कोय।

सकल विरछ चन्दन भये, बाँस न चन्दन होय।।   (4)

अर्थ– जो साधुओं की संगति करते हैं, वही इस तथ्य को जानते हैं कि चन्दन के निकट सभी वृक्ष चन्दन के समान हो जाते हैं। किन्तु अज्ञानी पुरुष रूपी बाँस इससे वंचित रह जाता है।

एक घड़ी आधी घड़ी आधी हूँ सो आध।

कबीर संगति साधु की, कटै कोटि अपराध।।   (5)

अर्थ– सन्तों के दर्शन के लिये एक घड़ी, आधी घड़ी या आधी की भी आधी घड़ी के लिये जाना चाहिए। अल्पावधि के साथ से ही करोड़ों अपराध मिट जायेंगे।

जा पल दरसन साधु का, ता पल की बलिहार।

राम नाम रसना बसै, लीजै जनम सुधार।।   (6)

अर्थ– जिस पल सन्तों के दर्शन होते हैं, वह पल धन्य है, क्योंकि सन्तों के दर्शन

से जिह्वा पर प्रभु का नाम आ जाता है, इससे जीवन सुधर जाता है।

कबीर बन बन में फिरा, ढूँढि़ फिरा सब गाम।

राम सरीखा जन मिलै, तब पूरा ह्वै काम ।। (7)

अर्थ– कबीर साहब का कथन है कि सभी जंगलों, पर्वतों तथा गाँवों में भ्रमण किया, किन्तु जब राम भक्त साधु मिलेंगे तभी जाकर मेरा काम पूर्ण होगा।

मलयागिरि के पेड़ सों ,सरप रहे लिपटाय।

रोम-रोम विष भीनिया, अमृत कहाँ समाय।।   (8)

अर्थ– जिस प्रकार मलयागिरि के पेड़ से सैकड़ों विषधर (सर्प) लिपटे रहते हैं, पर उनका विष दूर नहीं होता, इसी भाँति कपटी तथा अज्ञानी के हृदय में सन्तों के वचन का कुछ भी प्रभाव नहीं होता।

मेरा मन हंसा रमै, हंसा गगनि रहाय।

बगुला मन मानै नहीं, घर आँगन फिर जाय।।   (9)

अर्थ– मेरा मन तो हंस रूपी सन्त की संगति में रमण करना चाहता है, क्योंकि सन्त परमात्मा की भक्ति में डूबे रहते हैं। बगुले की तरह पापी मन सदा घर-परिवार में ही फँसा रहता है।

जा घर गुरु की भक्ति नहीं, सन्त नहीं मिहमान।

ता घर जम डेरा दिया, जीवन भये मसान।।   (10)

अर्थ– जिस घर में प्रभु की भक्ति तथा सन्तों का आवागमन नहीं, उस घर में यमराज का वास होता है, जीते जी वह घर श्मशान हो जाता है।

रिद्धि सिद्धि माँगू नहीं, माँगू तुम पर येह।

नित प्रति दरसन साधु का, कहैं कबीर मुनि देह।।   (11)

अर्थ– कबीर साहब कहते हैं कि हे प्रभु मैं तुमसे धन-वैभव नहीं माँगता, केवल यही माँगता हूँ कि प्रतिदिन सन्त दर्शन होते रहें।

कबीर मन पंछी भया, भावै तहवाँ जाय।

जो जैसी संगति करै, सो तैसा फल पाय।।   (12)

अर्थ– सद्गुरु कबीर साहब कहते हैं कि मन पक्षी की भाँति होता है। यदि वह संत की संगति में रहता है तो विवेक उत्पन्न होता है, असन्त की संगति में वास करने से निश्चय ही बुद्धिहीन होगा अर्थात् जैसी संगति वैसा ही फल मिलेगा।

                                        कबीर संगति साधु की : एक विमर्श

कबीर तासों संग कर, जो रे भजिहैं राम।

राजा राणा छत्रपति, नाम बिना बेकाम।।   (13)

अर्थ– सन्त कबीर का कथन है कि ऐसे लोगों की ही संगति में रहना चाहिए जो ईश्वर के भजन में लीन रहते हैं, क्योंकि प्रभु के भजन के बिना राजे हों या महाराजे सब बेकार हैं।

राम बुलावा भेजिया, दिया कबीरा रोय।

जो सुख साधू संग में, सो बैकुण्ठ न होय।।   (14)

अर्थ– सन्त कबीर साहब का कथन है कि प्रभु ने बुलावा भेज दिया जिसको सुनकर सत्संगी दु:खी हो गया, क्योंकि जो सुख सत्संगति में मिलता है वो बैकुण्ठ में भी नहीं मिलता।

कबीर खाई कोट की, पानी पिबै न कोय।

जाय मिले जब गंग में, सब गंगोदक होय।।   (15)

अर्थ– सन्त कबीर कहते हैं कि गन्दे नाले और खाई– खड्ढ का पानी कोई नहीं पीता, पर ये पानी जब गंगा में समा जाता है तो गंगा जल हो जाता है, इसी प्रकार भोगी–विलासी व्यक्ति का साथ कोई नहीं पसंद करता, किन्तु जब वह संत पुरुष रूपी गंगा से मिल जाता है तो सम्मान का पात्र बन जाता है।

मथुरा कासी द्वारिका, हरिद्वार जगन्नाथ।

साधु संगति हरी भजन, बिन, कछु न आवै हाथ।।   (16)

अर्थ– मथुरा, काशी, द्वारिका, हरिद्वार तथा जगन्नाथ चाहे जितने तीर्थ कोई कर ले, साधु संगति तथा हरिभजन के बिना कुछ भी प्राप्त नहीं होगा।

साखि सब्द बहुतै सुना, मिटा न मन का दाग।

संगति सो सुधरा नहीं, ताका बड़ा अभाग।।   (17)

अर्थ– साखी, दोहे तथा भजन बहुत पढ़े व सुने पर मन की मलिनता नहीं गई। जो सत्संग से भी नहीं सुधरा उससे बड़ा भाग्यहीन और कोई नहीं।

मन दीया कहुँ और ही, तन साधु न के संग।

कहैं कबीर कारी गजी, कैसे लागे रंग।।   (18)

अर्थ– सद्गुरु कबीर साहब का कथन है कि मन तो कहीं और भटक रहा है, सन्तों के साथ तो केवल शरीर से मौजूद है। जिस भाँति बिना धोये वस्त्र वस्त्र

पर रंग नहीं चढ़ता, उसी भाँति तन और मन दोनों का साथ साधु की संगति में हो तो प्रभाव पड़ता है अन्यथा नहीं।

चन्दन परसा बावना, विष ना तजै भुजंग।

यह चाहै गुन आपना, कहा करै सतसंग।।   (19)

अर्थ- सर्प की बिल के ऊपर भले ही चन्दन का पेड़ क्यों न उग आया हो, तब भी सर्प अपना विष नहीं त्यागता, ठीक इसी प्रकार विषयी पुरुष जब तक अपना विचार नहीं बदलेगा, तब तक सत्संग का कोई असर नहीं होगा।

कबीर कुसंगत कीजिये, लोहा जल न तिराय।

कदली सीप भुजंग मुख, एक बूँद तिर जाय।।   (20)

अर्थ- सन्त कबीर का कथन है कि दुर्जनों की संगति कभी मत करो। जिस प्रकार लोहा जल में कभी नहीं तैर सकता, उसी प्रकार पापी भी भवसागर पार नहीं कर सकता। जिस प्रकार स्वाती नक्षत्र की एक बूँद केले पर पड़ने से कपूर हो जाती है, सीप में पड़ने पर मोती और साँप के मुख में पड़ने पर विष बन जाती है। उसी प्रकार सन्तों का एक उपदेश सज्जनों की भक्ति का कारण बन जाता है।

कबीर गुरु के देश में,बसि जानै जो कोय।

कागा ते हंसा बनै, जाति बरन कुल खोय।।   (21)

अर्थ- जो सद्गुरु के देश में निवास करता है, उसकी जाति-पाँति सब मिट जाती है और वो अज्ञानी रूपी काग से ज्ञानी हंस का रूप ले लेता है।

मूरख को समझावते, ज्ञान गाँठि का जाय।

कोयला होय न ऊजला, सौ मन साबुन लाय।।   (22)

अर्थ- मूर्ख को समझाने में अपना ज्ञान समाप्त नहीं करना चाहिए, कितना भी साबुन खर्च किया जाय पर कोयला उज्ज्वल नहीं होता।

ऊजल बुंद आकास की, पड़ि गइ भूमि विकार।

माटी मिलि भई कीच सो, बिन संगति भौछार।।   (23)

अर्थ- जिस प्रकार आकाश की बूँद भूमि में मिलकर बेकार हो जाती है, मिट्टी के संग मिलकर कीच बन जाती है। इसी प्रकार सत्य पुरुष गुरु-उपदेश के बिना व्यर्थ है।

गिरिये परवत सिखर ते, परिये धरनि मँझार।

मूरख मित्र न कीजिये, बूड़ो काली धार।।   (24)

अर्थ—ऊँचे पर्वत से गिरकर पृथ्वी पर भले ही प्राण त्याग दो, पर मूर्ख से मित्रता मत करना अन्यथा अंधकूप में डूब जाओगे।

ऊँचे कुल क्या जनमिया, जो करनी ऊँच न होय।

कनक कलस मद सों भरा, साधुन निंदा सोय।। (25)

अर्थ— यदि कर्म अच्छे नहीं है, तो ऊँचे कुल में जन्म लेने का कोई फायदा नहीं। यह तो वैसे ही है जैसे सोने के घड़े में शराब भर दी गई हो, तो सन्त जन उसकी निन्दा ही करेंगे, छूना भी गँवारा नहीं करेंगे।

जग सो आपा राखिये, ज्यों विषहर सो अंग।

करो दया जो खूब है, बुरा खलक का संग।। (26)

अर्थ— जिस प्रकार लोग विषधर से अपने को बचाते हैं, उसी प्रकार कुसंगति से दूर रहना चाहिए। जैसे साँपों को कितना भी दूध पिलाओ पर वे काटते जरूर हैं, उसी प्रकार दुष्टों का संग दु:खदायी होता है।

पुरुब जनम के भोग से, मिले संत का जोग।

कहैं कबीर समुझै नहीं, फिर फिर चाहै भोग।। (27)

अर्थ— सन्त कबीर कहते हैं कि पूर्व जन्मों के कर्मों के कारण साधुओं का सत्संग मिला, फिर भी नासमझ पुन: भोग में लिप्त होना चाहता है।

जीवन जोवन राजमद, अविचल रहै न कोय।

जु दिन जाय सतसंग में, जीवन का फल सोय।। (28)

अर्थ— जीवन, युवावस्था और राजसत्ता स्थाई नहीं होते, इसलिए जीवन को सफल करने के लिए सत्संग करना चाहिए।

सखि सब्द बहुतहि सुना, मिटा न मन का मोह।

पारस तक पहुँचा नहीं, रहा लोह का लोह।। (29)

अर्थ— साखी, भजन तथा कीर्तन तो बहुत सुना पर सद्गुरु की संगति के बिना मन का अज्ञान दूर नहीं हुआ, जैसे पारसमणि के स्पर्श के बिना लोहा सोना नहीं बनता।

ज्ञानी को ज्ञानी मिलै, रस की लूटम लूट।

ज्ञानी अज्ञानी मिले, होवै माथा कूट।। (30)

अर्थ— जब ज्ञानी-ज्ञानी आपस में मिलते हैं तो दोनों ज्ञान प्राप्त करने लगते हैं। अज्ञानी से मिलने पर माथा-पच्ची के सिवा और कुछ नहीं होता।

कंचन भौ पारस परिस, बहुरि न लोहा होय।

चन्दन बास पलास विधि, ढंक कहैं नहीं कोय।। (31)

अर्थ– जिस प्रकार पारस से स्पर्श करने पर लोहा सोना हो जाता है, और वह पुन: लोहा नहीं होता। जब चन्दन की सुगन्ध पलास में बस जाती है, तो फिर वह पलास नहीं होता। इसी प्रकार सन्तों की संगति से पुरुष सन्त बन जाता है, उसे कोई असन्त नहीं कहता।

कबीर विषधर बहु मिले, मणिधर मिला न कोय।

विषधर को मणिधर मिले, विषधर अमृत होय।।   (32)

अर्थ– सन्त कबीर साहब कहते हैं कि विषधारी साँप तो बहुत मिले, किन्तु मणि धारण करने वाला साँप कहीं नहीं मिला। विषधारी को मणिधारी मिलने से उसका विष अमृत हो जाता है। तात्पर्य यह है कि अज्ञानी मनुष्य को यदि ज्ञानी सन्त मिल जाये तो उसका अज्ञान दूर कर उसे ज्ञानी बना देता है।

कूसंगति लागे नहीं, शब्द सजीवन हाथ।

बाजीगर का बालका, सावै सरप कि साथ।।   (33)

अर्थ– ज्ञानी पुरुष पर कुसंगति का कोई प्रभाव नहीं होता, क्योंकि उसके पास ज्ञानरूपी महामंत्र होता है। जैसे सपेरे का पुत्र सर्प के साथ सोता है उसे सर्प से डर नहीं लगता, क्योंकि उसके पास सर्प का विष उतारने की बूटी होती है।

निगुणै गाँव न वासिये, सब गुण को गुण खाय।

चंदन पड़िया चौक में, ईंधन बदले जाय।।   (34)

अर्थ– गुण-विहीन दुष्ट लोगों को गाँव में नहीं बसाना चाहिए, क्योंकि इससे गुणवानों के भी गुण नष्ट हो जाएंगे, लोग गुणवानों को गुणहीन समझेंगे। जैसे चन्दन की लकड़ी यदि जलाने की लकड़ी के साथ चौके में चली जाती है, तो वह भी ईंधन समझकर जला दी जाती है।

लकड़ी जल डूबै नहीं, कहो कहाँ की प्रीति।

अपनो सींचो जानिके, यही बड़न की रीति।। (35)

अर्थ– कबीर साहब कहते हैं कि लकड़ी जल में डूबती नहीं, क्योंकि जल ने ही वृक्ष को सींचकर बड़ा किया है। अत: इसे अपना समझकर जल डूबने नहीं देता, यही बड़ों का बड़प्पन है।

तरुवर जड़ से काटिया, जबै सम्हारो जहाज।

तारे पन बोरै नहीं, बाँह गहे की लाज।। (36)

अर्थ– जिस प्रकार पेड़ को काटकर जहाज बनाया फिर भी काटने वाले को

                     कबीर संगति साधु की : एक विमर्श

जहाज कभी डुबोता नहीं, उसे पार उतार देता है। इसी प्रकार सद्गुरु जिसे अपना लेते हैं, फिर उसका सदैव कल्याण ही करते हैं।

सन्त सुरसरी गंगजल, आनि पखारा अंग।

मैले से निरमल भये, साधू जन के संग।।   (37)

अर्थ– सन्त देव नदी गंगा के समान हैं, जिसमें स्नान करने से शरीर की गंदगी दूर हो जाती है, इसी प्रकार संतों की संगति में रहने से पापी भी निष्पाप हो जाते हैं।

साधु संगति गुरुभक्ति रू, बढ़त बढ़त बढ़ि जाय।

ओंधी संगति खर शब्द रू, घटत घटत घटि जाय।।   (38)

अर्थ– सन्त की संगति और गुरु की भक्ति प्रतिदिन करने से बढ़ती ही जाती है और दुष्टों की संगति गधे के समान है, जो पहले ऊँचे स्वर में चिल्लाता है, फिर धीरे-धीरे उसका स्वर धीमा होता चला जाता है।

संगति ऐसी कीजिए, सरसा नर सों संग।

लर-लर लोई होत है, तऊ न छाड़ै रंग।।   (39)

अर्थ– ऐसे सत्पुरुष का संग करना चाहिए, जो कभी साथ न छोड़े, जैसे लोई के फटी-पुरानी हो जाने पर भी रंग उसका साथ नहीं छोड़ता।

हरिजन केवल होत हैं, जाको हरि का संग।

विपति पड़ैं बिसरै नहीं, चढ़े चौगुना रंग।।   (40)

अर्थ– हरिजन अर्थात् ईश्वर-भक्त वही होता है, जो हरिके साथ रहता है। चाहे जितनी भी विपत्ति और कष्ट उस पर पड़े पर वह उस ईश्वर को भूलता नहीं है, बल्कि चौगुना उसके रंग में रमता जाता है।

सज्जन को सज्जन मिले, होवै दो-दो बात।

गदहा सो गदहा मिले, खावै दो-दो लात।।   (41)

अर्थ– जब सज्जन से सज्जन मिलते हैं तो ज्ञान की दो-चार बातें होती हैं, किन्तु जब मूर्ख से मूर्ख मिलते हैं तो आपस में लात-जूते चलते हैं।

तेल तिली सों ऊपजै, सदा तेल को तेल।

संगति को बेरो भयो, ताते नाम फुलेल।।   (42)

अर्थ– तिल से तेल उत्पन्न होता है तो वह सदा तेल ही रहता है, किन्तु जब उसमें फूल की सुगन्ध मिल जाती है तब वह फुलेल नाम से पुकारा जाता है।

प्रभु- परिचय महिमा

लाली मेरे लाल की, जित देखूँ तित लाल।
लाली देखन मैं गई, मैं भी हो गई लाल।।   (1)

अर्थ- जहाँ भी देखती हूँ वहाँ मेरे प्रभु ही दिखाई दे रहे हैं। जब भी मैं देखने गई तो मैं भी उन्हीं के रंग में रंग गई।

पिव परिचय तब जानिये, पिव सो हिलमिल होय।
पिवक लाली मुख परै, परगट दीसै सोय।।   (2)

अर्थ- प्रभु परिचय तो तब जानना चाहिये जब उनसे मिलन हो जाये। प्रियतम के परिचय की लाली मुख पर पड़ने से मुख चमकने लगता है, लाली प्रत्यक्ष दिखाई भी देती है अर्थात जो हरिभक्त होगा, उसका आचरण देखकर स्वयं ही उसे पहचान लेते हैं, क्योंकि उनके मुख पर अद्भुत तेज होता है।

हम वासी वा देस के, जहाँ पुरुष की आन।
दुख - सुख कोई व्यापै नहीं, सब दिन एक समान।।   (3)

अर्थ- सन्त कबीर कहते हैं कि हम उस देश के निवासी हो गये जहाँ परमेश्वर की सीमा है। वहाँ किसी प्रकार के सुख-दुख का अनुभव नहीं होता, सब कुछ एक सा लगता है।

हम वासी वा देस के, रूप वरन कछु नाहिं।
सैन मिलावा ह्वै रहो, सब्द मिलावा नाहिं।।   (4)

अर्थ- जहाँ न रूप है, न वर्ण है, हम उस स्थान के वासी हैं। वहाँ सिर्फ संकेत से समझा जाता है, शब्दों का प्रयोग नहीं होता।

बिन पावन का पंथ है, बिन बस्ती का देस।
बिना देह का पुरुष है, कहैं कबीर सन्देश।।   (5)

अर्थ- वहाँ बिना पैर के जाया जाता है। वहाँ कोई बस्ती नहीं। वहाँ रहने वालों की न कोई रूपरेखा है न आकार। ये सन्देश कबीर साहब दे रहे हैं।

हिल मिल खेलै सब्द सो, अन्तर रही न रेख।
समझे का मत एक है, क्या पंडित क्या शेख।।   (6)

   कबीर संगति साधु की : एक विमर्श

अर्थ- जब जीव और ब्रह्म के बीच कोई भेद नहीं रहता तो सारी रेखायें मिट जाती हैं। जब बुद्धिमानों का मत एक होता है तो पंडित तथा काजी का अन्तर नहीं रहता।

कहना था सो कह दिया, अब कछु कहा न जाय।

एक रहा दूजा गया, दरिया लहरि समाय।।   (7)

अर्थ-कबीर साहब कहते हैं कि जो कहना था वह कह दिया। अब कुछ और नहीं कहा जाता। अब अलगाव समाप्त हो गया, एक ही परमात्मा दिखाई दे रहा है। वह सागर के समान है और जीव लहर के, जो जाकर उसी में समा रही है।

जो कोई समझै सैन को, तासों कहिये धाय।

सैन बैन समझौ नहीं, तासों कहै बलाय।।   (8)

अर्थ- जो संकेत से ही तेरा रहस्य समझ जाय उसे समझाकर कहो किन्तु जो संकेत इत्यादि न समझे, उससे कुछ कहना व्यर्थ है।

उनमुनि सों मन लागिया, उनमुनि नहीं बिलंग।

लौंग बिलंग्या पानिया, पानी नौन बिलंगि।।   (9)

अर्थ- मन जब ईश्वर के ध्यान में लीन हो गया तब उससे अलग नहीं होता, जिस प्रकार नमक पानी से उत्पन्न होता है और अलग-अलग दिखाई देता है। वही नमक जब पानी में घुल जाता है, तब उसका अस्तित्व भी दिखाई नहीं देता। ठीक उसी प्रकार ब्रह्म ने ही जीव को उत्पन्न किया और अन्तत: उसी में समा गया, फिर दोनों का रूप एक हो गया, सारा भेद मिट गया।

पानी ही ते हिम भया, हिम हो गया बिलाय।

जो कुछ था सो भया, अब कुछ कहा न जाय।।   (10)

अर्थ- सन्त कबीर का कथन है कि पानी जमकर हिम बन गया और गर्मी पाकर फिर पानी हो गया। वह जैसा था फिर वैसा ही हो गया। अब कुछ कहा नहीं जा सकता।

तन पाया तन बीसरा, मन धावा धरि ध्यान।

तपन मिटी सीतल भया, सुन किया अस्थान।।   (11)

अर्थ- कबीर साहब कहते हैं कि जब आत्म-तत्व की प्राप्ति हुई तो मन की याद नहीं रही। मन भी ध्यान मग्न हो गया। उस निरालम्ब में स्थित होने से सारे ताप

मिट गये और परम शीतलता और सुख की प्राप्ति हो गयी।

कौतुक देखा देह बिन, रवि ससि बिना उजास।

साहिब सेवा माहि है, बेपरवाही दास।। (12)

अर्थ-जब मनुष्य शून्य में पहुँच गया तो उसने बिना शरीर का दृश्य और बिना सूर्य-चन्द्रमा के प्रकाश देखा। दास परमतत्व की सेवा में लग गया।

सुरज समाना चाँद में, दोउ किया घर एक।

मन का चेता तब भया, पुरब जन्म का लेख।। (13)

अर्थ- योगी जब इड़ा और पिंगला को एक कर देता है तो सुषमणा की स्थिति उत्पन्न होती है। तब योगी का ध्यान स्थिर हो जाता है। यह पूर्व जन्म के संस्कार से होता है।

आया था संसार में, देखन को बहु रूप।

कहैं कबीरा सन्त हों, परि गया नजर अनूप।। (14)

अर्थ- सद्गुरु कबीर साहब कहते हैं कि बहुत से रूप देखने व भोग भोगने के लिये संसार में जन्म लिया था, उसी सिलसिले में सन्तों से सत्संग हो गया और अनुपम वस्तु दृष्टि में आ गई।

जब मैं था तब गुरु नहीं, अब गुरु हैं मैं नाहिं।

कबीर नगरी एक मैं, दो राजा न समाहिं।। (15)

अर्थ- कबीर साहब का कथन है कि जब अहंकार था तो गुरु नहीं थे, जब गुरु का ज्ञान हुआ तो अहंकार मिट गया। तब गुरु और मैं एक हो गए। एक शरीर रूपी नगर में भला दो राजा कैसे रह सकते हैं।

पिंजर प्रेम प्रकाशिया, अन्तर भया उजास।

सुख करि सूती महल में, बानी फूटी वास।। (16)

अर्थ- काया में प्रेम प्रकाशित होने से अन्तःकरण में प्रकाश हो जाता है और हृदय-मन्दिर में ध्याता प्रभु के साथ रहने लगता है, तब अनहद वाणी प्रस्फुटित हो जाती है।

कबीर तेज अनंत का, मानो सूरज सैन।

पति संग-जागी सुन्दरी, कौतुक देखा नैन।। (17)

अर्थ- सन्त कबीर का कथन है कि उस परमात्मा का तेज सूरज के समान है। पति रूपी परमेश्वर के साथ जीव रूपी सुन्दरी जागी तो विवेक रूपी दृष्टि से

कबीर संगति साधु की : एक विमर्श

उस अनुपम दृश्य को देखकर चकित है।

कबीर दिल दरिया मिला, पाया फल समरत्थ।

सायर माँहि ढिंढोरता, हीरा चढ़ि गया हत्थ।। (18)

अर्थ– सद्गुरु कबीर साहब का कहना है कि अब हृदय में समुद्र मिल गया, जिसमें अनेक रत्न भरे हैं पर मैंने उसमें से परमात्मा रूपी हीरे को पा लिया।

गगन मंडल के बीच में, बिना कमल की छाप।

पुरुष एक तहाँ रमि रहा, नहीं मन्त्र नहिं जाप।। (19)

अर्थ– इस ब्रह्माण्ड के बीच में, एक घर, एक चिन्ह दिखाई दिया, जहाँ एक पुरुष निवास करता है, उसकी प्राप्ति गुरुकृपा से ही संभव है, किसी मन्त्र जाप से नहीं।

गरजै गगन अमी चुवै, कदली कमल प्रकास।

तहाँ कबीरा सन्त जन, सन्त पुरुष के पास।। (20)

अर्थ– वहाँ पर आकाश गर्जन कर रहा है। नभ से अमृत की वर्षा हो रही है। शरीर रूपी कदली में हृदय कमल खिल रहा है, उस स्थान पर सन्त जन सत्पुरुष के साथ निवास करते हैं।

दीपक जोया ज्ञान का, देखा अपरम देव।

चार वेद की गम नहीं, तहाँ कबीरा सेव।। (21)

अर्थ– जहाँ ज्ञान का दीपक जल रहा है, उसी ज्ञान के दीपक के प्रकाश में सनातन देव को देखा। जो चारों वेदों से परे है। वहीं पर मैं सेवा में लगा हूँ।

सुन्न महल में घर किया, बाजै सब्द रसाल।

रोम-रोम दीपक भया, प्रकटै दीन दयाल।। (22)

अर्थ– उस निरालम्ब स्वरूप में मैंने अपना मन स्थिर कर लिया। वहाँ पर अनेक प्रकार के वाद्यों का मीठा स्वर गूँजता है। रोम-रोम में दीपक प्रकाशित कर परमेश्वर प्रकट हुये हैं।

जा वन सिंघ न संचरै, पंछी उड़ि नहिं जाय।

रैन दिवस का गम नहीं, रहा कबीर समाय।। (23)

अर्थ– सन्त कबीर का कथन है कि जिस वन में सिंह आवागमन नहीं कर सकते, पक्षी उड़ नहीं पाते, वहाँ घोर तिमिर है, रात्रि-दिवस की अनुभूति नहीं होती, वहीं पर सन्त-पुरुष समाधि लगाकर बैठ गया।

काया सिप संसार में, पानी बुन्द सरीर।
बिना सीप के मोतिया, प्रगटै दास कबीर।।   (24)

अर्थ- सद्गुरु कबीर साहब का कथन है कि जिज्ञासु जन संसार रूपी सागर में बूँद से रचा हुआ तन रूपी सीप के बिना ही ज्ञान रूपी मोती प्रकट हो रहे हैं।

पूरे से परिचय भया, दुख-सुख मेला दूर।
जम सों बाकी कटि गई, साईं मिला हजूर।।   (25)

अर्थ- जब ईश्वर से परिचय हुआ तो सुख और दु:ख दोनों दूर हो गये। यम से संबंध समाप्त हो गया और मालिक का प्रत्यक्ष दर्शन हुआ।

धरति गगन पवन नहीं, नहिं होते तिथि वार।
तब हरि के हरिजन हुते, कहैं कबीर विचार।।   (26)

अर्थ- कबीर साहब कहते हैं कि जब धरा, गगन, तिथि और दिवस नहीं थे, उस समय केवल हरि और हरि के लोग थे।

चाँद नहीं सूरज नहीं, हता नहीं ओंकार।
वहाँ कबीरा सन्त जन, को जानै संसार।।   (27)

अर्थ- जब चन्द्रमा-सूर्य का वजूद नहीं था, जब ओंकार का ज्ञान भी किसी को नहीं था, उस समय की बात सन्त जन ही जानते हैं।

सुर नर मुनिजन औलिया, पे सब उरली तीर।
अलह राम की गाम नहीं, तहँ घर किया कबीर।।   (28)

अर्थ- कबीर साहब कहते हैं कि सुर, नर, मुनि और औलिया इत्यादि का सम्बन्ध भौतिक जगत से है। ये सब इस पार के हैं। दूसरे किनारे पर तो प्रभु से परिचित विरले साधु जन ही पहुँचते हैं। वहाँ राम-रहीम में कोई अन्तर नहीं।

गुण इन्द्री सहजे गये, सतगुरु करी सहाय।
घट में राम परगट भया, बकि - बकि मरै बलाय।।   (29)

अर्थ- सन्त कबीर का कथन है कि विषय भोग में संलिप्त रूप-गुण इन्द्रियों में सहज में ही चले गये, जब सद्गुरु का मार्गदर्शन मिला तब हृदय में राम प्रकट हुये, अब मुझे अन्य कोई प्रयोजन नहीं।

पूरे सों परिचय भया, सुख- दु:ख मेला दूर।
निरमल कीन्हीं आत्मा, ताते सदा हजूर।।(30)

     कबीर संगति साधु की : एक विमर्श

अर्थ– जब पूर्ण परम शक्ति से परिचय हो गया तो समस्त सुख-दु:ख दूर हो गये और आत्मा भी पवित्र हो गई। तब स्वयं परमेश्वर उसके समक्ष उपस्थित रहने लगा।

कहना था सो कहि दिया, अब कछु कहना नाहिं।

एक रही दूजी गई, बैठा दरिया मॉहि।।(31)

अर्थ– जो कुछ भी कहना था वह कह दिया अब कुछ कहने को नहीं रहा। अब द्वैत का भाव समाप्त हो गया। पहले एक रहा अब पुन: प्रभु से मिलकर एकाकार हो गया और हृदय रूपी सरिता में स्थिर हो गया।

यह पद है जो अगम का, रन संग्रामे जूझ।

समझे कॅू दरसन दिया, खोजत मुये अबूझ।। (32)

अर्थ– सद्गुरु कबीर साहब कहते हैं कि यह जो अगम का पद है, यदि तुम इसे प्राप्त करना चाहते हो तो पहले मन और इन्द्रियों को वश में करो। जिसने इस तत्व को समझा, इन्द्रियों को वश में कर लिया, उसी को मैंने दर्शन दिया। शेष मुझे खोजते ही रह गये।

●

प्रेम महिमा

यह तो घर है प्रेम का, खाला का घर नाहिं।

सीष उतारै भुयँ धरै, तब पैठे घर माहिं।। (1)

अर्थ– सद्गुरु कबीर साहब कहते हैं कि प्रभु का घर प्रेम और भक्ति का है। यह मौसी का घर नहीं है, जब इच्छ हुई घर छोड़ कर चले गये, जब इच्छ हुई वापस आ गये। प्रभु के घर में तो उसी प्रेम की पैठ है जो अपना सिर उतारकर प्रभु के चरणों में अर्पित कर देता है।

प्रेम न बाड़ी ऊपजै, प्रेम न हाट बिकाय।

राजा परजा जो रुचै, सीस देय ले जाय।।(2)

अर्थ– प्रेम न तो उद्यान में उगता है और न ही बाजार में इसकी बिक्री होती है।

चाहे राजा हो या प्रजा, जिसे चाहिये वो शीश के बदले इसे ले जाय।

सीष काटि पासंग किया, जीव सेर भरि लीन।

जिहि भावै सो आप ले, प्रेम आगु हम कीन।।(3)

अर्थ– प्रेमरूपी तराजू के एक पलड़े पर मैंने अपना सिर रख दिया और जीव का बाट (सेर) बनाया। यदि किसी को चाहिये तो इस प्रकार से ले। मैंने प्रेम का सौदा आगे कर रखा है, इसका तात्पर्य ये है कि जब प्रेम की परीक्षा होने लगी तो प्रेम जीव के एक ओर भौतिक सुख, दूसरी ओर परमात्मा का प्रेम रखा गया कि तुम इसमें से चुन लो तब मैंने परमेश्वर का प्रेम चुन लिया।

प्रेम बिकाता मैं सुना, माथा साटै हाट।

पूछत बिलम न कीजिये, तत छिन दीजै काट।।   (4)

अर्थ– मैंने बाजार में प्रेम को सिर के बदले बिकते सुना। पूछने पर बिलम्ब मत करो। शीघ्र सिर काटकर प्रेम खरीद लो।

प्रेम पियाला सो पिये, सीस दक्खिना देय।

लोभी सीस न दे सकै, नाम प्रेम का लेय।।   (5)

अर्थ– जिसने शीश की दक्षिणा दी उसी ने प्रेम रूपी प्याले का पान किया, किन्तु जो लोभी हैं वह अपने प्राणों के मोह के कारण अपना सिर न दे सका, वह केवल प्रेम का नाम लेता है।

प्रेम बनिज नहिं करि सकै, चढ़ै न राम की गैल।

मानुष केरी खोलरी, ओढ़ि फिरै ज्यों बैल।।   (6)

अर्थ– सन्त कबीर का कथन है कि जो मनुष्य प्रेम का व्यापार नहीं कर सकता और न ही ईश्वर की प्राप्ति के पथ पर चढ़ सकता है, वह मनुष्य चमड़ी ओढ़े बैल के समान है।

प्रेम बिना धीरज नहीं, बिरह बिना बैराग।

सतगुरु बिना जावै नहीं, मन मनसा का दाग।।   (7)

अर्थ– जैसे धैर्य के बिना प्रेम और वियोग के बिना वैराग्य नहीं हो सकता, उसी प्रकार सद्गुरु की शरण में जाये बिना हृदय का दोष नहीं मिटता।

प्रेम भाव इक चाहिये, भेष अनेक बनाय।

भावै घर में वास कर, भावै बन में जाय।।   (8)

     कबीर संगति साधु की : एक विमर्श

अर्थ– कबीर साहब कहते हैं कि वेश चाहे अनेक बनाओ पर प्रेम का भाव एक होना चाहिये। फिर चाहे घर में रहो या वन में कोई अन्तर नहीं पड़ता।

प्रेम छिपाया ना छिपै, जा घट परगट होय।

जो पै मुख बोलै नहीं, नैन देत हैं रोय।।   (9)

अर्थ– जिसके हृदय में प्रेम उत्पन्न होता है, वो छिपाने से नहीं छिपता। वह मुँह से भले ही न बोले, किन्तु आँखों के अश्रु उसके प्रेम को प्रकट कर ही देते हैं।

प्रेम बिना नहिं भेष कछु, नाहक का संवाद।

प्रेम भाव जब लगि नहीं, तब लग वाद विवाद।।   (10)

अर्थ– प्रेम के बिना वेश और संवाद कुछ नहीं, जब तक प्रेम का भाव हृदय में नहीं तब तक केवल वाद-विवाद है।

प्रेम तो ऐसा कीजिये, जैसे चन्द-चकोर।

घींच टूट भुयँ मा गिरै, चितवै वाही ओर।।   (11)

अर्थ– सन्त कबीर कहते हैं कि प्रेम तो चाँद और चकोर की भाँति करना चाहिए। चकोर की गर्दन चाहे टूटकर भूमि पर ही क्यों न गिर जाये, परन्तु वह चन्द्रमा की ओर ही देखता रहता है।

सागर उमड़ा प्रेम का, खेवटिया कोई एक।

सब प्रेमी मिलि बूड़ैं, यह नहिं होती टेक।।(12)

अर्थ– प्रेम रूपी समुद्र उमड़ने लगा, किन्तु नाविक कोई एक ही है। यदि ईश्वर के प्रेम का आश्रय न होता तो प्रेम करने वाला इसमें डूब जाता।

प्रेमी ढूँढत मैं फिरूँ, प्रेमी मिलै न कोय।

प्रेमी सों प्रेमी मिलै, विष से अमृत होय।।   (13)

अर्थ– मैं ईश्वर के प्रेमी को खोजता फिरता हूँ, पर कोई प्रेमी नहीं मिलता। यदि कोई प्रभु से प्रेम करने वाला प्रभु से मिलता है, तो उसके जीवन के समस्त कष्ट रूपी विष नष्ट हो जायेंगे और उसका जीवन अमृत के समान हो जायेगा।

पहिले प्रेम न चाखिया, चाखि न लिया स्वाद।

सूने घर का पाहुना, ज्यौं आवै त्यौं बाद।।   (14)

अर्थ– मानव तन पाकर भी यदि ईश्वर के प्रेम का स्वाद न चखा और वापस खाली हाथ चला गया। यह उसी प्रकार है जैसे मेहमान घर वालों के न रहने पर

पुन: वापस चला जाता है।

नहीं प्रेम निरवाहिये, रहनि किनारै बैठि।

सागर ते न्यारा रहा, गया लहरि में पैठि।। (15)

अर्थ- यदि प्रेम मन में प्रकट हुआ है तो उसका निर्वहन करो। सागर से दूर रहकर भी प्रेम लहर में जमकर स्नान करो। तात्पर्य यह कि संसार के मोह तथा माया के समुद्र से दूर रहकर ईश्वर की भक्ति करो।

जहाँ प्रेम तहँ नेम नहिं, तहाँ न बुधि व्यवहार।

प्रेम मगर जब मन भया, कौन गिनै तिथि वार।। (16)

अर्थ- जहाँ प्रेम है, वहाँ नियम, बुद्धि तथा व्यवहार नहीं होता, जब मन प्रेम में मग्न हो जाता है तो तिथि तथा वार सुधि नहीं रहती।

कबीर तासे प्रीति करूँ, जो निरवाहै ओर।

बनै तो विविध न रचिय, देखत लागै खोर।। (17)

अर्थ- सद्गुरु कबीर साहब कहते हैं कि उसी एक से प्रेम करना चाहिए, जो अन्त तक साथ निभा सके। यथासंभव अनेकों से प्रीति नहीं करना चाहिए, क्योंकि देखने में अनुचित लगता है। बड़ी संख्या में देवी-देवता हैं, तुम किस-किस को प्रसन्न कर सकोगे। इसलिए एक ही से नाता जोड़ना चाहिये।

जा घट प्रेम न संचरै, सो घट जानु मसान।

जैसे खाल लुहार की, साँस लेत बिन प्रान।। (18)

अर्थ- जिस हृदय में ईश्वर प्रेम नहीं, वह श्मशान के समान है। लोहार की धौंकनी की भाँति वह बिना प्राण के साँस लेता है।

जब मैं था तब गुरु नहीं, अब गुरु हैं मैं नाहिं।

प्रेम गली अति सांकरी, तामें दो न समाहि।। (19)

अर्थ- जब मन में अहंकार था तब प्रेम नहीं था, अब गुरु रूपी प्रेम है तो अहंकार नहीं। प्रेम की गली अत्यन्त संकरी है, इसमें दो का समावेश नहीं होता।

अधिक सनेही माछरी, दूजा अलप सनेह।

जब ही जल ते बीछुरै, तब ही त्यागै देह।। (20)

अर्थ- ईश्वर से उसी प्रकार भक्ति करना चाहिये, जैसे मछली पानी से करती है। जल से विलग होते ही प्राण त्याग देती है। मछली की अपेक्षा औरों का प्रेम कम है।

 कबीर संगति साधु की : एक विमर्श

नाम रसायन प्रेम रस, पीवत अधिक रसाल।

कबीर पीवन दुर्लभ है, माँगै शीश कलाल।। (21)

अर्थ- कबीर साहब कहते हैं कि यद्यपि प्रेम-रस का रसायन पीने में अधिक मधुर है। फिर भी उसे पीना अत्यन्त कठिन है, क्योंकि वह बदले में सिर माँगता है।

सौ जोजन साजन बसै, मानो हृदय मँझार।

कपट सनेही आँगनै, आनो समुंदर पार।। (22)

अर्थ- प्रियतम, प्रेमी से दूर होते हुए भी मानो हृदय में ही है। परन्तु कपटी स्नेही सामने होते हुए भी समुद्र पार लगते हैं।

जो जागत सो सपन में, ज्यों घट भीतर साँस।

जो जन जाको भावता, सों जन ताके पास।। (23)

अर्थ- जिस प्रकार श्वास सोते-जागते दोनों अवस्था में गतिमान रहती है, उसी प्रकार जो जिसको प्रिय है, वह उसी के पास रहता है।

यह तन वह तत एक है, वही प्रान दुइ गात।

अपने जिय ते जानिये, मेरे जिय की बात।। (24)

अर्थ- जब प्रेम प्रगाढ़ हो जाता है, तब प्रेमी-प्रेमी में अन्तर, नहीं रहता। दोनों दो शरीर और एक प्राण हो जाते हैं। प्रेमी अपने प्रियतम के मन की बात बिना कहे समझ लेता है।

साधू सीप समुद्र के, सद्गुरु स्वाती बुंद।

तृषा गई एक बुन्द से, क्या ले करो समुद।। (25)

अर्थ- सन्तजन समुद्र की सीपी के समान हैं और सद्गुरु स्वाती की बूँद के समान। एक बूँद से सारी पिपासा समाप्त हो गई, फिर समुद्र लेकर क्या करें।

अमृत केरि मोटरी, राखौ सतगुरु छोरि।

आप सरीखा जो मिलै, ताहि पिलावै घोरि।। (26)

अर्थ- सद्गुरु ने इस अमृत की पोटली को खोल कर रख दिया है। किन्तु जो अपने समान सद्गुणों वाला मिलता है, उसी को पिलाते हैं।

जब लगि मरने से डरैं, तब लगि प्रेमी नाहिं।

बड़ी दूर है प्रेम घर, समझि लेहु मन माहिं।। (27)

अर्थ- मृत्यु से डरने वाला प्रेमी नहीं हो सकता, उससे प्रेम-घर बहुत दूर रहता

है, इस बात को उसे मन ही मन समझ लेना चाहिए।

पिय का मारग कठिन है, जैसा खाँडा होय।

नाचन निकसी बापुरी, घूँघट कैसा होय।। (28)

अर्थ-प्रियतम से मिलने का मार्ग बहुत कठिन है, जैसे खड्ग की धार। हे बावरी जब तू उस मार्ग पर चल पड़ी है तो फिर लज्जा कैसी ?

●

सेवक-महिमा

सेवक सेवा में रहै, अन्त कहूँ नहिं जाय।

दुःख-सुख सिर ऊपर सहै, कहैं कबीर समुझाय।। (1)

अर्थ- कबीर साहब कहते हैं कि सेवक को अपने स्वामी की सेवा में हर समय लगा रहना चाहिये और कहीं नहीं जाना चाहिये। सुख-दुःख को भी सहकर मालिक की सेवा करना चाहिये।

सेवक स्वामी एक मत, मत में मत मिलि जाय।

चतुराई रीझै नहीं, रीझै मन के भाय।। (2)

अर्थ- सेवक और स्वामी जो समान विचारधारा के होते हैं, उनके सिद्धान्त एक-दूसरे से मेल खाते हैं। ऐसे में चतुराई की जरूरत नहीं होती। सेवक की भक्ति से स्वामी प्रसन्न होते हैं।

सेवक सेवा में रहैं, सेवक कहिये सोय।

कहैं कबीर सेवा बिना, सेवक कभी न होय।। (3)

अर्थ- सन्त कबीर का कथन है कि जो सतत् अपने ईश्वर या स्वामी की सेवा में संलग्न रहता है, उसी को सेवक कहना चाहिये, जो सेवा-कार्य नहीं करता, वह कभी भी सेवक नहीं हो सकता।

सेवक फल माँगै नहीं, सेव करै दिन रात।

कहैं कबीर ता दास पर, काल करै नहिं घात।। (4)

 कबीर संगति साधु की : एक विमर्श

अर्थ– कबीर साहब कहते हैं कि जो सेवा के प्रतिफल की इच्छा नहीं रखता और दिन-रात सेवा में लगा रहता है, उस सेवक पर काल घात नहीं करता।

साहिब के दरबार में, कमी काहु की नाँहि।

बन्दा मौज न पावहीं, चूक चाकरी माहिं।।   (5)

अर्थ– ईश्वर के पास किसी की चीज की कमी नहीं है, यदि सेवा में कमी रह जाती है तो फिर बन्दे को आनन्द नहीं मिलता।

फल कारन सेवा करै, निस दिन जाँचै राम।

कहैं कबीर सेवक नहीं, चाहै चौगुन काम।।   (6)

अर्थ– कबीर साहब का कथन है कि प्रतिफल प्राप्ति की इच्छा से जो सेवा करता है और प्रतिदिन परमेश्वर से फल की याचना करता है, वह सेवक नहीं लोभी है जो सेवा तो कम करता है किन्तु फल चार गुना चाहता है।

सतगुरु सब्द उलंघि कर, जो सेवक कहूँ जाय।

जहाँ जाय तहँ काल है, कहैं कबीर समुझाय।। (7)

अर्थ– सेवक जो सद्गुरु की आज्ञा नहीं मानता है और उसके विपरीत आचरण करता है, तो वह कहीं भी जाये उसकी मृत्यु निश्चित है।

आस करै बैकुण्ठ की, दुरमति तीनों काल।

सुक्र कही बलि ना करी, ताते गयो पताल।।   (8)

अर्थ– आशा तो स्वर्ग की करता है, पर बुद्धि दुष्टों जैसी है। अपनी मनमानी करता है, और स्वामी की आज्ञा नहीं मानता। जिस प्रकार शुक्राचार्य की बात न मानने पर राजा बलि को पाताल जाना पड़ा, वही गति आज्ञा न मानने वाले की होगी।

भोग मोक्ष मांगौ नहीं, भक्ति दान गुरुदेव।

और नहीं कछु चाहिये, निस दिन तेरी सेव।।   (9)

अर्थ– सेवक प्रभु से कहता है कि मुझे लोक-परलोक नहीं चाहिए केवल सेवा का अवसर दीजिए, सेवा करने की ही अभिलाषा है।

कबीर गुरु और साधु कूँ, सीष नवावै जाय।

कहैं कबीर सों सेवका, महापरम पद पाय।।   (10)

अर्थ– जो सेवक गुरु और साधु को शीश नवाता है, वही सेवक परम पद को प्राप्त करता है, अर्थात् उसे ही मोक्ष मिलता है।

षट दरसन को प्रेम करि, असन बसन सों पोष।

सेव करैं हरिजनन की, हरषित परम संतोष।। (11)

अर्थ– जो सभी धर्मों का पालन करता है और अपनी सामर्थ्य के अनुसार दीन-दुखियों को भोजन वस्त्र से सन्तुष्ट करता हो, खुशी-खुशी हरिभक्तों की सेवा करता है, उसे ही परम सुख की प्राप्ति होती है।

●

शब्द महिमा

सब्द बराबर धन नहीं, जो कोय जानै बोल।

हीरा तो दामों मिलै, सब्दहिं मोल न तोल।।   (1)

अर्थ– सद्गुरु कबीर साहब का कथन है कि शब्द के बराबर कोई मूल्यवान वस्तु, सम्पदा या धन नहीं है, यदि कोई बोलना जानता हो। हीरा तो फिर भी पैसों से मिल जाता है पर सार- शब्द अमूल्य है।

सब्द न करै मुलाहिजा, सब्द फिरै चहुँ धार।

आपा पर जब चीन्हिया, तब गुरु सिष व्यवहार।।   (2)

अर्थ– शब्द किसी से पक्षपात नहीं करता। शब्द सबका हितैषी होता है। मनुष्य जब अपने-पराये का भेद समझ लेता है, तभी गुरु तथा शिष्य का व्यवहार हो सकता है।

कबीर सब्द शरीर में, बिन गुन बाजै ताँत।

बाहर भीतर रमि रहा, ताँते छूटी भ्रांत।।   (3)

अर्थ– इस मानव-शरीर में चेतन पुरुष की ध्वनि हो रही है, पर आश्चर्य ये है कि कोई वाद्य नहीं बज रहा। यह तो स्वयं ही शब्द आवाज कर रहे हैं। यह ध्वनि हृदय के भीतर और बाहर हर तरफ से हो रही है। जिसको इसका ज्ञान हो जाता है, उसकी हर प्रकार की सभी भ्रान्तियाँ दूर हो जाती हैं।

सब्द कहे सो कीजिये, बहुतक गुरु लबार।

अपने-अपने लाभ को, ठौर-ठौर बटमार।।   (4)

अर्थ– सन्त कबीर का कथन है कि जो उपदेश ऋषि-मुनियों ने दिये हैं, उन्हीं के अनुसार कार्य करो, क्योंकि आज के गुरु बड़े लोभी और मिथ्यावादी हो गये हैं, अपने स्वार्थ के लिए लोगों को लूट रहे हैं।

सब्द-सब्द बहु अन्तरा, सार सब्द चित देह।

जा सब्दै साहिब मिलै, सोई सब्द गहि लेह।।   (5)

अर्थ– इस शरीर में विभिन्न प्रकार की ध्वनियाँ हो रही हैं। सबमें बड़ा अंतर है। उसी शब्द में मन लगाओ, जिससे प्रभु की प्राप्ति हो।

सब्द भेद तब जानिये, रहै सब्द के माँहि।

सब्दै-सब्द परगट भया, दूजा दीखै नाहि।।   (6)

अर्थ– सन्त कबीर का कथन है कि कोई शब्द का भेद तभी जानेगा जब वह शब्द के विचार में रहेगा। शब्द का भेद शब्द से ही खुलता है। तात्पर्य यह है कि गुरु उपदेश रूपी शब्द से परमात्मा रूपी शब्द का रहस्य प्रकट होता है, अन्य किसी विधि से नहीं।

सब्द दुराया ना दुरै, कहूँ जू ढोल बजाय।

जो जन होवै जौहरी, लेहैं, सीस चढ़ाय।।   (7)

अर्थ–सत्य शब्द छिपाने से नहीं छिपता। सद्‌गुरु कबीर साहब डंके की चोट पर कहते हैं कि सत्य का त्याग करके कोई परमात्मा को नहीं पा सकता, परमात्मा को तो सत्य का पारखी ही पायेगा।

सब्द-सब्द सब कोय कहैं, सब्द का करो विचार।

एक सब्द शीतल करै, एक सब्द दे जार।।   (8)

अर्थ-सभी धार्मिक लोग उपदेश देते हुए कहते हैं कि हमारा ही शब्द सही है। किन्तु कबीर साहब कहते हैं कि व्यक्ति को शब्द का विचार करना चाहिए। एक सार शब्द होता है, जो परमात्मा के दर्शन कराकर मन को शीतलता प्रदान करता है। दुर्वचन के रूप में दूसरा शब्द मन को पीड़ा पहुँचाता है।

खोजी हुआ सब्द का, धन्य सन्त जन सोय।

कहैं कबीर गहि सब्द को, कबहुँ न जाय बियोग।।   (9)

अर्थ- सन्त कबीर कहते हैं कि जिस सन्त ने सत्य शब्द की या ओंकार शब्द की खोज की वही धन्य है, वह अपने परमेश्वर से कभी अलग नहीं होता है।

एक सब्द सुख खानि है, एक सब्द दुख रासि।

एक सब्द बन्धन कटै, एक सब्द गल फाँसि।। (10)

अर्थ- एक शब्द से ही सुख-दु:ख मिलता है, यही शब्द मोक्ष प्रदान करने वाला है और यही एक शब्द ही गले में फाँसी के समान है।

मता हमारा मन्त्र है, हम सा ह्वै सो लेह।

सब्द हमारा कल्पतरू, जो चाहै सो देह।।(11)

अर्थ- कबीर साहब कहते हैं कि जो सत्य हमारा मंत्र है, जो हमारे जैसा हो वही इसे ले, क्योंकि हमारा शब्द कल्प-वृक्ष के समान है, वो इच्छनुसार फल देता है।

सोइ सब्द निज सार है, जो गुरु दिया बताय।

बलिहारी वा गुरुन की, शीष वियोग न जाय।।(12)

अर्थ- कबीर साहब कहते हैं कि उपदेश वही सत्य है जो हमारे सतगुरु द्वारा बताया गया है। उसी गुरु पर मैं सब कुछ न्यौछावर करता हूँ, जिनके शिष्य को दु:ख प्राप्त नहीं होता या जिनका उपदेश व्यर्थ नहीं जाता।

यही बडाई शब्द की, जैसे चुम्बक भाय।

बिना सब्द नहिं ऊबरै, केता करै उपाय।।   (13)

अर्थ- उसी गुरु के उपदेश की प्रशंसा होती है, जो शिष्य को माया के प्रपंच से चुम्बक की भाँति खींच लेता है। सार शब्द के बिना चाहे जितने भी उपाय करो, उद्धार सम्भव नहीं है।

वह तो मोती जानिये, पुहै पोत के साथ।

यह तो मोती सब्द का, बेधि रहा सब गात।।   (14)

अर्थ– माला में गूँथे जाने वाले मोती तो मात्र मोती हैं, किन्तु सार शब्द का मोती सम्पूर्ण शरीर में बेधता है, अर्थात् मनुष्य को ज्ञान के प्रकाश से भर देता है।

काल फिरै सिर ऊपरै, जीवहि नजरि न आय।

कहैं कबीर गुरु सब्द गहि, जम से जीव बचाय।। (15)

अर्थ–सद्गुरु कबीर साहब कहते हैं कि काल रूपी मृत्यु सिर के ऊपर मंडरा रही है, पर जीव को दिखाई नहीं देती। जो गुरु के उपदेशों को ग्रहण कर लेगा, उसे यमराज का भय नहीं रहेगा।

सीखै सुनै विचारि ले, ताहि सब्द सुख देय।

बिना समझे सब्द गहै, कछु न लाहा लेय।। (16)

अर्थ– सुनकर और सीखकर जो शब्द को ग्रहण करता है, शब्द उसी को सुख देता है। जो बिना विचार किये इसे ग्रहण करता है, उसे इसका कोई लाभ नहीं मिलता है।

ऐसा मारा सब्द का, मुआ न दीसै कोय।

कहैं कबीर सो ऊबरै, धड़ पर सीस न होय।।   (17)

अर्थ– सन्त कबीर कहते हैं कि गुरु के शब्द के द्वारा, जो मारा हुआ होने पर भी मृतक के समान नहीं दिखाई देता, क्योंकि उसके समस्त दोष मिट जाते हैं। वह सहज हो जाता है। उसका सारा दंभ समाप्त हो जाता है। ये सब गुरु के उपदेशों का प्रतिफल है।

सारा बहुत पुकारिया, पीर पुकारै और।

लागी चोट जो सब्द की, रहा कबीर ठौर।।   (18)

अर्थ– सद्गुरु कबीर साहब का कथन है कि जनहित हेतु सार शब्द बहुत कहा गया है, तब भी अल्पज्ञानी और ही को पुकार रहा है। जिसने सार शब्द को जान लिया, वह परमेश्वर के अचल रूप में स्थित हो गया।

सबको सुख दे सब्द का, अपनी अपनी ठौर।

जा घट में साहिब बसै, ताहि न चीन्है और।। (19)

साखी

अर्थ– सद्गुरु को अपने सार शब्द रूपी उपदेश से सबको सुखी करना चाहिए। जिसके हृदय में परमेश्वर का वास है, उसे अज्ञानी मनुष्य शीघ्र नहीं पहचान पाता।

सीतल सब्द उचारिये, अहं आनिये नाहिं।

तेरा प्रीतम तुझहि में, दुसमन भी तुझ माहि।।   (20)

अर्थ–सदैव शीतल वाणी बोलना चाहिए, कभी भी किसी को बुरा नहीं कहना चाहिये। घमण्ड को स्वयं से दूर रखना चाहिये। सन्त कबीर कहते हैं कि तुम्हारे भीतर तुम्हारे स्वामी और शत्रु दोनों रहते हैं।

कुटिल बचन सब तें बुरा, जारि करै सब छार।

साधु बचन जल रूप है, बरसै अमृत धार।।   (21)

अर्थ– कटु वचन सबसे बुरे होते हैं, जो जलाकर सबको राख कर देते हैं, किन्तु सन्तों के वचन अमृत के समान हैं, जो सबको सुख प्रदान करते हैं।

सहज तराजू आनि के, सब रस देखा तोल।

सब रस माँहि जीभ रस, जु कोय जानै बोल।।   (22)

अर्थ– मैंने सभी वस्तुओं और रसों को तोल कर देखा। सभी रसों में जिह्वा का रस सर्वोत्तम लगा, जो अमृत के समान है। जो सबको तृप्त करता है, यदि कोई वचन का सही उपयोग करे।

कागा काको धन हरै, कोयल काको देत।

मीठा सब्द सुनाय के, जग अपनो करि लेत।।   (23)

अर्थ– कौआ किसी का धन नहीं लेता और न कोयल किसी को धन देती है। फिर भी कौआ सभी के लिये बुरा होता है तथा कोयल सभी का मन जीतकर अपना बना लेती है। यह मीठी आवाज का ही कमाल है।

3

कबीर दर्शन से प्रभावित अन्य संत एवं मत

भूमिका :

कबीर साहेब ने जो आन्दोलन चलाया, उसकी सामूहिकता को संतमत कहते हैं। संतमत के अग्रगण्य एवं प्रवर्तक कबीर साहेब ही हैं। इनके पीछे संतों का एक विशेष दल तैयार हो गया। संतमत का लक्षण यह है कि वह अवतारवाद, मूर्तिपूजन, कर्मकांड आदि को नहीं स्वीकार करता। वह वर्णाश्रम, जात-पांत, तीर्थादि को प्रश्रय नहीं देता। वह वेद आदि किसी शास्त्र को ईश्वरवचन नहीं मानता। वह सदाचार तथा आत्मा-परमात्मा परायण रहकर खुले, वातावरण का परिपोषक है। आजकल भारत में संतमत का ही धार्मिक राज्य समझना चाहिए। यहाँ संतमत का अभिप्राय किसी संप्रदाय विशेष का सूचक नहीं है जैसा कि आजकल बिहार में चल रहा है; अपितु यह कबीरदेव तथा कबीरपन्थ से लेकर हरिदास, नानक, दादू, बावरी, दरिया, पलटू, प्राणनाथ, किनाराम, राधास्वामी आदि में बढ़ती हुई विशाल आध्यात्मिक धारा का सूचक है, जिसकी संक्षिप्त सूची इस अध्याय में दी जा रही है।

संत रविदास जी :

संत रविदास जी वाराणसी-वासी थे। यहाँ तक कहा जाता है कि उनका जन्मस्थान लहरतारा के पास पड़ने वाली मडुआडीह-बस्ती के आसपास था। वे चमड़े के जूते बनाते थे, परन्तु अपने त्याग-तप से वे उच्च संतों की श्रेणी में अपने जीवन-काल में ही गिने जाते थे। उन्होंने अपनी वाणी में कहा है, ''**मेरे जात-कुटुंबी वाराणसी के आस-पास पशुओं की लाशें ढोते हैं, परन्तु दासानुदास रविदास तेरे नाम की शरण लेने से अब बड़े-बड़े**

विप्र लोग उसका दंडवत करते हैं।''

''मेरी जाति कुटवां ढाल ढोर ढवंता नितही बनारसी आसपासा।

अब बिप्र परधान तिहि करहि डंडउति तेरे नाम सरणाई रविदासानुदासा।।''

यदि यही रविदास मीराबाई के गुरु हैं तो ये कबीर साहेब के शरीरांत के बाद तक जीवित रहे, क्योंकि मीराबाई का जीवन काल वि0 सं0 1555–1603 माना जाता है।

श्री इंद्रराज सिंह जी लिखते हैं ''कबीर को शिष्य बनाने के पश्चात स्वामी रामानंद कबीर से इतने प्रभावित हुए कि इन्होंने सभी वर्गों के लोगों को दीक्षा देने का विचार कर लिया। उसी समय रविदास आदि ने भी स्वामी रामानंद को गुरु स्वीकार किया।''

''स्वामी रामानंद के देहांत के पश्चात उनके शिष्य कबीर की धाक थी। उन्हें सभी संत गुरुवत और ज्ञानवृद्ध मानते थे, आयुवृद्ध तो वे थे ही।... .सेन भक्त ने **'कबीर अरु रविदास संवाद'** नामक ग्रंथ की रचना 1445 ई0 में की थी जिसमें उन्होंने कबीर और रविदास पर वाद-विवाद दिया है। इस प्रसंग में रविदास ने कबीर को गुरु माना है और उनके सिद्धान्त का समर्थन किया है। संभव है इस घटना के पश्चात ही गुरु रविदास का निर्गुण-निराकार-उपासना की ओर झुकाव हुआ हो। इस वार्ता में इतना अवश्य प्रमाणित होता है कि दोनों संतों में बहुत प्रेम था और गुरु रविदास उन्हें गुरु समान बड़ा भाई मानते थे और समय-समय पर उनसे परामर्श लेते थे। संतों का एक दूसरे के प्रति सत्कार प्रसिद्ध था।'' अनंतदास ने अपने 'परिचई' में लिखा है–

तब रविदास विचारी बाता। गुरु समान कबीर बड़ भ्राता।

संत रविदास ने कबीर साहेब का बड़े सम्मान के साथ नाम लिया है–

(क)हरि के नाम कबीर उजागर, जन्म जन्म के काटे कागर।

(ख) तिहुरे लोग परिसद्ध कबीरा।

(संत रविदास, पृष्ठ 36–37, प्रकाशन विभाग, सूचना और प्रसारण मंत्रालय भारत सरकार)

भक्त सूरदास तथा मीराबाई :

ये दोनों श्री कृष्ण के उपासक थे। अत: विशेष रूप से इन्हें संतमत में नहीं गिन सकते। किन्तु सूरदास के कुछ ऐसे पद हैं जिन पर कबीर साहेब की स्पष्ट छाप है तथा **'आपन पौ आपुहि बिसर्यौ'** जो बीजक का 76वां शब्द है सूरदास जी की वाणी में ज्यों का त्यों है। मीराबाई के गुरु रैदास थे ही– यह उन्होंने स्पष्ट स्वीकार किया है और मीराबाई के कुछ पदों में ऐसे भाव हैं जैसे–''पिंड का रहस्य'' और 'त्रिकुटी महल' आदि जो कबीर साहेब के लगते हैं। अतएव आचार्य परशुराम चतुर्वेदी ने इन दोनों पर कबीर साहेब का आंशिक प्रभाव माना है। (''रे मन आपु कौ पहिचान, सब जनम तैं भ्रमत खोयो, अंजहुं तौ कुछ जान।। ज्यों मृगा कस्तूरी भूलै, सुतौ ताके पास, भ्रमत ही वह दौरि ढूँढ़ै, जबहिं पावै वास।''''जौ लौं सतसरूप नहिं सुझत। तौ लौं मृगमद नाभि बिसारै, फिरत सकल बन बूझत।'' ''आपन पौ आपुहि बिसरयौ। जैसे श्वान कांच मन्दिर में, भ्रमि भ्रमि भूकि मरयो।'', '' आपन पौ आपहु में पायो। सब्दहि शब्द भयो उजियारो, सतगुरु भेद बतायो।''

(सूर रत्नाकर, काशी ना० प्र० सभा। उत्तरी भारत की संत परम्परा, पृ० 330) सूरदास का जीवनकाल वि० सं० 1540–1620 तथा ईसा 1483–1563 माना गया है। मीराबाई का वि०सं० 1555–1603 तथा ईसा 1498–1546।

श्री हरीदास जी एवं निरंजनी संप्रदाय :

कहा जाता है कि राजस्थान में ईसा की सोलहवीं शताब्दी में श्री हरीदास जी एक अच्छे संत हुए हैं जिनके विचारों के विस्तार रूप में **'निरंजनी संप्रदाय'** चला। इन्होंने कबीरदेव के कठिन पंथ का किसी न किसी प्रकार अनुसरण किया– यह बात वे स्वयं स्वीकार कर रहे हैं।

जन हरिदास आनन्द इहै, अपना मन परमोधि।

करड़ा पंथ कबीर का, सो हम लोया सोधि।।

(उत्तरी भारत की संत परंपरा पृ०–350)

इस परंपरा का डीड़वाणा एवं जोधपुर मंडल में स्थान है तथा करीब इनमें चौदह पीढ़ियां बीत गयी हैं।

श्री नानकदेव एवं उनका पंथ :

श्री नानकदेव का जीवनकाल सन् 1469-1538 ई0 है। उनका जन्म लाहौर शहर के दक्षिण-पश्चिम कोई पैंतालीस किलोमीटर की दूरी पर तलवंडी नामक ग्राम में हुआ। उनके माता-पिता के नाम तृप्ता एवं कालूचंद थे। वे शुरू से ही एकांतप्रेमी थे। कहा जाता है उनको कभी-कभी एकांत में किसी संत के दर्शन हुए और उनका विचार ज्ञान में रमने लगा। उनके दो पुत्र थे और पत्नी। परन्तु वे इनके प्रति अनासक्त थे। उन्होंने पूरे भारत तथा अरब, लंका आदिक का भ्रमण किया और स्वयं को 'न मैं हिन्दू और न मैं मुसलमान' कहकर उपदेश किया। उनकी रची पुस्तकें जपुजी, असादीवार आदिक कई हैं जो गुरुग्रंथ में संग्रहीत हैं। उन्होंने अपने अंत समय में अपने पुत्र को न स्वीकार कर एक योग्य शिष्य 'लहिना' का 'अंगद' नामक रखकर तथा उन्हें गुरुगद्दी पर बैठाकर और उनके सामने पाँच पैसे तथा नारियल चढ़ाकर अपना सिर झुका दिया। इस प्रकार उन्होंने अपने शिष्य को अपनी गुरुगद्दी दे दी। इस परंपरा में नानमक देव के बाद गुरु अंगद, गुरु अमरदास, गुरु रामदास, गुरु अर्जुनदेव, गुरु हरगोविन्द सिंह, गुरु हरराय, गुरु हरकृष्ण राय, गुरु तेग बहादुर, गुरु गोविन्द सिंह गुरु हुए। इनके बाद गुरु गोविन्द सिंह ने गुरु ग्रन्थ को गुरु बताकर आगे गुरु-परमपरा तोड़ दी। परिस्थितिवश यह धार्मिक मत राजनीतिक भी बन गया।

इसमें आगे चलकर उदासी, निर्मला, नामधारी, सुथराशाही, सेवापंथी, अकाली, भगतपंथी, गुलाबदासी (गुलाबदासी ईश्वर की भावना में वैसी आस्था नहीं रखते, न इसकी कोई आवश्यकता समझते हैं। (उ0भा0 की संत परम्परा, पृ0 431)

कहा जाता है गुरु नानकदेव को कबीर के दर्शन हुए थे। उनसे उनको प्रेरणा मिली थी। कुछ विद्वानों की राय है कि वे कबीरदेव से दीक्षित भी हुए। (सद्गुरु कबीर चरितम्, सर्ग 25, कबीर मंशूर, पृ0 635, नानक शाह साहब)।

दादूदयाल एवं उनका पंथ

श्री दादूदयाल एक प्रसिद्ध गृहस्थ संत हुए हैं। उनका जन्म-स्थान कोई अहमदाबाद (गुजरात) तथा कोई जौनपुर (उत्तर प्रदेश) बताता है। कोई निश्चय

        कबीर संगति साधु की : एक विमर्श

नहीं है। इनका समय वि0सं0 1601-1660 तथा ईसा 1544-1603 बताया जाता है। इनका निधन नराणे (नारायण ग्राम) राजस्थान में हुआ, जहां इनकी समाधि है। दादूपंथ वालों का यह मठ तीर्थस्थल है। यहां फाल्गुन शुक्ल चतुर्थी को मेला लगता है। यहां दादूदयाल जी के 'बांनी ग्रंथ' की पूजा होती है। दादूपंथ में गृहस्थ भक्त तथा विरक्त साधु-दोनों हैं।

ये बड़े योग्य पुरुष थे। इनके 152 शिष्य बताये जाते हैं। इनके प्रमुख शिष्य हैं-रज्जब, सुन्दरदास, गरीबदास, प्रागदास, जगजीवनदास आदिक। ये सुन्दरदास वही प्रसिद्ध संत कवि हैं जिनके सवैया-कवित्त उत्तरी भारत में प्रसिद्ध हैं। इसी पंथ में विचारसागर के लेखक निश्चल दास हुए हैं, जो हिसार जिले के थे। 'राघोदास' जिनका एक 'भक्तमाल' ग्रंथ है और जिसमें षड्दर्शन के साथ 71 संतों एवं भक्तों का परिचय दिया है, ये भी दादूदयाल के प्रशिष्य थे। इस प्रकार दादूपंथ एक समृद्ध पंथ दिल्ली-पंजाब की तरफ है। दादूदयाल ने सद्गुरु कबीर के प्रति बड़ी भक्तिभावना उपस्थित की है। वे कबीर साहब के प्रति अनन्य भाव प्रकट करते हुए कहते हैं-

जेथा कंत कबीर का, सोई वर वरिहूं।
मनसा वाचा कर्मना, मैं और न करिहूं।।
(दादू दयाल की वाणी, सबद कौ अंग 34, पृ0 279)
उत्तर भारत की संत परम्परा पृ0 520

बावरी पंथ:

कहा जाता है कि गाजीपुर जिले के पटना नामक गाँव में, जो रेलवे स्टेशन औंड़िहार के पश्चिम ओर स्थित है, स्वामी रामानन्द नामक एक संत रहते थे, जो प्रसिद्ध रामानन्द से भिन्न थे। स्वामी श्री रामानन्द के शिष्य दयानन्द तथा उनके शिष्य मायानन्द थे। स्वामी मायानन्द ने अपने विचारों का प्रचार दिल्ली में जाकर किया था। इन्हीं श्री मायानन्द की शिष्या बावरी साहिबा थीं जो एक महिला थीं। इनका जीवनकाल वि0 सं0 1599-1662 एवं ईसा 1542-1605 माना जाता है। (उत्तरी भारत की संत परम्परा , पृ0 540) बावरी साहिबा आध्यात्मिक ऊँचाई में पहुँच गई थीं। इनके देहान्त के बाद इनके एकमात्र शिष्य बीरू साहेब गद्दी पर बैठे और ये दिल्ली में उक्त गद्दी पर सत्संग चलाते रहने का कार्य करते रहे। बावरी साहिबा तथा इनके शिष्य श्री बीरू साहेब-दोनों की कुछ रचनाएं मिलती हैं।

दिल्ली के कोई उच्च एवं शाही घराने के युवक यार मुहम्मद थे, जो श्री बीरू साहेब के शिष्य हो गये। इन्हीं का नाम साधु होने पर श्री यारी साहेब पड़ा। कहा जाता है कि इनकी गद्दी-परम्परा आज भी दिल्ली में चलती है। श्री यारी साहेब के मुख्य पाँच शिष्य हुए- केशवदास, सूफीशाह, शेखनशाह, हस्तमुहम्मद तथा बुल्ला साहेब। इनमें के पहले वाले चार अपना कार्यक्षेत्र दिल्ली की तरफ रखे तथा पाँचवें श्री बुल्ला साहेब ने गाजीपुर जिले के भुड़कुड़ा में एक स्थान कायम किया जो आज भी चल रहा है। श्री यारी साहेब की रचना 'रत्नावली' नाम से प्रसिद्ध बतायी जाती है। इनके शिष्य केशवदास की रचनाएं भी गंभीर कही जाती हैं। इनके गुरु भाई सूफीशाह की रचनाएं फारसी मिली भाषा में बतायी जाती हैं जो उनके उपनाम 'शाह फकीर' से प्रसिद्ध हैं।

कहा जाता है श्री बुल्ला साहेब पहले बुलाकीराम नाम से एक कुर्मी परिवार के बालक थे जो भुड़कुड़ा (जिला गाजीपुर) के निवासी थे। ये एक ठाकुर जर्मींदार के यहाँ हलवाही (नौकरी) करते थे। एक बार किसी मुकदमें में अपने मालिक के साथ दिल्ली गये। वहां कुछ दिन रहना पड़ा। बुलाकीराम को श्री यारी साहेब के मठ पर जाने का अवसर पड़ गया और ये उनके सत्संग से प्रभावित होकर उनके शिष्य हो गये। दिल्ली से लौटकर इन्होंने नौकरी छोड़ दी और साधु जीवन व्यतीत करते हुए ये उच्च संत हो गये। इन्हें अब लोग बुल्ला साहेब कहने लगे। इन्होंने बाराबंकी के कोटवा गाँव के जगजीवन नामक बालक को उपदेश दिया जो आगे चलकर जगजीवन साहेब के नाम से प्रसिद्ध हुए और उन्होंने सत्यनामी संप्रदाय चलाया।

इधर श्री बुल्ला साहेब के आध्यात्मिक ज्ञान से प्रभावित होकर उनका पहले का जर्मींदार मालिक उनकी शरण में आकर शिष्य हो गया। इन्हीं महापुरुष का नाम संत हो जाने पर श्री गुलाल साहेब पड़ा। एक जर्मींदार ठाकुर का अपने हलवाहे का शिष्य होना कोई मामूली बात नहीं है। परन्तु सच्चे ज्ञान का यही मतलब होता है कि वहां सारा भेदभाव मिट जाता है। वहां न कोई मालिक हे, न नौकर, न ऊँचा है न नीचा। श्री गुलाल साहेब गाजीपुर जिले के बंसहरिया गाँव के निवासी थे। जब से ये श्री बुल्ला साहेब के शिष्य हुए, भुड़कुड़ा उनका केन्द्र हो गया। श्री गुलाल साहेब की रचनाएं भी प्रसिद्ध हैं। श्री गुलाल साहेब का

गद्दीकाल वि0 सं0 1766-1816 तथा ईसा 1709-1759 हैं।

श्री गुलाल साहेब के दो शिष्य थे- हरलाल साहेब तथा भीखा साहेब। हरलाल साहेब ने अपना कार्यक्षेत्र बलिया जिला चुना तथा भीखा साहेब भुड़कुड़ा गद्दी पर रहे। ये आजमगढ़ के बोहाना गांव के निवासी भीखानन्द चौबे के नाम से प्रसिद्ध थे, जो आध्यात्मिक भूख से घर छोड़कर बनारस आदिक भटके। अंतत: भुड़कुड़ा में श्री गुलाल साहेब से संतुष्ट होकर उनके शिष्य हो गये। श्री गुलाल साहेब के देहान्त हो जाने पर श्री भीखा साहेब गद्दी पर बैठे। इनका गद्दीकाल वि0सं0 1817-1848 तथा ईसा 1760-1791 है। श्री भीखा साहेब की बानी प्रसिद्ध है।

श्री भीखा साहेब के मुख्य दो शिष्य थे। श्री गोविन्द साहेब तथा श्री चतुर्भुज साहेब। ये दोनों ब्राह्मण कुलोत्पन्न थे। श्री गोविन्द साहेब ने फैजाबाद जिले के अहरोला गाँव में अपना स्थान चुना, जहां आज एक विशाल मठ स्थापित है तथा साल में एक बार अगहन शुक्ला दशमी को उनकी समाधि पर विशाल मेला लगता है। इस स्थान का नाम भी गोविन्द साहेब हो गया है। दूसरे श्री चतुर्भुज साहेब भुड़कुड़ा गद्दी पर विराजमान हुए।

श्री गोविन्द साहेब के शिष्य श्री पलटू साहेब हुए जो अपनी परंपरा में सर्वाधिक प्रसिद्ध हुए। श्री पलटू साहेब के तीक्ष्ण अनुभव, उत्कट वैराग्य एवं अद्भुत काव्य-रचना से उनकी ख्याति संत-जगत में खूब हो गयी। वे फैजाबाद जिले के जलालपुर गाँव के एक वैश्य परिवार के बालक थे। उन्होंने विरक्त होकर श्री गोविन्द साहेब की शिष्यता स्वीकार करने के बाद अपना कार्यक्षेत्र अयोध्या चुना, जो आज भी 'श्री पलटू साहेब का अखाड़ा' के नाम से प्रसिद्ध है।

इस परम्परा के प्रसिद्ध संत प्रत्यक्ष या अप्रत्यक्ष रूप में सद्गुरु कबीर के प्रति श्रद्धावान रहे है। कोई-कोई संत अपनी बानियों में कबीरदास का बड़े भावपूर्ण नाम लिये हैं। श्री पलटू साहेब ने भावविभोर होकर एक जगह कहा है, 'कबीर उलटि पलटू भये।''

श्री मलूक साहेब एवं उनका पंथ :

मलूक साहेब

अजगर करै न चाकरी, पंछी करै न काम।
दास मलूक कहत हैं, सबके दाताराम।।

जिस प्रारब्ध दृष्टि से उन्होंने सहजभाव से यह साखी कही है उतने ही उथले में उसका अर्थ लेना चाहिए। उसे गंभीर नहीं बनाना चाहिए।

मालूकदास साहेब ने इलाहाबाद जिला के कड़ा नामक ग्राम में वि0सं0 1631 में सुन्दरदास कक्कड़ खत्री के यहां जन्म लिया था। कहा जाता है कि इनके पूर्व-पूर्व गुरु पुरुषोत्तम, देवनाथ, भावनाथ तथा बिट्ठलनाथ हैं। ये घर से विरक्त होकर देश भ्रमण, साधु सत्संग एवं सदुपदेश करते रहे, परन्तु मुख्य स्थान इन्होंने अपना जन्म स्थान 'कड़ा' ही चुना। इनके नाम से कई रचनाएं प्रसिद्ध हैं। इनकी परम्परा में करीब बारह गुरु हो गये हैं। मलूक साहेब कबीरदेव के अत्यन्त श्रद्धालु रहे, यह निर्विवाद है। वे कहते हैं–

कासी तजि गुरु मगहर आये, दोउ दीनन के पीर।
कोई गाड़े कोई अग्नि जरावै, नेक न धरते धीर।।
चार दाग से सतगुरु न्यारा, अजरों अमर शरीर।
दास मलूक सलूक कहत हैं, खोजो खसम कबीर।।

बाबालाल दास एवं उनका संप्रदाय :

कहा जाता है मालवा प्रांत के एक खत्री परिवार में बाबालाल दास का वि0सं0 1647 तथा 1590 ई0 में जन्म हुआ था। वे आध्यात्मिक खोज में लाहौर की तरफ निकल गये। किन्तु बाबालाली संप्रदाय के लोग उनका जन्म लाहौर के कहीं पास ही वि0सं0 1412 में बताते हैं। उनकी दीक्षा किसी चेतन स्वामी से हुई थी। बाबालाल दास, विद्वान, वैराग्यवान तथा प्रतिभा के धनी संत थे। उन्होंने अपने बाइस(22) प्रमुख शिष्यों के सहित पंजाब, काबुल, गजनी, पेशावर, गांधार, देहली, सूरत आदि का भ्रमण किया।

शाहजादा दाराशिकोह ने जो 50 उपनिषदों का फारसी में अनुवाद कराया था और कहा जाता है बाबालालदास से सात बार मिलकर सत्संग किया था।

　　　　कबीर संगति साधु की : एक विमर्श

बाबालाल दास ने बहुत बड़े जनमानसको प्रभावित किया था। ''**इन्होंने मूर्तिपूजा, अवतारवाद व अन्य ऐसी बातों के प्रति अनास्था प्रकट की है और योग साधना को विशेष महत्त्व दिया है। इनके अनुसार साधु का परम कर्तव्य श्रद्धा तथा वैराग्य के साथ अपना जीवन व्यतीत करना है। ये सांख्य के विकासवाद के समर्थक थे।''** (उत्तरी भारत की संत परम्परा, पृ0 592-593)।
पंजाब प्रान्त, गुरुदासपुर जिले के ध्यानपुर नामक जगह में बाबालाल दास की समाधि है। यहाँ क्वार विजयादशमी को हर वर्ष मेला लगता है।
''दाराशिकोह ने इनका 'मुंडिया' और 'कबीर मार्गी' होना ही बताया है।''
2 (उत्तरी भारत की संत परम्परा, पृ0 5921)

संत प्राणनाथ एवं प्रणामी मत :

कहा जाता है कि संत प्राणनाथ का जन्म काठियावाड़ के जामनगर में वि0सं0 1675ई0 सन् 1618 में हुआ था। कुछ के विचारानुसार 'हल्लारदेश की नौतनपुरी' में हुआ था। उनके गुरु मारवाड़-उमरकोट के देवचन्द जी थे। उन्हीं से उन्होंने शिक्षा-दीक्षा पायी थी। उन्होंने भारत तथा अरब देशों का भ्रमण किया। भ्रमण, उपदेश, ग्रंथ लेखन, पत्र व्यवहार तथा साधना करते हुए इनका कालक्षेप होता रहा। उन्होंने गुजराती, हिन्दी तथा हिन्दी फारसी मिश्रित भाषा में कुल 14 ग्रंथ लिखे हैं। उनका एक संग्रह **'कुलजम स्वरूप'** नाम से है जो सब मिलाकर अठारह (18) हजार चौपाइयों का है।

इनके सम्प्रदाय का नाम **'प्रणामी'** है। इनका मुख्य केन्द्र 'पन्ना' शहर का 'धामी मंदिर' है। संत प्राणनाथ का समन्वयात्मक दृष्टिकोण था। उन्होंने कबीरदेव के समान ही कहा है कि वेद और किताब में एक ही बात कही गयी है।

जो कुछ कह्या कितेब ने। सोई कह्या बेद।

बोली सबो जुदा परी। नाम जुदे पर सबन।

दोऊ बंदे एक साहेब के। पर लड़त न पाए भेद।

बाली सबो जुदा परी। नाम जुदे पर सबल।

चलन जुदा कर दिया। ताथें समझ न परी किन।।

(खुलाशा, पृ0 11/उ0भा0 की संत परम्परा, पृ0 600)

प्राणनाथ ने कबीरदेव की पूरी साखी ही उद्धृत कर दी है। जैसे-

हद चले सो मानवी, बेहद चले सो साध।

हद बेहद दोनों तजे, ताको मता अगाध।।

(कुलजम स्वरूप जागनी 1978, पृ0 24)

कबीर साहेब के बीजक में उक्त साखी निम्न प्रकार है-

हद चले सो मानवा, बेहद चले सो साध।

हद बेहद दोऊ तजे, ताकर मता अगाध।।

।।बी0सा0 189।।

सत्तनामी संप्रदाय

1- श्री योगीदास नारनौल :

पश्चिमी भारत के 'नारनौल' स्थान के सत्तनामी जोगीदास जी एक ऐसे संप्रदाय के प्रवर्तक बताये जाते हैं जो शाहजादा दाराशिकोह के समर्थक तथा उनके भाई औरंगजेब के विरोधी थे। दाराशिकोह तथा औरंगजेब के आपसी युद्ध में जोगीदास ने दाराशिकोह का साथ दिया। इनका 'सत्तनामी विद्रोह' प्रसिद्ध है। ये सत्तनाम का नारा लगाकर विरोधियों पर टूट पड़ते थे। इनका एक बहुत बड़ा जनमत बन गया था, जो औरंगजेब को कई बार परास्त कर दिया था। परन्तु पीछे औरंगजेब ने सत्तनामियों को हराकर उनका दमन किया। आचार्य परशुराम चतुर्वेदी लिखते हैं -''**सत्तनामी लोगों की सादी रहन-सहन, इनके साहस, संगठन की योग्यता तथा भेदभाव रहित जीवन-यापन करने की प्रणाली को सर्वथा स्तुत्य ही मानना चाहिए।**'' (उ0भा0 की संत परम्परा, पृ0 609 सत्तनामी विद्रोह का समय वि0सं0 1729-30 माना जाता है)।

2- श्री जगजीवन साहेब कोटवा-

ये उत्तर प्रदेश बाराबंकी जिले के सरहदा गांव के चंदेल क्षत्रिय के घर में पैदा हुए थे। 'बावरी-पंथ' में चर्चा की जा चुकी है कि ये श्री बुल्ला साहेब के शिष्य थे। किन्तु श्री जगजीवन साहेब के पंथ वाले इन्हें काशी के किसी श्री

विश्वेश्वरपुरी के शिष्य मानते हैं। परन्तु श्री बुल्ला साहेब से जितनी उनकी संगत बैठती है विश्वेश्वरपुरी से नहीं।

कहा जाता है कि श्री जगजीवन साहेब ने गृहस्थ जीवन व्यतीत किया, परन्तु ये एक उच्चकोटि के साधक थे। ये अपने गांव सरहदा के कुछ लोगों की ईर्ष्यादि के कारण वहां से 'कोटवा' नामक गांव में चले गये। यहीं रहकर इन्होंने साधनाएं की तथा वि0सं0 1818, सन् 1761 ई0 में कोटवा में ही शरीर छोड़ दिये थे। इनकी यहीं समाधि बनी है। यहां हर वर्ष मेला लगता है। इनके प्रमुख शिष्यों में श्री दूलन साहेब थे जो लखनऊ जिले के एक क्षत्रिय कुल के बालक थे। कोटवा जगजीवन साहेब का आज भी उत्तर प्रदेश के बाराबंकी, फैजाबाद, बहराइच आदि जिलों में काफी प्रचार है। श्री जगजीवन साहेब की 'शब्द सागर' आदिक कई पुस्तकें हैं।

3- श्री घासीदास बिलासपुर :

छत्तीसगढ़ बिलासपुर जिला के गिरोद नाम के ग्राम में (जो अब रायपुर में लगता है) एक सतनामी कुल में श्री घासीदास जी का जन्म हुआ, जो देह से सुन्दर एवं व्यक्तित्व के विशाल बताये जाते हैं। ये अशिक्षित तो थे, परन्तु अपने गांव के पास चट्टानी पहाड़ी पर आपने साधना की और पीछे वहीं आपका सत्संग चल पड़ा। आप वहां एक तेंदू पेड़ के नीचे बैठकर सत्संग चलाया करते थे। कहा जाता है कि वह पेड़ आज भी है। यहां इनके अनुगामियों के मंदिर बन गये हैं तथा उनके लिये यह तीर्थस्थल हो गया है। इनका वि0सं0 1907 ई0 (उ0मा0 की संत परम्परा, पृ0 619) 1850 में 80 वर्ष की अवस्था में शरीरांत हो गया। इनके मत को भी 'सतनामी' कहा जाता है। इनका प्रचार बिलासपुर, रायपुर आदि जिलों में पाया जाता है। ये आचार-विचार के पक्के तथा सात्त्विक होते हैं। आजकल इनमें पढ़े-लिखे लोग भी होते जा रहे हैं।

इस प्रकार नारनौल के श्री योगीदास जी, कोटवा के श्री जगजीवन साहेब जी तथा गिरोद के श्री घासीदास जी-'सत्तनामी' कहलाते हैं। इन तीनों में सद्गुरु कबीर का बड़ा आदर है। श्री जगजीवन साहेब तथा श्री घासीदास की शाखाओं में तो कबीर साहेब बहुत ऊँची दृष्टि से देखे जाते हैं।

श्री दरिया साहेब एवं दरियापंथ :

एक दरिया साहेब तो मारवाड़ में हुए हैं और दूसरे दरिया साहेब उनसे कुछ पहले बिहार में हुए हैं। ये दोनों संतमत के भीतर ही हैं। बिहार प्रदेश, जिला शाहाबाद के धरकंधा ग्राम में बिहार के दरिया साहेब का मठ आज भी विद्यमान है। दरिया साहेब का जीवन-काल वि0सं0 1731-1837, ई0 1674-1780 माना गया है। ये उत्तर प्रदेश के काशी, मगहर, गाजीपुर तथा बिहार के क्षेत्रों में भ्रमण कर सत्संग एवं उपदेश करते हुए अधिकतम धरकंधा ग्राम में ही रहे। इनके प्रधान शिष्य 36 बताये जाते हैं, जिनमें मुख्य श्री दलदास माने जाते हैं। इनके रचित अनेक ग्रंथ हैं जिनमें इनका एक बीजक भी है, जो कबीर साहेब के बीजक से भिन्न है। आप कबीर साहेब के प्रति बहुत श्रद्धावान थे। आप कहते हैं ''उसी की खोज करो जिसकी खोज कबीर ने की है। यह खोज जीवन के गंभीर समय में सम्भव है।'' (ताहि खोजु जो खोजहिं। बइठि निरंतर समय गंभीरा।) दरिया साहेब अपने आपको कबीर साहेब से अभिन्न भी बताते हैं।'' शब्द के विलोडन द्वारा विवेक उपलब्ध करने को इन्होंने अन्यत्र 'परखना' भी कहा है।''

> परखहु संत शब्द यह बानी। करै विवेक सो निर्मल ज्ञानी।।
> बिनु परखे नहिं मूल भेंटाई। पारखि जन सो शब्द समाई।।
> एकहिं तत्त बिचारहु भाई। पानी - पय ज्यों हंस बिलगाई।।
> संम्रित जल पय भीतर रहई। बिबरन बरन सो इमि कर लहई।।

(दरियासागर, उ.भा.की सं. परम्परा, पृ.661) इनके मन में कबीर साहेब के प्रति अनन्य श्रद्धा थी।

रामस्नेही संप्रदाय :

1. श्री दरिया साहेब :

हम पीछे बिहार वाले दरिया साहेब के संदर्भ में चर्चा कर आये हैं, परन्तु ये मारवाड़ के दरिया साहेब थे इनका स्थान 'रैण' नामक ग्राम है। इन्होंने यहीं जीवन व्यतीत किया। इनका जीवन-काल वि.सं. 1733-1815, ई. 1676-1758

कबीर संगति साधु की : एक विमर्श

है। इनके गुरु श्री प्रेमदयाल थे जिन्हें दादूपंथी कहा जाता है। कहा जाता है कि मारवाड़ का राजा श्री दरिया साहेब से प्रभावित होकर इनका शिष्य हो गया था। इनकी वाणियों का एक विशाल संग्रह है जिसमें दस हजार वाणियां हैं।

ये दरिया साहेब भी श्री कबीर साहेब के प्रति बहुत श्रद्धालु थे। इन्होंने अपनी वाणी में कबीर साहेब की विशेषता बतायी है। **''इन्होंने कबीर साहेब की अनेक साखियों का मानो रूपांतर मात्र कर दिया है।''**

(उत्तरी भारत की संत परंपरा, पृ0 667)

2. श्री हरिराम दास तथा श्री रामचरण जी :

राजस्थान में ही बीकानेर राज्य के 'सिंहथल' नामक गांव में वि.सं. 18वीं के उत्तरार्ध में श्री हरिराम दास जी का जन्म हुआ था, तथा श्री रामचरण जी का जन्म जयपुर राज्य के सोडो नामक ग्राम में उसी समय के लगभग हुआ था। श्री हरिदास जी के एक प्रमुख शिष्य श्री रामदास जी थे। इन सब सन्तों के मत को रामस्नेही सम्प्रदाय कहते हैं जो सन्तमत के भीतर है। इनमें कई ने तो कबीर साहेब के प्रति खुले शब्दों में विशेषता की है। श्री रामदास जी ने अपने गुरु श्री हरिदास को **''संत कबीर साहेब की अन्तःकला वाला होना ठहराया है।''** (उत्तर भारत की संत परंपरा पृ0 673) **''संत कबीर साहेब को उन्होंने एक स्थल पर सभी संतों में चक्रवर्ती जैसा श्रेष्ठ बताया है।''**

(सब संतों में चकवै हुआ, ब्रह्मविलास कबहुं नहिं जूवा)।

(वही, पृ0 674)

अघोर तथा सरभंग संप्रदाय :

अघोर मत कोई नया नहीं है। इसका इतिहास खोजकर निकाल पाना सरल काम नहीं है। परन्तु इसकी एक महत्वपूर्ण कड़ी बाबा किनाराम हैं, जिनका जन्म काशी के पास चंदौली तहसील के रामगढ़ गांव में एक सूर्यवंशी क्षत्रिय परिवार में हुआ था। ये बाबा कालूराम के शिष्य थे। बाबा किनाराम का जीवनकाल ई0 1684-1787 माना जाता है। ये वैराग्यवान तथा भ्रमणशील भी थे, तथा इनका विशेष क्षेत्र काशी रहा। इनका प्रचार गुजरात, नेपाल, समरकंद

आदि स्थलों में बताया जाता है। इनकी रची कई पुस्तकें हैं, जिनमें विवेकसार मुख्य है। 'इनके 'जोग-जुगति', 'सुरति', 'निरबान', 'अनहदबानी', 'सत्तसुकृत' जैसे शब्दों से भी स्पष्ट होता है कि इनके मत को 'संतमत' से अधिक भिन्न नहीं ठहराया जा सकता।''(उत्तरी भारत की संत परंपरा, पृ0 694-695)

संरभंग सम्प्रदाय अघोर संप्रदाय का किसी हिस्से में मिलान है। सरभंग सम्प्रदाय बिहार के चंपारन, सारन, मुजफ्फरपुर, पटना तथा आसाम, बंगाल एवं यत्र-तत्र उत्तर प्रदेश में भी बताया जाता है। इस परम्परा में प्रमुख संत श्री भीखमराम बाबा बताए जाते हैं जो पहले चंपारन जिले के माधोपुर नामक गांव में भीखा मिश्र के नाम से प्रसिद्ध थे। इन्होंने वैराग्य वेष लेकर देश भ्रमण भी किया। भीखमराम बाबा की रचना एक 'बीजक-ग्रंथ' भी बताया जाता है।

सरभंग सम्प्रदाय के एक विशेष पुरुष श्री भिनकराम बाबा बताये जाते हैं। कहा जाता है प्रसिद्ध संत कबीर साहेब के 484 शिष्य थे। उन्हीं शिष्यों में से किसी की परम्परा में श्री भिनकराम बाबा थे। (उत्तरी भारत की संत परम्परा, पृ0 698)

अघोर सम्प्रदाय तथा सरभंग सम्प्रदाय-दोनों में कबीर साहेब के प्रति बड़ी श्रद्धा है। कबीर साहेब के प्रसिद्ध ग्रन्थ 'बीजक' नाम का अनुकरण संत परम्परा के अनेक संतों ने किया है और वे अपने ग्रंथ का नाम 'बीजक' रखे हैं। भिनकराम बाबा तो कहते हैं ''सद्गुरु कबीर साहेब जिंद की कृपा से हमने ज्ञान का जंजीरा पा लिया।'' (साहेब कबीर दया जिद सतगुर, सिरी भिनकराम स्वामी पावेले ग्यान के जंजीरा) (उ0भा0की सं0पं0 पृ0705) इसी प्रकार उन्होंने कबीर साहेब का नाम 'खसम कबीर' 'हंस कबीर' तथा 'सतगुरु साहेब कबीर' के रूप में अत्यंत श्रद्धा से लिया है।

('मिलि गये खसम कबीर' मानस ताल बिचे हंस कबीरा'
सतगुरु साहेब कबीर (उ0भा0कीसं0पं0,पृ0706)

रविभाण- सम्प्रदाय :

रविभाण साहेब का कार्यक्षेत्र सौराष्ट्र एवं गुजरात प्रदेश था। यहीं से यह मत राजस्थान में गया। आज भी इन स्थानों में इसका अधिक प्रचार है।

 कबीर संगति साधु की : एक विमर्श

श्री रविराम साहेब की रचना से पता चलता है कि ''उत्तराखंड से एक नीलकंठ नाम के निर्गुणी महात्मा उतरे जो पूर्ण पुरुष थे। उन्होंने रघुनाथदास को अपना शिष्य बनाया। रघुनाथदास के जादव दास, जादव दास के षष्टम दास तथा षष्टम दास के भाण साहेब शिष्य हुए, इन्हीं भाण साहेब के ज्ञान द्वारा यह 'रविदास' कृतार्थ हुआ।'' (रविभाण सम्प्रदायनी वाणी, मंछराम मोती, पूना, सं0 1989, पृ0 194 (उ0भा0की सं0पं0, पृ0709) । कहा जाता है कबीर साहेब के शिष्य पद्मनाभ थे। उनके शिष्य नीलकंठ थे, जो गुजरात-सौराष्ट्र में जाकर रघुनाथदास को शिष्य बनाये थे।(सद्गुरु कबीर चरितम्, सर्ग 20, श्लोक 72)। इन्हीं की परम्परा में रविभाण साहेब हुए जिनका रहना सौराष्ट्र के किसी बाराही स्थान में बताया जाता है। रविभाण साहेब बाराही के निवासी थे। उनका जीवनकाल वि0सं0 1754-1811, ई0 1697-1754 कहा जाता है।

रविराम साहेब भी गुजरात के ही थे, जिनका कान्हम क्षेत्र के आमोद गांव में वि0सं01783, ई0 1726 में जन्म हुआ। ये रविराम साहेब को रविदास से मत मिलाइयेगा, क्योंकि दोनों में अन्तर है। रविराम साहेब की वाणियों का 'साखी संग्रह' नाम से एक बड़ा संग्रह है जिसमें 77 अंग बताये जाते हैं। इन्होंने कबीर साहेब के प्रति अपनी बड़ी श्रद्धा व्यक्त की है। इन्होंने कहा-हे रविदास! तू वही पथ खोज, जिससे कबीर साहेब गये हैं- रविदास वहां पहुंच गया है, जहां रामानन्द और कबीर पहुँचे हैं- जब एकांत चिंतन में रहता हूँ, तब मैं कभी रामानन्द तथा कभी कबीर से बातें समझता हूँ-रविभाण साहेब तो कबीर साहेब के ही समान उच्च दशा को प्राप्त हैं।'' (रविदास सो राहो ढूंढ ले, जीस राहा गये कबीर। (रविभाण संप्रदायनी वाणी, भाग बीजो, सा0 23, पृ0234) ।

आचार्य परशुराम चतुर्वेदी लिखते हैं - ''मोरार साहेब के शिष्य दलुराम साहेब का अपनी गुरुपरंपरा के प्रथम पुरुष नीलकंठ दास का सम्बन्ध ऊपर की ओर जोड़ते समय उसे कम-से-कम कबीर साहेब तक पहुंचाकर वहां'राम-कबीर' शब्द का प्रयोग करना तथा इसी प्रकार लालदास साहेब का स्पष्ट शब्दों में 'लालदास लवलाय कर, सुमरे राम कबीर' जैसी उक्ति प्रकट भी इस बात का समर्थन करता है कि यह संप्रदाय संभवत: उस 'रामकबीर पंथ' से भिन्न न

होगा।'' (उत्तरी भारत की संत परंपरा, पृ0 715-716)। श्री अनन्तराम रावल ने रविभाण संप्रदाय के संतों के नाम में साहेब पदवी लगा होने से लिखा है 'आ सर्व संतों ना नामने अंते 'साहेब' शब्द लगा जाये छे जे बतावे छे के ए कबीर-पंथी हता। (गुजराती साहित्य पृ0 210 उ0भा0 की सं0पृ0पृ0 715)। एक गुजराती लेखक ने यहां तक कहा है कि भाण साहेब रामकबीरी कंठी बांधकर सौराष्ट्र में आये तथा उन्होंने वहां पर सर्वप्रथम कबीरपंथ का प्रचार किया।'' (उत्तरी भारत की संत परंपरा, पृ0 716, यमल्ल परमार आपणी लोक संस्कृति। अहमदाबाद, 1957 ई0 पृ0 117)

श्री चरणदास एवं उनका सम्प्रदाय :

दिल्ली की तरफ कहीं डेहरा नामक ग्राम में वि0सं0 1760, ई0 1703 में श्री चरणदास जी का जन्म हुआ। दिल्ली की तरफ इनका प्रचार क्षेत्र आज भी बताया जाता है। इनके पंथ को चरणदासी संप्रदाय कहते हैं। इस मत की रूपरेखा वैष्णवी अधिक है तथा संतमत का कम। एक विद्वान लिखते हैं ''दार्शनिक तथा पूजोपासना के विविध आडंबरों पर दृष्टि केन्दित करने से ज्ञात होता है कि भले ही अंशतः यह परम्परा कबीर का अनुसरण करती हो, किन्तु वस्तुतः यह निंबार्क संप्रदाय के अधिक निकट है।'' (श्री मुनिकांति सागर, सम्मेलन पत्रिका, भा0 41, सं0 4, पृ0 1-31 (उ0भा0कीसं0पं0 पृ0 725)

श्री गरीबदास एवं उनका पंथ :

रोहतक जिला , झज्जर तहसील के छुड़ानी नामक ग्राम में वि0सं0 1774 ई0 1717 में श्री गरीबदास जी का जन्म हुआ। इनके पिता का नाम बलिराम जी था जो जाट जाति के थे। ये एक जर्मींदार थे। यह अपनी बारह वर्ष की उम्र में जब गाय-भैंस चरा रहे थे, कहा जाता है इनको कबीर साहेब के दर्शन हुए। दूसरे मत से इन्हें कबीर साहेब स्वप्न में दर्शन दिये। वस्तुत:इनके पिता कबीरपंथी थे। अत:घर के लोगों की कबीर साहेब के प्रति श्रद्धा होने से गरीबदास को भी इनके प्रति श्रद्धा थी। जिनके प्रति श्रद्धा होती है, हम उनके स्वप्न देखते ही हैं।

          कबीर संगति साधु की : एक विमर्श

श्री गरीबदास जीवनपर्यन्त गृहस्थ रहे और आगे भी इनकी गृहस्थ गद्दी चलती रही। परन्तु कहा जाता है कि छठी पीढ़ी में श्री दयालुदास द्वारा इस पंथ में काफी सुधार आया और महंत को ब्रह्मचर्य पालन करने का विधान हुआ। अब इनमें विरक्ति भाव बढ़ा। गरीबदास की वाणियों का संग्रह छपा है, जिसमें कबीर साहेब के नाम से भी काफी वाणी है। इनकी वाणियों के संग्रह का नाम 'ग्रन्थ साहिब' है। श्री गरीब साहेब सद्गुरु कबीर का चरणचाकर है, इसने उनकी कृपा से ही सत्य और अविनाशी पद की स्थिति पायी है।'' (दास गरीब कबीर का चेरा। सत्तलोक अमरापुर डेरा।

(गरीबदास की बानी, उत्तरी भारत की संत परम्परा, पृ0 731)

श्री पानपदास एवं पानप-पन्थ-

संत श्री पानपदास का जन्म सन् 1719 ई0 में प्रसिद्ध राजा बीरबल के खानदान में दिल्ली की तरफ उत्तर प्रदेश में कहीं बिजनौर के पास माना जाता है। एक कबीरपंथी साधु द्वारा प्रेरित होकर ये उस समय के वहां के प्रसिद्ध संत श्री मंगनीराम के पास गये। उन्हीं से उनकी दीक्षा हुई। इनका रचा बृहत 'बानी ग्रंथ' है, जिसमें कबीर साहेब से लेकर अन्य कई संतों की वाणियां भी संग्रहीत बतायी जाती हैं। ये नानक साहेब तथा कबीर साहेब को बड़ी श्रद्धा की दृष्टि से देखते हैं। (नानकदासा और कबीरा। पानपदास तिन्हों का चेरा (पानपबोध, पृ0 158 उत्तरी भारत की संत परम्परा, पृ0 738) जहां तक 'बानी ग्रंथ' से उपलब्ध अंशों के आधार पर अनुमान किया जा सकता है, यह पंथ भी अधिकतर कबीर साहेब तथा अन्य वैसे संतों के सिद्धान्तों और साधनाओं को ही आदर्शवत स्वीकार करता जान पड़ता है। (उत्तरी भारत की संत परम्परा, पृ0 738) श्री पानपजी कहते है, ''कबीर का ही शब्द व उपदेश ठीक है जिसे ग्रहण करने वाला भवसागर के पार पहुंच जाता है और बिना उस अच्छर की खोज किये लोग चिल्ला-चिल्ला कर मर जाते हैं। (उत्तरी भारत की संत परम्परा, पृ0 740)

धामपुर में इनकी तथा इनके गुरु की समाधि है। दिल्ली, पंजाब, उत्तर प्रदेश आदि में इनका प्रचार है।

श्री मोहनशाह एवं उनकी साईंदाता पन्थ :

संत श्री मोहनशाह का जिला फैजाबाद, मिल्कीपुर थाने के पास 'मझनाई' गांव में हुआ। ये एक अच्छे संत थे। इन्होंने बुन्देलखंड आदि का भ्रमण भी किया था। इनके अनेक योग्य शिष्य भी हुए तथा इन्होंने रचनाएं भी की। इनके ग्रंथ का नाम है 'अरस बेगम सार'। मोहनशाह को मोहनसाई तथा साईंदाता भी कहते हैं। इनका प्रचार क्षेत्र फैजाबाद, बाराबंकी, प्रतापगढ़, उन्नाव, इलाहाबाद, हरदोई, बांदा, सहारनपुर आदि जिलों में है।

इस पंथ के लोगों में कबीर साहेब के प्रति अगाध श्रद्धा है। ''इनकी उपलब्ध रचनाओं के आधार पर केवल इस प्रकार कह सकते हैं कि इनकी विचारधारा संत कबीर साहेब के मत से बहुत प्रभावित जान पड़ती है। (उत्तरी भारत की संत परम्परा, पृ0 741)

श्री अक्षर अनन्य :

श्री अक्षर अनन्य ईसा की अठारहवीं शताब्दी की शुरूआत में दतिया राज्य के राजा पृथीसिंह के दीवान तथा पन्ना के नरेश महाराजा क्षत्रसाल के गुरु बताये जाते है। पीछे ये साधना में उतर आये थे और एक उच्चकोटि के संत हुए। इनकी वाणियों में सद्गुरु कबीर के संदेश मिलते हैं।

(उत्तरी भारत की संत परम्परा, पृ0 750)

श्री दीनदरवेश :

श्री दीनदरवेश का जन्म वि0सं0 1768, ई0 1711 में उदयपुर डिवीजन के रेलवे स्टेशन खेमली के पास गुड़ली नामक गांव बताया जाता है। इनका कार्यक्षेत्र उत्तर प्रदेश, मध्य प्रदेश, राजस्थान तथा गुजरात था। इनकी वाणियों में भी वही विचार पाये जाते हैं जो सहजतया कबीर साहेब के हैं। दीन दरवेश ने अपनी वाणियों में कबीर साहेब की बड़ी महिमा गाई है। केवल दो पंक्तियाँ लें–

कहत   दीनदरवेश सत का शब्द सुनाया।
करुणासिंधु कबीर, बंदी छुड़ावन आया।।

सन्त बुल्लेशाह :

इनका जन्म कुछ लोग बलख शहर मानते हैं और कहते हैं कि ये वहां के बादशाह थे। विरक्ति होने से लाहौर के पास एक जंगल में आये तथा वहीं गुरु मियां मीर की शरण में रहकर साधना किये। कुछ लोगों के अनुसार ये कुस्तुन्तुनिया से आये और कुछ लोगों के विचार से ये कहीं से नहीं आये, बल्कि लाहौर के पास के ही थे।

इनका जीवनकाल ईसा 1680-1753 माना जाता है। ये एक सच्चे फकीर थे। इन्होंने गृहस्थ त्याग के बाद जीवन भर ब्रह्मचारी रहकर साधनाएं कीं। ये बड़े क्रांतिकारी विचारक थे। ये ईश्वरीय मानी गयी पुस्तकों तथा अंधपरम्परा के खरे आलोचक थे। इसीलिए कभी-कभी इनके गुरु तक इन पर नाराज हो जाते थे। **"इन पर कबीर साहेब के सिद्धान्तों की छाप भी स्पष्ट लक्षित होती है।"**   (उत्तरी भारत की संत परम्परा, पृ0 755)

संत मीता साहेब :

संत मीता साहेब जन्म उत्तर प्रदेश के फतेहपुर जिले के फतुहा नामक स्थान में हुआ। उनका जीवनकाल ईसा 1690-1768 है। उनके गुरु कानपुर के श्री बेनीराम साहेब थे। उनके अनेक शिष्य हुए। उनकी समाधि उन्नाव जिले के नरवीरपुर गांव में है। वे कबीर साहेब के प्रति अनन्य श्रद्धालु थे। उन्होंने कहा है **"जो कबीर साहेब ने कहा है, वह प्रामाणिक एवं सत्य है। वे पहुंचे हुए सन्त थे। मैं भी उन्हीं का प्रमाण देता हूँ।**   (जो काशी कहि गया जोलाहा, सो तो है टकसारी, मीता ताकी साखि देत है, वह पहुंचा दरबारी।।
                        (उत्तरी भारत की संत परम्परा, पृ0 758)

संत रोयल साहेब :

वे सिन्ध के निवासी थे। उनका जीवनकाल उन्नीसवीं शताब्दी है। उनके गुरु साम साहेब थे। वे सद्गुरु कबीर साहेब से बहुत प्रभावित बताये जाते हैं। (उत्तरी भारत की संत परम्परा, पृ0 760)। उन्होंने अपने गुरु के प्रति कहा है कि उनके संकेत से मुझे स्वरूप का ज्ञान हुआ। (साम साहेब गुरु सैन बताई, निज स्वरूप दरसाया।।) (उत्तरी भारत की संत परम्परा, पृ0 759) संत रोयल साहेब

का प्रचार राजस्थान में अधिक है।

श्री तुलसी साहेब :

अलीगढ़ जिले के हाथरस नगर में श्री तुलसी साहेब के मत का केन्द्र है। इनका जीवन ईसा की 19वीं शताब्दी का पूर्वार्द्ध है आपके मत को 'साहिब-पंथ' कहते हैं। आपकी रची हुई घट-रामायण प्रसिद्ध है। इन्होंने कबीर साहेब का नाम बड़ी श्रद्धा से लिया है और कहा है–**"कबीरपंथ वही है जिससे कबीर साहेब गये हैं, उसी से जाना।"** (पंथ कबीर सोई हैं भाई। गये कबीर जेहि मारग जाई।। घट रामायण, पृ0 191)। (श्री तुलसी साहेब ने अपने आपको गोस्वामी तुलसीदास का अवतार माना है। लगता है कि उनके शिष्यों ने ऐसा लिखकर उनकी वाणी में मिला दिया है। स्वयं ऐसी बात सन्त नहीं कहते।)

संत डेढ़राज तथा नांगी सम्प्रदाय :

संत श्री डेढ़राज का जन्म नारनौल जिले के धारुस गांव में ईसा 18वीं शती के उत्तरार्द्ध में एक ब्राह्मण परिवार में हुआ था। परन्तु वे खरे विचारक थे। वे वर्णव्यवस्था के विरुद्ध थे। वे सारे अंधविश्वासों के खिलाफ थे। वे मूर्तिपूजा के तथा किसी भी ग्रंथ के स्वत: प्रमाणवाद के भी विरोधी थे। कबीरदेव के संतमत की आप पर पूरी छाप है।

राधास्वामी सत्संग :

आगरा में लाला दिलवाली सिंह के घर ईसा 1818 में लाला शिवदयाल सिंह का जन्म हुआ, जिनके द्वारा राधास्वामी मत चला। इनको इनके मत वाले 'परम पुरुष धनीकुल मालिक राधास्वामी दयाल' तथा 'स्वामी जी महाराज' भी कहते हैं। इनके पिता दिलवाली सिंह नानक पंथ के शिष्य थे। अत: वे उस मत के गुरु 'जपुजी' व 'सुखमनी' का पाठ करते थे। परन्तु इस परिवार पर हाथरस के तुलसी साहेब का प्रभाव होने से राधास्वामी मत का झुकाव 'साहिबपंथ' की ओर हुआ। लाला शिवदयालसिंह को 'स्वामी' एवं उनकी पत्नी को 'राधा' कहकर अनुयायीगण राधास्वामी नाम से इस मत को प्रसिद्ध किये। फिर इनका आध्यात्मिक अर्थ भी किया गया।

 कबीर संगति साधु की : एक विमर्श

इस मत के मुख्य प्रवर्तक लाला शिवदयालसिंह 'राधास्वामी' नाम न कहकर केवल 'सत्तनाम' 'अनामी' आदि कहते थे। परन्तु इनके बाद उनके शिष्य संतराम सालिगराम जी ने 'राधास्वामी' नाम प्रचलित किया। आगे चलकर इनका विरोध हुआ। इसीलिए इस मत में कुछ शाखा में राधास्वामी न कहकर सतनाम और अनामी कहते हैं। (उत्तरी भारत की संत परम्परा, पृ0 809)

यह गृहस्थ-गद्दी है। मूल प्रवर्तक लाला शिवदयाल सिंह 'स्वामी जी महाराज' एवं उनकी पत्नी 'राधा' बहुत ही धार्मिक प्रवृत्ति के सुयोग्य गृहस्थ संत थे इनके सत्संग के प्रभाव से इनके अच्छे-अच्छे शिष्य हुए तथा इनकी परम्परा उत्तरी भारत में काफी फैल गयी। इनका मूल केन्द्र आगरा है, जहां इनका बहुत बड़ा व्यवसाय केन्द्र है तथा इनका एक विशाल मंदिर वहां बन रहा है जो अभी पूर्ण नहीं हुआ है। इनके मठ काशी, डेराव्यास आदि कई स्थानों पर हैं। इनमें कबीर साहेब के प्रति काफी श्रद्धा पायी जाती है।

संतमत सत्संग :

इस मत के प्रवर्तक बाबा देबी साहेब हैं जो उत्तर प्रदेश के मुरादाबाद में हुए। इनका जीवनकाल सन् 1841-1919 कहा जाता है। इनके गुरु हाथरस वाले श्री तुलसी साहेब बताये जाते है। बाबा देबी साहेब के कई शिष्य हुए जिन्होंने इस मत की साधना एवं प्रचार किया। 'परमहंस महर्षि में हीं (महर्षि में ही जी का 8 जून 1986 ई0 को कुप्पाघाट भागलपुर में निधन हो गया)के नाम से बिहार में प्रख्यात रहे। इनका जन्म बिहार प्रदेश, सहरसा जिला के 'खोखसीश्याम' नामक ग्राम में सन् 1885 ई0 में हुआ। आपका इस समय केन्द्र बिहार राज्य के भागलपुर नगर में कुप्पाघाट पर है। आपकी अनेक रचनाएं हैं। आपका सत्संग भी चलता है। भागलपुर, सहरसा, पूर्णियां आदि जिलों में आपका व्यापक प्रभाव है। यह मत कबीर साहेब को प्रमुख स्थान देता है।

स्वामी रामतीर्थ :

इनका जन्म पंजाब प्रदेश के गुजरावाला जिले के मुरारी गाँव में 1873 ई0 में एक ब्राह्मण परिवार में हुआ था। आप गणित में एम0ए0 करने के बाद कुछ

दिन अध्यापन किये और चौबीस वर्ष की उम्र में पिता को पत्र लिखकर कालेज से ही विरक्त हो गये। आपकी शादी हो गयी थी। आपको एक कन्या तथा दो पुत्र थे।

आप ऋषीकेश आदि कई स्थानों में घूमे तथा साधनाएं की। उसके बाद जापान, अमेरिका आदि भ्रमण कर भारत लौटे। आपने कोई संस्था नहीं बनायी और कहा भारत की सब संस्थाएं मेरी हैं। मैं सब में काम करूंगा। आप एक मस्तमौला संत थे। आप टिहरी गढ़वाल में थे। एक दिन गंगा में नहाते समय पैर फिसल गया और आपका शरीर गंगा में बह गया। इस प्रकार सन् 1906 में आपका देहान्त हो गया। आपकी रचनाएं प्रसिद्ध हैं, जो बड़ी प्रांजल हैं।

आचार्य परशुराम चतुर्वेदी लिखते हैं ''**इनके जीवन का प्रधान उड़ेश्य भी संतमत के अनुसार व्यवहार करना था।**''

(उत्तरी भारत की संत परम्परा, पृ0 820)

संत घीसा साहेब :

मेरठ जिला (उत्तर प्रदेश) के खेकड़ा ग्राम में सदासुखलाल कौशिक नामक एक ब्राह्मण रहते थे। वे कबीर साहेब के अनन्य प्रेमी एवं कबीरपंथी भक्त थे। उनको संतान न थी। कहा जाता है, एक दिन संत कबीर साहेब ने उनको दर्शन दिया और कहा कि मैं स्वयं तुम्हारा पुत्र होकर जन्म लूंगा। एक वर्ष बाद सदासुखलाल की पत्नी के गर्भ से अषाढ़ गुरु पूर्णिमा सन् 1803 ई0 में एक बच्चा जन्म लिया। यही बच्चा आगे चलकर घीसा साहेब के नाम से प्रसिद्ध हुआ। (घीसा पंथ : एक अवलोकन, पृ0 26-27, लेखक इन्द्र सेंगर) सदासुख कौशिक ब्राह्मण भाई। गुरु कबीर का था अनुयायी।। साधु सेवा में भरपूर भौंरा। दर्श हेतु नित गांव का दौरा। अठारा साठ विक्रमी जाना। प्रात:काल था सोम समाना।। गुरु पूजा पूर्णिमा सोई। रौनक सदा सुख के हुई।।) इसका अर्थ यही है कि सदासुख लाल जो कबीर साहेब के अनन्य प्रेमी होने से, उन्होंने अपने पुत्र में भी कबीर साहेब को ही देखा।

संत घीसा साहेब श्री कबीर साहेब की विचार-सरणी के अनुयायी होने से जाति-पांति-विरोधी थे। कहा जाता है, इसीलिए उन्होंने जीवन निर्वाह का पेशा कपड़ा बुनना चुनकर एक क्रांति की थी। (वही पृ0 27)इसीलिए उन्होंने

कबीर संगति साधु की : एक विमर्श

अपने आपको जुलाहा कहा। (वही पृ0 39) उन्होंने अपने पंथ की नींव सन् 1830 ई0 में डाली। उन्होंने अपना गुरु कबीर साहेब को ही स्वीकारा। (वही पृ0 31)उन्होंने अपने पंथ की नींव सन 1830 ई0 में डाली। उन्होंने अपना गुरु कबीर साहेब को स्वीकारा। 'आज भी आपके दरबार में जो आरती की जाती है उसमें कबीर का स्वरूप दर्शनीय है-

कक्का केवल नाम है, बब्बा ब्रह्म शरीर।

रर्रा सब में रम रहा, ताका नाम कबीर।।

पानी से पैदा नहीं, श्वासा नहीं शरीर।

अन्न अहार करता नहीं, ताका नाम कबीर।।

सारांश में हम कह सकते हैं कि आपने उक्त आरती में कहे गये सतगुरु कबीर को ही अपना प्रभु रूप में गुरु माना है। (वही पृ0 31

घीसा पंथ में यह प्रसिद्ध है-

सकल शरीरों रम रहे, अवगत संत कबीर।

सतरूप सतगुरु मिले, नीर क्षीर के तीर।।

जांति-पांति और बाह्मांडंबर-विरोधी आपके आध्यात्मिक विचार फैलते रहे। पश्चिम उत्तर प्रदेश, पंजाब, दिल्ली, हरियाणा आदि में आपके पंथ का विशेष विस्तार हुआ। वैसे राजस्थान, मध्य प्रदेश, बिहार, बंगाल, नेपाल आदि में भी आपके मठ स्थापित होते जा रहे हैं।

विश्वकवि रवीन्द्रनाथ टैगोर :

बंगाल में जन्में रवीन्द्रनाथ टैगोर विश्व के एक महान पुरुष हैं। आपका जन्म 6 मई 1861 ई0 तथा देहांत 7 अगस्त 1941 ई0 है। आप कबीर साहेब से अत्यन्त प्रभावित थे। आपने कबीर साहेब की वाणियों का अध्ययन करके उसके आधार पर 1910 ई0 में गीतांजलि नाम की पद्य में पुस्तक लिखी, जिस पर आपको 1913ई0 में विश्व का सबसे बड़ा नोबेल पुरस्कार मिला, जो उस जमाने में एक लाख बीस हजार रुपयों का था।

रवीन्द्रनाथ टैगोर ने देखा कि भारतीय दर्शन और धर्म के प्रति विलायत में भ्रम और घृणा फैली हुई है। उन्होंने सोचा कि किसकी वाणियों से विदेशियों

के भ्रम मिटाये जायें। उन्होंने भारत में कबीर की वाणी सर्वाधिक निराली पायी और उनके सौ पद चुनकर इंग्लिश में अनुवाद किया और उसका नाम रखा 'वन हन्ड्रेड पोयम्स ऑफ कबीर' अर्थात् कबीर के सौ पद, जिसका विश्व की समस्त समृद्ध भाषाओं में अनुवाद हुआ। डॉ0 हजारी प्रसाद द्विवेदी ने एक जगह लिखा है कि गुरुदेव रवीन्द्रनाथ ठाकुर ने ही कबीर के विषय में मेरी आँखें खोली थीं।

एक बार ररवीन्द्रनाथ टैगोर ने श्रीयुत् भगवानदीन से कहा था, ''**हम बंगालियों ने तो संस्कृत इसलिए अपनायी कि हमारे पास शब्द नहीं थे। अध्यात्म के लिए जितने शब्द चाहिए, उतने शब्द बंगला भाषा नहीं दे सकती। पर तुमने कबीर जैसे संत के रहते संस्कृत क्यों अपनायी? कबीर ने तो हिन्दी भाषा में अध्यात्म की सभी बातें लिख दी हैं और सारी शब्दावली तुम्हें दे दी हैं।''**

(सरिता पत्रिका, सितम्बर 1959, पृ0 10)

महात्मा गाँधी :

आचार्य परशुराम चतुर्वेदी ने गांधी जी को भी संतमत के काम करने वालों में शामिल किया है। जिनका जीवनकाल 1869-1948ई0 प्रसिद्ध है। गांधी जी का कार्यक्रम राजनीति और व्यवहार लेकर होने से वह उनके जीवन में ही विश्वव्यापी हो गया। यद्यपि गांधी जीने स्वयं कहा है-''**मेरा महात्मापन राजनीतिक होने से कुछ दिनों में उड़ जायेगा, परन्तु उनकी नैतिकता तथा विश्वकल्याण भावना एवं उनके प्रयोग ज्वलंत हैं।''**

गांधी जी ने कहा था, ''मेरे राम, जो हमारी प्रार्थना के समय स्मरण किये जाते हैं, वह ऐतिहासिक राम नहीं जो अयोध्या-नरेश दशरथ के पुत्र थे। मेरे राम तो नित्य अजन्मा और अद्वितीय हैं। मैं उसी की उपासना करता हूँ। मैं उसी का अवलंब चाहता हूँ और आप लोगों को भी उसी का आश्रय ग्रहण करना चाहिए।''

(हरिजन 8-4-46। उत्तरी भारत की संत परम्परा पृ0 830)

डॉ0 पीताम्बर बड़थ्वाल लिखते हैं-''अपनी सन् 1935 ई0 की हरिजन यात्रा में जब महात्मा गांधी काशी पहुंचे थे, तब कबीरमठ में उनसे यह सुनकर कि मेरी माता कबीरपंथी थीं, उपस्थित जनसमुदाय को विस्मय-सा हुआ था। परन्तु जो लोग महात्मा गांधी और कबीर की विचारधारा से परिचित हैं, उनके लिए उसमें विस्मय की कोई बात नहीं, क्योंकि वे जानते हैं कि उन दोनों में कितना अधिक साम्य है।'' (कबीर और गांधी)। दोनों के चरखा-करघा, शुद्ध मानवता तथा राम-रहीम की एकता अद्भुत साम्य प्रकट करते हैं।

गुजरात में कबीर साहेब का प्रभाव :

आजकल 'डॉ. क्रांतिकुमार सी भट्ट' गुजरात प्रदेश में कबीर साहेब तथा निर्गुणीधारा पर अधिकृत एवं प्रतिष्ठित लेखक हैं। आपने कबीर साहेब पर कई महत्वपूर्ण पुस्तकें लिखी हैं। उनमें आपकी एक प्रसिद्ध पुस्तक है 'कबीर परम्परा: गुजरात के संदर्भ में।' इस पुस्तक में आपने गुजरात में कबीर साहब का भ्रमण तथा उनके शिष्यों एवं उनसे प्रभावित संतों के विस्तार का खोजपूर्ण विवरण दिया है। जो कुछ आपने वर्णन किया है, उसका संक्षिप्त वर्णन भी यहाँ असंभव है। केवल यत्किंचित निर्देश किया जा रहा है-

शनैः शनैः धरती पग धरहीं, शनैः शनैः मारग अनुसरहीं।
गाँव गाँव कबीर की जाता, दरशन करत न लोक अघाता।।

(पीपर परिचई, ह0लि0ग्रंथ (लेखक के पास)

कबीर परम्परा, पृ0 310 भट्ट)

सर्वत्र कबीर-कबीर सुन पड़ता था। (वही पृ0 311) जीवन जी के ख्याल से कबीर 'सब संतन के सिर' थे ही। (वही पृ0 311) बाबा दीन दरवेश ने कबीर के गुजरात आगमन के विषय में रची अपनी एक कुंडलिया के अन्त में लिखा है-

कहत दीन दरवेश, 'सत' का शब्द सुनाया।
करुणासिन्धुं कबीर, बंदी छुड़ावन आया।।

कविवर श्री उमाशंकर जोशी ने मध्यकाल में भारत की आत्मा को सतेज रखने वाले तत्त्वज्ञ तथा गूढ़ कवियों में कबीर को ''सर्व शिरोमणि'' माना है।

(वही पृ0 311)

अखा परम्परा के नड़ियाद निवासी संत श्री संतराम जी महाराज ने कबीर वाणी का महत्व समझाते हुए कबीर की आधी साखी को करोड़ ग्रन्थों के बराबर कहा था।

आधी साखी कबीर की, कोटि ग्रंथ करी जान।

संतराम जग झूठ है, सुरति शब्द पहिचान।।

(वही पृ0 311)

गुजरात के प्रसिद्ध लेखक संत साहित्य के विद्वान डॉ. अम्बाशंकर नागर, श्री कन्हैयालाल मुंशी, पं. दुर्गाशंकर शास्त्री, डॉ. निपुण पड्या, श्री किशनसिंह छाबड़ा, श्री बाड़ीलाल शाह, श्री जनक दबे, श्री मकरंद दबे आदि विद्वानों ने कबीर साहेब का गुजरात के संतों एवं संत साहित्य पर व्यापक प्रभाव माना है।' (वही पृ0 314-315)कवि मुकुन्द ने तो 'कबीर चरित्र' में यहां तक लिखा है कि कबीर साहेब का प्रभाव गुजरात में इतना बढ़ गया था, कि गुरु रामानन्द का सम्प्रदाय छुप जाने लगा।...और नाथ पंथियों के जर्जरित त्रिशूल-चिमटे को उन्होंने अपने हृदय की भट्टी में डालकर जला दिया है, और नये सिरे में उनकी प्यास छिपाने वाले 'प्याले' बनवाकर भारत के प्रांत-प्रांत में बांटे हैं।

(वही पृ0 315)

संत कबीर साहेब का नर्मदा तट पर मंगलेश्वर में कुछ काल निवास हुआ, तत्त्वाजीवा दो ब्राह्मण बन्धुओं के यहां उनका निवास हुआ जो उनके शिष्य बन गये। आज यहीं नर्मदा तट पर विशाल 'कबीर बड़' खड़ा है। ज्ञानी जी के धर्म सम्मेलन में मणिपुर में कबीर साहेब तथा मणिपुर के राजा खड्गसिंह उपस्थित थे। (वही पृ0 312)। सूरत के एक प्रसिद्ध सन्त निर्वाण जी महाराज ने, जो एक प्रसिद्ध वैष्णव संत थे, कबीर साहेब को अपने यहां बुलाकर उनका जोरदार स्वागत किया तथा उनके उपदेश सुने।

कबीर संगति साधु की : एक विमर्श

निर्वाण जी महाराज कबीर साहेब से अत्यन्त प्रभावित हो गये और तभी से निर्वाण साहेब कहलाने लगे। कबीर साहेब के चले जाने के बाद वैष्णव संतों ने निर्वाण साहेब से पूछा- महाराज! हम आप सब वैष्णव हैं, सगुण उपासक तथा मूर्तिपूजक हैं; संत कबीर साहेब निर्गुणी संत हैं। आपने उनको इतना श्रेय कैसे दिया? निर्वाण साहेब ने वैष्णवों को समझाया कि कबीर कोई साधारण संत नहीं हैं। वे सगुण-निर्गुण की परिधि से परे उच्चतम संत हैं, अवधूत हैं। निर्वाण जी महाराज ने इस पर एक पद बनाया है।

कबीरा से कैसे दिल लोभायो।

साधु तेरे दिल में अचरज आयो।।   ।।टेक।।

कबिरा से गुरु कैसे नाता, निर्गुण के गीत गायो।

हमतो सिरगुण राम के प्यारे, यहि भेद दुखदायो।।   (1)

कबिरा युगन-युगन का योगी,अवधू को पिछनायो।

रामानन्द गुरु सिर पे धर के, काशी डेरा लगायो।।   (2)

भेदाभेद चतुराई छांड़े, संत से मेरी सगायो।

चरण कमल चाहुँ संत का, प्रेमे रहूँ लिपटायो।।   (3)

कबीरा जौहरी ठाड़े हाट में, अवधू अभेद पिछनायो।

संत को संत जब ही भेटा, प्रेम बढ़िया छायो।।   (4)

दुर्लभ संत समागम कीन्हों, जीवन को सुखदायो।

संतों से मेरी प्रेम सगाई, निर्वाण को यश गायो।।   (5)

(राम कबीर संप्रदाय, पृ0 48, डॉ. क्रांति कुमार सी0 भट्ट)

उपसंहार

कबीर साहेब से प्रवर्तित संतमत की एक ऐसी धारा चली जो भारत के जनमानस को आज पाँच सौ वर्षों से सर्वाधिक प्रभावित करती रही। आगे इसका भविष्य उज्ज्वल ही है। कबीरदेव से लेकर नानक, दादू, दरिया, पलटू, घीसा आदि संतों की एक बड़ी परम्परा 'संतमत' जो भारत में विद्यमान है, इसका प्रभाव आज वैदिक कहे जाने वालों पर कम नहीं है। संतमत की

अवतारवाद तथा तीर्थ-मूर्ति से उदासीनता, वर्णव्यवस्था तथा जाति-पांति से रहित अर्थात वर्ण एवं वर्गहीन मानव समाज की स्वीकृति, कर्मकांड से रहित सदाचार में आस्था, किसी पुस्तक को ईश्वरय मानकर उसके स्वत: प्रमाणवाद से विरक्ति, शाश्वत सत्यों को अविकल मानते हुए देश-काल-सापेक्ष नियमों एवं सिद्धान्तों का स्वतंत्र प्रज्ञापूर्वक पुनर्मूल्यांकन; जाति, क्षेत्र, प्रदेश, देश के पक्षपात से रहित मानव मात्र का सत्य पर समान अधिकार और भोगवाद से हटकर आत्मा-परमात्म-परायणता-आज इन विचारों से कौन मत नहीं प्रभावित है? सत्य पर अपनी बपौती मानने वाले तथा कट्टर कहे जाने वाले वैदिक, कुरानी, बाइबिलवादी क्या उपर्युक्त संतमत के शाश्वत सत्यों से अपने को आज बचा सकते हैं।

सत्य का अंश सभी परम्पराओं में है। निष्पक्ष होकर उसे देखना चाहिए। संतमत की शाखाओं में जो भी जड़ता है, उसका विध्वंस आवश्यक है। वैदिक, कुरानी एवं बाइबिलवादी ही दोषी नहीं हैं। कितना ही उज्ज्वल मत प्रारंभ होता है, देश-काल के आयाम में उसमें भी जड़ता आने लगती है। आवश्यकता है निष्पक्षतापूर्वक सभी जड़ताओं को नष्ट कर सत्य एवं सदाचार का उद्घाटन करना।

(सन्त अभिलाष दास कृत 'कबीर दर्शन' से साभार)

●

  कबीर संगति साधु की : एक विमर्श

4

भारत के प्रमुख कबीर तीर्थ स्थल

1. काशी कबीर चौरा :

कबीर साहेब काशी में एक झोपड़ी में रहते थे और पास के चौराहे से भजन, सत्संग किया करते थे, इसी वजह से उस मुहल्ले का नाम कबीर चौरा पड़ गया। कबीर साहेब के बाद काशी कबीर चौरा में गुरु परम्परा चल पड़ी। दक्षिण भारत के महापंडित सर्वानंद सद्गुरु कबीर साहेब के सत्संग एवं ज्ञान से प्रभावित होकर उनके शिष्य हो गये। वही कबीर चौरा काशी के सर्वप्रथम गद्दीनशीन श्रुतिगोपाल साहेब नाम से जाने गये। वर्तमान समय में 23वें गद्दीनशीन संत श्री विवेक साहेब जी है। यहां पर बीजक मंदिर है जहां बैठकर कबीर साहेब साधना करते थे। कबीर साहेब के खड़ाऊँ, ताना-बाना बनाने का करघा, पानी पीने के लिए लकड़ी का घड़ा, कमंडल, बीजक की पांडुलिपि यहां है।

कबीर चौरा की मुख्य शाखा लहरतारा, मगहर, अहमदाबाद, बड़ौदा, नड़ियाद, गया आदि में है। कबीर चौरा दुनिया का सबसे पुराना और प्रथम कबीर विचार केन्द्र है। जहां देश-विदेश से पर्यटक दर्शनार्थी आते हैं। यहां पर प्रति वर्ष ज्येष्ठ पूर्णिमा को कबीर जयंती के अवसर पर कबीर के विचारों पर प्रकाश डाला जाता है एवं मेला-भंडारा होता है।

2. कबीर प्राकट्य धाम लहरतारा-

जैसे मां सीता को राजा जनक ने खेत में पाया। वैसे ही सुदूर कबीर को लहरतारा तालाब के किनारे नीरू एवं नीमा नामक जुलाहा, मुसलमान दंपत्ति ने पाया और कबीर चौरा में उनका लालन-पालन किया। खरसिया गद्दी के महापुरुषों के आशीर्वाद एवं संतों एवं भक्तों के सहयोग से ही लहरतारा काशी में विशाल सुदूर कबीर प्राकट्य स्थल बना हुआ है। जहां से सद्गुरु कबीर के संदेशों को देश-विदेश तक फैलाया जा रहा है। यहां ज्येष्ठ पूर्णिमा को कबीर

जयंती के अवसर पर वृहद संत मेला लगता है।

3. कबीर मठ विद्दूपुर :

सुदूर कबीर जगन्नाथपुरी में विराजमान थे। उनके सत्संग, ज्ञान एवं दिव्य रहनी से श्री जागू साहेब प्रभावित हुए और उनसे समर्पित हो गये। कहा जाता है कि श्री जागू साहेब के साथ सात गुरु कटक से ही रहे। 1705 ईस्वी में आठवें गुरु श्री हाथीराम साहेब ने बिहार वैशाली जिला के ग्राम विद्दूपुर में अपना मठ स्थापित किया। जागू साहेब का एक पद प्रसिद्ध है।

पारख पद आरूढ़, विगत मोह मद काम।

ताते जग में विदित, जागू साहेब नाम।।

कबीर कटक काम, क्रोध, मोह आदि से ऊपर उठकर उनकी परख बुद्धि से जागृत महापुरुष का नाम जागू साहेब रखा गया। विद्दूपुर की शाखाएं भारत में अन्यत्र फैली हुई हैं, जैसे कि हरिपुर, बैकुण्ठपुर, भोगराज, दशहरा (दरभंगा) नवानगर (मुजफ्फरपुर) गंगावारा (गया) भेड़हा, बहरौली (लखनऊ) जमुई, मुंगेर आदि। छत्तीसगढ़ में सेन्चुआ (धमतरी)।

4. कबीर मठ बांधवगढ़ :

कबीर मठ बांधवगढ़ (म.प्र.) के संस्थापक धर्मदास साहेब को माना जाता है। कहा जाता है धर्मदास साहेब एवं उनकी पत्नी अमीन ने सद्गुरु कबीर साहेब को बांधवगढ़ आमंत्रित किया। कबीर साहेब जब उनके यहां पधारे तो उनके सच्चे ज्ञान एवं दिव्य रहनी से प्रभावित होकर सद्गुरु कबीर से शिष्यत्व स्वीकार किया और अपनी सम्पत्ति सद्गुरु के चरणों में न्यौछावर कर दिये। गुरु की वाणियों के प्रचार-प्रसार में लग गये तभी से धर्मदास को धनी धर्मदास कहा जाने लगा।

धनी धर्मदास के बड़े लड़के नारायण साहेब बांधवगढ़ में ही रहे और छोटे लड़के कुदूरमाल कोरबा (छत्तीसगढ़) गद्दी स्थापित किये। कुदूरमाल के बाद रतनपुर, कवर्धा, धमधा, मंडला आदि इनकी शाखाएं हैं।

5- कबीर वट वृक्ष शुक्ल तीर्थ :

बड़ौदा जिले में भरूज शहर के नर्मदा नदी के तट पर लगभग कबीर वट स्थित है। इस वट वृक्ष के पीछे एक किवदन्ती है। यहां तत्वा और जीवा नाम के दो ब्राह्मण बंधु रहते थे। सद्गुरु की खोज करते-करते उन्हें कबीर साहेब मिल

  कबीर संगति साधु की : एक विमर्श

गये। दोनों बंधुओं के निवेदन पर कबीर साहेब उनके यहां पधारे। कबीर साहेब के चरण धोकर जल सूखे वट वृक्ष में डाल दिया जिससे वट वृक्ष हरा भरा हो गया। वट वृक्ष लगभग 12 एकड़ की जगह पर फैला हुआ है। इसमें पता नहीं चलता है कि मूल वृक्ष कौन सा है। 15वीं शताब्दी का ऐतिहासिक स्थान कबीर वट है। यहां कबीर जयंती, गुरुपूर्णिमा के अतिरिक्त कार्तिक पूर्णिमा में विशाल मेला लगता है।

6. कबीर मठ कुदूरमाल :

हसदो नदी के तट पर बसा हुआ कुदूरमाल छत्तीसगढ़ में कबीर पंथ का प्रसिद्ध तीर्थ स्थल है। कुदूरमाल मठ को छत्तीसगढ़ कबीर पंथ का प्रवेश द्वार माना जाता है। कबीर पंथ में प्रथम गद्दी की स्थापना यहां हुई। यह स्थल कोरबा से 43 कि.मी. दूर, चांपा से 35 कि.मी. दूरी पर स्थित है।

आचार्य मुक्तामणि नाम (चुरामणि नाम) साहेब ने कुदूरमाल में कबीर मठ की स्थापना की। तब से आज तक इस गद्दी के अधिकारी वैराग्यवान महापुरुष हुए। यहां पर आचार्य धनी धर्मदास साहेब के सुपुत्र श्री मुक्तामणि नाम साहेब की समाधि है। यहां कई कमरे हैं। आंगन में कबीर साहेब का मंदिर है। जिसमें सिंहासन पर साहेब का चित्र और खड़ाऊ रखी गई है। यहां पर प्रतिदिन पूजा-पाठ का विधान है।

मठ की कुछ ही दूरी पर एक-दो मंजिला विशाल भवन है, जिसे हम मुक्तामणि किला के नाम से जानते हैं। यहां साधना के लिए छोटे-छोटे गुफा बनाये गये हैं। इस किला के सामने कबीरपंथी महात्माओं की समाधियां बनी हुई हैं। सभी समाधियां एक परकोटे से घिरी हुई हैं। पूर्वी द्वार के सामने आंगन में सीमेंट का एक बड़ा सा चबूतरा बना हुआ है।

7. कबीर मंदिर रीवा :

इस मंदिर की स्थापना श्री अमर साहेब ने किया। 1800-1880 ई0 आपका जीवन काल माना गया है। आपके शिष्य सुखलाल साहेब जी थे। सुखलाल साहेब जी के प्रमुख शिष्य और बीजक त्रिज्या (टीका) लेखक श्री पूरण साहेब ने बीजक टीका का अधिकांश भाग यहीं रहकर लिखा। बाद में बुररहानपुर चले गये। श्री बुरहानपुर में कबीर निर्णय मंदिर का निर्माण हुआ।

वर्तमान समय में कबीर निर्णय पारख सिद्धांत का प्रमुख केन्द्र है। कबीर मंदिर रीवा के वर्तमान महंत श्री सनाथ साहेब जी है।

8. श्री कबीर मंदिर जामनगर :

गुजरात के जामनगर में श्री कबीर आश्रम अपनी मानवीय गतिविधियों के लिए प्रसिद्ध है। सद्गुरु कबीर साहेब एक ऐसे संत थे जिन्होंने मानव को धर्म की शिक्षा मानवता बताई। उनका संदेश सार्वभौमिक है, भूखे को भोजन देना, जरूरतमंत लोगों की मदद करना यही ईश्वर की सेवा मानवता की सेवा है। कबीर आश्रम जामनगर इस संदेश का अनुशरण एवं प्रचार करता आ रहा है। आश्रम की अनेक गतिविधियां है जैसे रोगियों के लिए समर्पण अस्पताल, लाहरे तालाब, गौशाला, स्कूल आदि शामिल है। कबीर आश्रम की शाखाएं द्वारिका, पोरबंदर, कल्याणपुर, वाराणसी में है।

9. धनी धर्मदास साहेब वंशगद्दी धर्मनगर दामाखेड़ा :

छत्तीसगढ़ की राजधानी रायपुर से 56 कि.मी. उत्तर-पूर्व में धर्म नगर दामाखेड़ा स्थित है। धनी धर्मदास साहेब सद्गुरु कबीर साहेब के चार प्रमुख शिष्यों में से एक थे। आप जैसे धन से सम्पन्न थे, वैसे धर्म, भक्ति एवं सद्गुण सदाचार से भी सम्पन्न थे। आप गृहस्थ जीवन में रहते हुए भी भक्ति, ज्ञान और वैराग्य की गंगा बहायी और सद्गुरु कबीर के विचारों को, गुरुभक्ति की धारा को छत्तीसगढ़ नहीं, विश्व स्तर पर फैलाने का कार्य किया।

आपकी धर्म पत्नी का नाम आमीन माता तथा दो पुत्रों का नाम क्रमश: नारायण और चूरामणि था। ज्येष्ठ पुत्र नारायण साहेब बांधवगढ़ के गद्दीनशीन हुए, जो नौ पीढ़ियों के बाद प्रभावहीन हो गया। छोटे पुत्र चूरामणि ने अपनी गद्दी कुदूरमाल में स्थापित किया। वहाँ से इनकी शाखाओं का विस्तार रतनपुर, मंडला, कवर्धा आदि स्थानों पर हुआ। इसी परम्परा में बारहवें मंहत श्री उग्रनाम साहेब ने सन् 1903 में दामाखेड़ा मठ की स्थापना किया, तब से आज के वही श्री चूरामणि साहेब की वंशगद्दी का मुख्य केन्द्र माना जाता है। इसी परम्परा में 15वें महंत श्री गृध मुनि नाम साहेब कबीर विचारों के महान चिंतक हुए। वर्तमान में 16वें महंत के रूप में पंथ श्री हजूर प्रकाश मुनि नाम साहेब, कबीर धर्म स्थान दामाखेड़ा के प्रमुख गद्दीनशीन महंत हैं। इसके बाद इनके पुत्र श्री

 कबीर संगति साधु की : एक विमर्श

उदित नाम साहेब 17वें महंत होंगे। यहाँ प्रतिवर्ष माघ पूर्णिमा पर विशाल सत्संग मेला एवं भंडारा होता है।

10-कबीर मठ नादिया :

राजनांदगांव से 30 किलोमीटर दूर नादिया ग्राम में एक विशाल मठ है। वंश परम्परा के श्री सुरति सनेही साहेब के समय में श्री ज्ञान साहेब हुए। उनके शिष्य श्री सेवा साहेब हुए। श्री सेवा साहेब से प्रभावित होकर सन् 1826 में भक्त प्रवर मंगतू मालगुजार ने अपनी पूरी सम्पत्ति लगभग 300 एकड़ जमीन व महल दान में देकर स्वयं समर्पित हो गया। दोनों के अथक सहयोग से नादिया में एक विशाल मठ स्थापित हुआ। जिसे हम नांदवंशीय मठ के नाम से जानते हैं। नांदवंशीय का अर्थ शिक्षा-उपदेश द्वारा चलायी गयी विरक्त परम्परा। मठ के प्रांगण में श्री सेवा साहेब के साथ 12 संतों की समाधि बनी हुई है। यहां के पूर्व आचार्य श्री महेश साहेब थे। वर्तमान समय में यहाँ के आचार्य श्री मंगल साहेब हैं तथा धर्माधिकारी संत श्री सतेन्द्र साहेब हैं।

11. कबीर आश्रम खरसिया गद्दी :

धनी धर्मदास साहेब की परम्परा में विरक्त संतों एवं भक्तों के अथक परिश्रम से खरसिया में एक अलग विरक्त आश्रम स्थापित किया जो रायगढ़ जिले से 40 कि.मी. दूर पर स्थित है। इस मठ के प्रथम महंत रूसड़ा के श्री काशी साहेब हुए। इस परम्परा में अनेक साधना परायण एवं विवेकवान संत हुए। पंथ श्री हुजूर गृंधमुनि नाम साहेब, श्री उदितनाम साहेब, श्री प्रकाशमणि नाम साहेब, श्री मुकुंदमणि नाम साहेब आदि। वर्तमान समय में पाँचवे आचार्य श्री अर्धनाम साहेब और धर्माधिकारी संत श्री सुधाकर साहेब शास्त्री हैं।

खरसिया गद्दी के महापुरुषों के आशीर्वाद एवं संतों एवं भक्तों के सहयोग से ही लहरतारा काशी में विशाल सद्गुरु कबीर प्राकट्य स्थल बना हुआ। जहां से सद्गुरु कबीर के संदेशों को देश-विदेश तक फैलाया जा रहा है। यहाँ ज्येष्ठ पूर्णिमा को कबीर जयंती के अवसर पर वृहद् संत-मेला लगता है।

12. कबीर निर्णय मंदिर बुरहानपुर :

ताप्ती नदी के तट पर नागझरी मुहल्ला कबीर निर्णय मंदिर है। इसकी स्थापना पूरण साहेब ने की थी। मंदिर से कुछ दूर पर एक गुफा है जहां 200 वर्ष

पूर्व पूरण साहेब ध्यान साधना करते थे। पूरण साहेब 11 वर्ष की अवस्था में बैरागी हो गये थे। कबीर आश्रम रीवा के संत श्री सुखलाल साहेब से दीक्षा प्राप्त कर प्रचार-प्रसार करने लगे। आप साधना के दौरान 'वैराग्य शतक' और 'निर्णय सार' की रचना की। कबीर बीजक की टीका लिखी, जिसे बीजक की पहली टीका कहा जाता है। इस टीका का नाम त्रिज्या रखा गया। टीका पूर्ण होने के तीन दिन बाद वे स्वरूपलीन हो गये। तभी से हर वर्ष कार्तिक पूर्णिमा को यहां मेला लगता है।

13. कबीर आश्रम बाराबंकी :

बाराबंकी उ.प्र. में विशाल व्यक्तित्व वाले विशाल साहेब हुए जो 9 वर्ष की उम्र में रघुवर साहेब से आपका साधुवेश हुआ। आप सरैंया के बंधियाबाग में एकांत प्रिय थे। शिष्यगण अलग से झोपड़ी बनाते थे वहीं आप रहते थे। आपके स्वरूपलीन के पश्चात विभिन्न स्थानों में संतों एवं भक्तों ने आश्रम बनाये। मुख्य आश्रम मूंजापुर में आपकी समाधि भूमि है। वर्तमान समय में वहां के गुरु के गद्दीनशीन संत श्री निष्ठा साहेब हैं।

सरैया के बंधिया बाग में संत श्री उत्साह साहेब साधनारत है। कबीर आश्रम मुस्तफाबाद में सद्गुरु श्री क्षमा साहेब के शिष्य संत श्री असंग साहेब जी हैं जहां अनेक साधक साधना करते हैं। डूंगरगढ़ (कोटा, राजस्थान) के प्रमुख संत प्रभाकर साहेब जी हैं।

14. श्री कबीर मंदिर बड़हरा :

राममूरत साहेब के गुरुदेव विवेक साहेब ने बड़हरा में कबीर आश्रम की शुरूआत की। विवेक साहेब वैष्णव परम्परा के प्रतिभावान संत थे। पारखी संतों के संपर्क में आने अथवा पारख-सिद्धांत की पुस्तकें पढ़ने की वजह से उनके विचार बदले और पारखी संत हो गये। बड़हरा की मुख्य शाखा अयोध्या एवं प्रयागराज में है। इसके अतिरिक्त मुहम्मदनगर (बस्ती) खरहना, धानेपुर (गोंड़ा), कर्मा (फैजाबाद), मिरदासपुर (सुल्तानपुर), करहीभदर, भैसमुंडी, नवापारा राजिम (छत्तीसगढ़) सूरत, दिल्ली आदि में है। वर्तमान समय में कबीर आश्रम बड़हरा में संत श्री निहाल साहेब जी महंत हैं।

     कबीर संगति साधु की : एक विमर्श

15. कबीर पारख संस्थान प्रीतमनगर /प्रयागराज :

सद्गुरु कबीर साहेब की वाणियों का प्रचार-प्रसार एवं पुस्तक प्रकाशन हेतु सन् 1977 में गुरुदेव अभिलाष साहेब ने प्रयागराज के प्रीतमनगर मुहल्ले में कबीर मंदिर की नींव रखी। 27 मई सन् 1977 में पारख प्रकाशक कबीर संस्थान के नाम से रजिस्ट्रेशन हुआ। दिसंबर 1997 में उक्त नाम को बदलकर कबीर पारख संस्थान रखा गया। 9 अक्टूबर 1981 में बीजक प्रेस की स्थापना हुई। यहां पूज्य गुरुदेव जी एवं संत-विद्वानों की सैकड़ों पुस्तकें प्रकाशित होती हैं। सन् 1971 में त्रैमासिक पत्रिका 'पारख-प्रकाश' नाम की पत्रिका कलकत्ता से निकलती रही, जो राष्ट्रीय स्तर की पत्रिका मानी जाती है। 1986 से बीजक प्रेस से पुस्तकें, पत्रिका छपने लगी। सन् 1997 में गुरुदेव जी की स्मृति में संत अभिलाष चिकित्सा चेरिटेबल खोला गया, जहां हजारों रोगियों की चिकित्सा हो रही है। सितम्बर 1999 में प्रीतम नगर से लगभग डेढ़ किलोमीटर दूरी पर गंगा किनारे पूज्य गुरुदेव समेत सभी संतों का निवास एवं साधना केन्द्र बन गया जो कबीर आश्रम कबीर नगर के नाम से जाना जाता है। लगभग सात एकड़ में फैले विशाल आश्रम में दो भाग है जिसे ए तथा बी ब्लाक कहते हैं। ए ब्लाक में कबीर ग्रंथालय है जिसमें कबीर पंथ के अलावा अन्य मत मतान्तरों की लाखों पुस्तकें हैं। प्रवेश द्वार के बायें तरफ एक बड़ा हॉल बीजक मंदिर है जिसके तीन तरफ संगमरमर से बीजक, रमैनी से साखी तक ग्यारह प्रकरणों के कुछ शब्द लिखे गये हैं। जहां कबीर जयंती, गुरुपूर्णिमा एव 1993 से आज तक वर्ष में एक बार साप्ताहिक ध्यान शिविर होता है।

प्रवेश द्वार के दायें तरफ मेरे पूज्य सद्गुरु श्री अभिलाष साहेब की समाधि स्थल है। आश्रम के बीचों-बीच वर्तमान गद्दीनशीन सद्गुरु धर्मेन्द्र साहेब का निवास स्थल है। यहां प्रतिवर्ष क्वार पूर्णिमा में वार्षिक अधिवेशन एवं भव्य सत्संग समारोह होता है। जिसमें हजारों श्रद्धालु आते हैं। आश्रम के बी ब्लाक में संतों का निवास, धर्मशाला, होम्योपैथी एवं एक्यूप्रेशर चिकित्सालय है।

16. कबीर आश्रम नवापारा राजिम :

यह आश्रम छत्तीसगढ़ की राजधानी रायपुर से 43 किमी दूरी पर नवापारा नगर प्रवेश द्वार में स्थित है। सद्गुरु श्री रामसूरत साहेब के सानिध्य में रहकर

संत श्री शरणपाल साहेब ने अपनी पूरी सम्पत्ति एवं घर संतों की सेवा में समर्पित कर दिये। लंबे समय तक उनका घर ही आश्रम बना रहा और अनेक संतों एवं भक्तों का आवागमन होता रहा। दिसम्बर सन् 1989 को संतों एवं भक्तों के विचार-विमर्श से नवापारा में एक झोपड़ी तैयार कर इस आश्रम की स्थापना की गई। इसकी स्थापना 20 फरवरी 1990 में सद्गुरु श्री रामसूरत साहेब जी के सानिध्य में सद्गुरु श्री अभिलाष साहेब के कर-कमलों द्वारा हुआ। इस आश्रम के प्रवर्तक सद्गुरु श्री रामसूरत साहेब जी एवं संरक्षक गुरुदेव संत श्री अभिलाष साहेब जी हैं। संस्था के अध्यक्ष संत श्री शरणपाल साहेब रहे। आश्रम के विकास हेतु संत श्री अमृत साहेब, संत श्री वीरेन्द्र साहेब एवं दिनेन्द्र दास एवं विभिन्न संतों-भक्तों का सहयोग रहा।

संत श्री शरणपाल साहेब जी की समाधि मंदिर द्वार के सामने बनी हुई है। पास में ही संत श्री योगेन्द्र साहेब द्वारा निर्मित लाल पत्थर से बना हआ कबीर स्तंभ है जिसमें कबीर साहेब की वाणियां खुदी हुई हैं। जो कबीर के संदेशों का ऐतिहासिक साक्षी रहेगा। कबीर स्तंभ के दाहिने तरफ संत श्री शरणपाल साहेब जी की समाधि है।

यहां मुख्य रूप से वर्ष में चार कार्यक्रम होते हैं। माघ पूर्णिमा में सद्गुरु श्री विशालदेव एवं श्री अभिलाष साहेब जी के स्मृति में वृहद् संत समागन होता है। आषाढ़ पूर्णिमा में गुरुपूर्णिमा एवं ज्येष्ठ पूर्णिमा में कबीर जयंती एवं सावन माह में साप्ताहिक ध्यान शिविर संत श्री धर्मेन्द्र साहेब के संरक्षण में होता है। यहां के वर्तमान अध्यक्ष संत श्री विचार साहेब जी एवं मंत्री श्री सुरेन्द्र साहेब जी है। यह कबीर मंदिर छत्तीसगढ़ के प्रमुख पारख सिद्धांत के प्रचारक संस्थानों में से एक है।

17. कबीर पारख आश्रम सण्डिया हेमाद (सूरत) :

कपड़े एवं डायमंड सिटी के नाम से जाना, जाने वाला गुजरात प्रांत के सूरत से कड़ोदरा रोड से कुछ ही दूरी में सण्डिया हेमाद गांव है जहां आम, चीकू, नारियल आदि बगीचों के बीच प्राकृतिक छटाओं में स्थित कबीर पारख आश्रम है। इस आश्रम के पूर्व जे.के.पी. नगर में छोटा सा आश्रम था जो शहर के मध्य में था, इसके संस्थापक संत श्री गुरुशरण साहेब को पारखी साहेब के नाम से

 कबीर संगति साधु की : एक विमर्श

जाना जाता था। संतों एवं भक्तों के सहयोग से 24 अगस्त 1998 में सण्डिया हेमाद में जमीन खरीदी गई और पूज्य गुरुदेव अभिलाष साहेब के संरक्षण में 2002 में, कबीर पारख आश्रम निर्मित हुआ। यहां नीचे सत्संग हॉल एवं ऊपर तीन मंजिला भवन है। इस आश्रम में मासिक सत्संग, कबीर जयंती, गुरुपूर्णिमा, ध्यान शिविर एवं वार्षिक सत्संग समारोह होता है। वर्तमान समय में यहां के अध्यक्ष संत श्री गुरुभूषण साहेब जी हैं।

18. कबीर ब्रह्मचारिणी आश्रम पोटियाडीह :

छत्तीसगढ़ के धमतरी जिले से 6 किलोमीटर दूर दुर्ग मुख्यमार्ग पर पोटियाडीह गांव में कबीर ब्रह्मचारिणी आश्रम स्थित है। इस आश्रम की पूर्व साधिकाएं घर में रहकर साधना करती थीं। जब साधिकाओं की संख्या बढ़ती गई जब साधिकाओं के विशेष अनुरोध से पूज्य गुरुदेव अभिलाष साहेब के संरक्षण में 11 मार्च 1993 में कबीर ब्रह्मचारिणी आश्रम का निर्माण हुआ। इस आश्रम के प्रथम अध्यक्षा साध्वी सुशीला साहेब जी हुई इनके स्वरूपलीन होने के पश्चात वर्तमान समय में यहां की अध्यक्षा साध्वी समष्टि साहेब जी हैं। यहां लगभग 20 साधिकाएं साधनारत् हैं। इसी आश्रम की दूसरी शाखा है जो ग्राम नवागांव कचना में कबीर ब्रह्मचारिणी आश्रम के नाम से है जिसकी अध्यक्षा साध्वी समता साहेब जी हैं। वहां भी लगभग 15 साधिकाएं साधनारत् हैं। धमतरी जिला में ही कबीर ब्रह्मचारिणी आश्रम पूरा है। जिसकी स्थापना फरवरी 2011 में हुई है जिसकी प्रमुख साधवी सुमन साहेब जी हैं। जहां लगभग 15 साधिकाएं साधनारत हैं। कबीर ब्रह्मचारिणी आश्रम दर्रा इसके प्रमुख साध्वी शीलवती साहेब एवं सहयोगी सुष्मिता साहेब जी है। कबीर ब्रह्मचारिणी आश्रम सोनार देवरी, बलौदाबाजार जिला में है। इसके प्रमुख साध्वी चंद्रकला साहेब जी हैं। जो पूरे देश में कबीर साहेब के संदेशों का प्रचार-प्रसार करती है। आश्रम के अतिरिक्त छत्तीसगढ़ में अनेक बहनों का आश्रम और भी है। कुछ बहनें अपने-अपने घरों में साधनारत् हैं।

19. कबीर ब्रह्मचारिणी आश्रम धरमपुरी :

बड़ौदा जिले से 35 किलोमीटर की दूरी में डभोई तालुका के समीप

मुख्य मार्ग पर धरमपुरी में यह आश्रम स्थित है। इस आश्रम की स्थापना 1 मई 2001 को पूज्य गुरुदेव अभिलाष साहेब जी के कर-कमलों से हुई। यहां लगभग 12 साधिकाएं साधनारत् है जो विभिन्न क्षेत्रों में कबीर साहेब के संदेशों को प्रचार-प्रसार करती है। यहां की प्रमुख साधिका साध्वी विजया साहेब जी है। बड़ौदा जिले के जाम्बू घोड़ा के समीप ग्राम जोटवड़ में भी कबीर ब्रह्मचारिणी आश्रम है, जहां की प्रमुख जया साहेब जी है। विभिन्न प्रदेशों में भी साधिकाओं का आश्रम है। सभी आश्रमों का विवरण दे पाना संभव नहीं है।

20. कबीर समाधि स्थल मगहर :

कबीर साहेब के समय मान्यता थी कि काशी में मरने से मोक्ष और मगहर में मरने से आदमी अगली योनि में गधा होता है। इस अंधविश्वास को तोड़ने हेतु कबीर साहेब लगभग 120 वर्ष की अंतिम अवस्था में काशी से मगहर गये और वहीं देह त्याग किये। जब सद्गुरु स्वरूपलीन हुए तो उनके पार्थिव शरीर को हिन्दू जलाना और मुस्लिम दफनाना चाहते थे। कहा जाता है कि झगड़े के बीच अगली सुबह जब चादर हटाई गई तो फूल मिले। आधे फूलों से हिन्दुओं ने समाधि बनाई आधे फूलों से मुस्लिमों ने मजार बनाई।

मगहर में आमी नदी के किनारे सद्गुरु कबीर का समाधि स्थल एवं मजार हिन्दू-मुस्लिम एकता का प्रतीक है। यहां कबीर धूनी है जो बारहों महीने जलती रहती है और कबीर साहेब की गुफा है जहां वे ध्यान, चिंतन किया करते थे।

सन् 1518 में कबीर साहेब के निर्वाण के बाद रीवा नरेश वीरसिंह बघेल और कबीर साहेब के प्रथम शिष्य श्रुति गोपाल साहेब ने समाधि बनाई। कबीर साहेब का यह पावन स्थल 27 एकड़ में फैला हुआ है। यहां देश-विदेश से दर्शनार्थी आते हैं। सद्गुरु कबीर के व्यक्तित्व एवं कृतित्व वट वृक्ष की तरह फैला हुआ है। उनके मठ मंदिर एवं उनके प्रचार-प्रसार का वर्णन कर पाना संभव नहीं है, मैंने थोड़ी जानकारी यहां पर दी है।

(त्रैमासिक 'गॉव की नई आवाज' के कबीर जयंती अंक से साभार)

●

      कबीर संगति साधु की : एक विमर्श

5

कबीर साहेब का प्रभाव

उत्तर प्रदेश के कोने-कोने में कबीर साहेब की विचारधारा का विस्तार हुआ। वर्ण व्यवस्था, जातिवाद तथा ऊँच-नीच के भेदभाव से त्रस्त लोगों को संजीवनी मिल गई। दलित-पिछड़े वर्ग के लोगों ने कबीर साहेब को अपना मुक्तिदाता मानना शुरू कर दिया। अब उत्तरप्रदेश के लगभग हर गाँव में कबीर मतानुयायी मिलते हैं। हर जनपद में छोटी-बड़ी दर्जनों कुटी हैं। कुछ कबीरमठ तो सैकड़ों वर्ष पुराने हैं। कुटी-मठों में भक्तों का आना-जाना होता रहता है, जिससे कबीर साहेब की शिक्षाओं का निरंतर प्रचार-प्रसार हो रहा है। साधु-सन्त भी कुटी-मठों से भक्तों के यहाँ आते-जाते रहते हैं। उपदेश-प्रवचन देकर कबीर साहेब की वैज्ञानिक विचारधारा को जन-जन तक पहुँचाते हैं। मैंने अध्ययन करके देखा है कि कबीर-मतानुयायियों की जीवन-शैली में बहुत बदलाव आया है। उनमें स्वाभिमान-गौरव का संचार तो हुआ ही है, खान-पान, सोच तथा रहन-सहन में भी परिवर्तन हुआ है। लोग अपने अस्तित्व और अधिकारों के प्रति सचेत हुए हैं। अब मैं अपने जन्म-जनपद प्रतापगढ़ के कुटी-मठों का संक्षेप में वर्णन करते हुए कुछ सन्तों के विषय में बताऊँगा।

प्रतापगढ़ में कबीर साहेब :

उत्तरप्रदेश का यह छोटा जनपद सामाजिक दृष्टि से विसंगतियों से भरा रहा है। इसके उत्तर में सुल्तानपुर, दक्षिण में प्रयागराज, पूरब में जौनपुर तथा पश्चिम में अमेठी और रायबरेली जनपद स्थित हैं। यह राजे-रजवाड़ों का जिला कहा जाता है। पुरोहितवाद का यहाँ कभी बहुत प्रभाव था। यहाँ मनुष्यों का आकलन मानवीयता के आधार पर नहीं वरन् वर्ण और जाति के आधार पर होता रहा है। कबीर साहेब की विचारधारा के आविर्भाव के उपरान्त दलितों और पिछड़ों को एक विकल्प मिल गया। सदियों से छुआछूत-भेदभाव का दंश

झेलते-झेलते वे अपने को पशु समझने लगे थे। कबीर साहेब ने आमजन को समानता और बंधुता का उपहार दिया। लोगों ने जनसामान्य की भाषा में कबीर साहेब के उपदेशों तथा भजनों को सुना और कबीर मतानुयायी संतों-महात्माओं को अपनाया। उनको यह ज्ञान हुआ कि हम भी मनुष्य हैं, किसी से छोटे नहीं हैं। ढोंग-पाखण्ड, मूर्तिपूजा तथा अंधविश्वास को उन्होंने दरकिनार कर दिया। जगह-जगह कबीर कुटी की स्थापना हुई। जनसाधारण इन्हीं मठों को अपना तीर्थ मानने लगे। इन कुटियों में कोई ऊँचा नहीं था। सब बराबर थे। कोई धरती का भगवान नहीं था। सब इंसान थे।

कबीर साहेब ने सभी पंथों, मतों और सम्प्रदायों में व्याप्त रूढ़ियों, कुरीतियों, आडम्बर तथा पाखण्ड का खण्डन किया। धर्म के नाम पर रोटी-रोजी कमाने वालों को फटकारा। उन्होंने कर्म को सर्वोपरि बताया। सुकर्म को अपनाने तथा दुष्कर्म को त्यागने की शिक्षा दी। यह भी कहा कि पापकर्म करने वाला कितना भी तीर्थ-व्रत कर ले, पापकर्म के दण्ड से बच नहीं सकता। कबीर मतानुयायियों पर इन उपदेशों का बहुत प्रभाव पड़ा है। उनमें ईमानदारी, सेवाभाव, बंधुता तथा सौहार्द की भावनाएं विकसित हुई हैं। सभी परिश्रमशील हैं, निरंतर कार्य करके रोटी-रोजी कमाते हैं। समाज में दीन-दुखियों का भी ये लोग संरक्षण करते हैं। छुआ-छूत, अंधविश्वास, भूत-प्रेत में विश्वास, भेदभाव तथा नशे से दूर रहकर वैज्ञानिक-चिंतन-युक्त स्वस्थ जीवन जीते हैं। उनमें जागृति का भाव संचरित हुआ। प्राचीन काल से हाशिए पर डाल दिये गये बहुसंख्यक अपने अधिकारों के प्रति भी सजग हुए हैं।

अपने जीवन-काल में भ्रमण के दौरान सद्गुरु कबीर साहेब प्रतापगढ़ प्राय: आया करते थे। मगहर जाते समय भी वे इसी भूमि से होकर गए थे। काशी से इस दिशा में जब वे दूर-दूर तक जाते थे, तब इसी क्षेत्र से गुजरते थे। उनकी संवेदनाएं यहाँ के वातावरण में व्याप्त हैं। उनको एक उच्च कोटि के क्रांतिकारी संत कहने के साथ वंचितों तथा शोषितों का मसीहा कहा जाय तो अतिशयोक्ति नहीं। ऐसा निडर व बेबाक महापुरुष इस संसार में कोई दूसरा नहीं हुआ।

 कबीर संगति साधु की : एक विमर्श

प्रतापगढ़ में प्रमुख कबीर मठ

द्वारिकापुर कबीर मठ :

यह प्रतापगढ़ का बहुत पुराना कबीर मठ है। यह कबीर साहेब की शिक्षाओं के प्रचार-प्रसार का प्रमुख केन्द्र रहा है। यह प्रतापगढ़ नगर से पूरब की दिशा में स्थित दिलीपपुर बाजार के निकट है। प्रतापगढ़ मुख्यालय से इसकी दूरी लगभग 7 किलोमीटर है। अनेक सन्त-उपदेशक यहाँ से जुड़े रहे हैं। प्रदेश-देश के विभिन्न भागों से सन्तों तथा साधकों का आना-जाना यहाँ पूरे वर्ष चलता रहता है। गृहस्थ-भक्त अपनी संतानों का मुण्डन तथा अन्य संस्कार यहीं पर करवाते हैं। मेरा (लेखक) तथा मेरे भाई-बहनों का मुण्डन संस्कार यहीं सम्पन्न हुआ था। वर्ष में एक बार यहाँ विशाल भण्डारा होता है। इस भण्डारे में दूरस्थ क्षेत्रों के सन्तजन तथा भक्तजन एकत्रित होते हैं। दो दिनों तक भजन तथा उपदेश चलता है। कबीर साहेब के गूढ़ चिन्तन तथा दर्शन पर गहन मंथन होता है। लगभग तीन एकड़ में विस्तृत परिसर में मठ की स्थापना से अब तक के परलोकवासी सन्तों की समाधियाँ चेतना-केन्द्र के रूप में विराजमान है। सूर साहेब, भण्डारी साहेब, फहमदास साहेब, सन्त दुलारदास साहेब, सेवक दास साहेब तथा सुलभदास साहेब यहाँ के प्रमुख सन्तों में रहे हैं। ये सभी पूरे देश में भ्रमण करके मानवता का सन्देश देते रहे और न होने पर भी प्रेरणापुंज बने हैं।

इन मठों के अतिरिक्त कबीर कुटी बिच्छूर, कबीर कुटी जगनीपुर इत्यादि कबीर साहेब की वैज्ञानिक थाती के केन्द्र हैं। यहाँ के सन्त-महात्मा घूम-घूमकर अशिक्षा, अज्ञान तथा विषमता के विरुद्ध अभियान चलाते हैं। अन्य कुटी और मठ भी हैं, जहाँ के सन्त त्याग और प्रेम की भावना का प्रचार-प्रसार करते रहते हैं।

सभी छोटे-बड़े कुटी-मठ एक-दूसरे से जुड़े रहते हैं। विचारों का आदान-प्रदान करते हुए समाज को सन्मार्ग पर आगे बढ़ाते हैं। निश्चय ही यहाँ के मठ-तार्किक तथा वैज्ञानिक विचार-धारा के पोषक होने के साथ-साथ संवाहक भी हैं।

प्रमुख सन्त

सन्त दुलार दास साहेब :

प्रखर सन्त-विचारक एवं समाजोद्धारक दुलारदास साहेब का जन्म प्रतापगढ़ जनपद के सदर विकास खण्ड के सरायदली गाँव में हुआ था। वे अच्छे पढ़े-लिखे थे। उनको कानून की अच्छी जानकारी थी। द्वारिकापुर कबीर मठ तथा बिच्छूर कबीर मठ की भूमि के कई मुकदमें वे लड़ने में सहयोग करते थे। एक बार द्वारिकापुर कबीर मठ की भूमि पर पड़ोस के कुछ अराजक तत्व कब्जा करना चाहते थे। उन तत्वों के विरुद्ध हुए संघर्ष का नेतृत्व इन्होंने ही किया था। मठ के सन्तों ने अनशन किया था। पूरा प्रशासन हिल गया। तत्कालीन जिलाधिकारी ने बीच-बचाव करके मामले का निबटारा कराया था। मठ की भूमि बच गई। सन्त दुलार दास साहेब ने पूरे देश का भ्रमण करके कबीर साहेब की विचारधारा का व्यापकता के साथ प्रसार किया था। सुबह 4 बजे उठकर वे सन्त कबीर के भजनों का संगायन किया करते थे। पूरे समाज में जागरण उत्पन्न करने के साथ-साथ अपनी जन्मभूमि का भी वे संरक्षण करते थे। वे कठोर अनुशासन में स्वयं रहते थे, परिवार और समाज को भी अनुशासित रखते थे। माता सिरताजी देवी जो कि मेरी दादी थीं, वे उनकी माता थीं। दादी जी बहुत ज्ञानवान थीं। दादा का नाम रामावतार था। सन्त दुलारदास साहेब निडर थे। हमेशा कबीर साहेब की भाँति खरी बातें करते थे। शिक्षा के वे प्रबल समर्थक थे। परिवार तथा समाज उनका सदा ऋणी रहेगा। संत दुलारदास साहेब अक्टूबर 1991 में स्वरूपलीन हो गये।

सन्त चन्दिकादास साहेब :

इनका जन्म भी सरायदली ग्राम सभा में हुआ था। कबीर साहेब की विचारधारा को वे जीते थे। सन्त दुलार दास साहेब के ये बड़े भाई थे। दोनों भाइयों में आपस में बड़ा प्रेम था। परिवार और समाज के लोगों को संयम-नियम का पालन करने की शिक्षा देते थे। नशा तथा मदिरापान का खुलकर विरोध करते थे। हम सभी भाइयों को उन्होंने शिक्षित किया। जीवन का बड़ा भाग

उन्होंने गृहस्थ के रूप में व्यतीत किया। अन्तिम समय में सन्त वेश धारण कर लिया। सन्त सेवा के साथ-साथ वे समाजसेवा भी करते थे। कृषि, पशुपालन तथा बागवानी के बहुत अच्छे जानकार थे। ग्रामीण तथा अन्य लोग उनसे सलाह लेने आते थे। छुआछूत तथा भेदभाव के वे कट्टर विरोधी थे। अनेक परिवारों को उन्होंने कबीर-दर्शन में दीक्षित किया। मेरे घर पर सभी वर्ग के लोगों के साथ समानता का व्यवहार होता था। उन्होंने परिवार का वातावरण भक्तिपूर्ण बनाया। संत चन्दिका दास साहेब अप्रैल 1996 में स्वरूपलीन हुए।

माता गंगादेवी-

पूज्या माता गंगा देवी एक साध्वी का जीवन जीती थीं। जब भी साधु-सन्त आते उनके जलपान तथा भोजन का प्रबंध बड़ी तल्लीनता से करती थीं। वे आदर्श गृहणी थीं। हम सभी भाई-बहनों को उन्होंने उच्च संस्कार दिये। दानशीलता, उदारता, सेवाभाव, गृह प्रबंधन इत्यादि में वे दक्ष थीं। उनमें तनिक भी लोभ-लालच नहीं था। अनुशासन, परिश्रम, नियम पालन, प्रेम, सौहार्द इत्यादि का महत्व वे हमेशा बताती थीं। पास-पड़ोस के लोग उनके आचार-व्यवहार से खुश रहते थे। वे महानता की प्रतिमूर्ति थीं।

उनके संरक्षण में बड़े भइया प्रेमदास मौर्य, कनिष्ठ भ्राता आत्माराम मौर्य बहनें राजपति देवी, प्रानपति देवी, रामरती देवी, केवला देवी तथा कलावती देवी तथा चचेरी बहन कैलाशी देवी आदि सभी ने अच्छे गुण सीखे। माता गंगा देवी ने आपस में हम सबको प्रेम-सद्भाव से रहने की शिक्षा दी। पूजनीया माता गंगादेवी 13 सितम्बर 2001 में स्वरूपलीन हुईं।

उपर्युक्त तथ्य अति संक्षेप में लिखे गए हैं। सन्त कबीर साहेब हम सबके मन-प्राण में समाहित हैं। उनकी जयन्ती मनाने के अतिरिक्त अन्य अनेक कार्यक्रम उनकी याद में हम आयोजित करते हैं। उनकी शिक्षाओं पर चर्चा करते हुए उनको आत्मसात करते हैं। सद्गुरु कबीर साहेब को शत्-शत् नमन !